河南省高校哲学社会科学基础研究重大项目（2022-JCZ
河南省高校哲学社会科学应用研究重大项目（2023-YYZ
河南省重点研发与推广专项（软科学研究）项目（2324

商丘 枢纽经济发展报告

商丘枢纽经济发展报告课题组　著

中国财经出版传媒集团

经济科学出版社

Economic Science Press

图书在版编目（CIP）数据

商丘枢纽经济发展报告/商丘枢纽经济发展报告课
题组著 . -- 北京：经济科学出版社，2022.12
  ISBN 978 - 7 -5218 -4412 -2

  Ⅰ. ①商…   Ⅱ. ①商…   Ⅲ. ①区域经济发展 – 研究报
告 – 商丘   Ⅳ. ①F127. 613

  中国版本图书馆 CIP 数据核字（2022）第 242155 号

责任编辑：孙丽丽　撤晓宇
责任校对：郑淑艳
责任印制：范　艳

商丘枢纽经济发展报告
商丘枢纽经济发展报告课题组　著
经济科学出版社出版、发行　新华书店经销
社址：北京市海淀区阜成路甲 28 号　邮编：100142
总编部电话：010 - 88191217　发行部电话：010 - 88191522
网址：www. esp. com. cn
电子邮箱：esp@ esp. com. cn
天猫网店：经济科学出版社旗舰店
网址：http：//jjkxcbs. tmall. com
北京季蜂印刷有限公司印装
710 × 1000　16 开　15. 25 印张　230000 字
2022 年 12 月第 1 版　2022 年 12 月第 1 次印刷
ISBN 978 - 7 -5218 -4412 -2　定价：60. 00 元
(图书出现印装问题，本社负责调换。电话：010 -88191545)
(版权所有　侵权必究　打击盗版　举报热线：010 -88191661
QQ：2242791300　营销中心电话：010 -88191537
电子邮箱：dbts@ esp. com. cn)

商丘枢纽经济发展报告课题组

组　长：张保胜
副组长：李运河　郑向杰
成　员：张保胜　李运河　郑向杰　陈建伟
　　　　徐　可　李　玲　张时坤　祁让坤
　　　　周　超　王　雪　王亚茹

前　　言

　　交通区位优势会对一个地区的经济发展产生重要的影响，把交通区位优势转变为枢纽经济优势，是推动区域经济高质量发展的新动能。枢纽经济的本质在于充分利用"枢纽平台"产生"经济效应"，从而形成具有区域特色的发展模式。物流、资金流、信息流、知识流等要素向平台集聚，会降低市场主体的运营成本；要素从平台向周边辐射，则会提高运营效率。从点上的规模经济、线上的通道经济到面上的网络经济，是区域产业发展的重要支撑。

　　在党的十九大把供应链上升为国家战略的基础上，党的二十大进一步明确了"着力提升产业链供应链韧性和安全水平"，助推经济的高质量发展。作为产业链供应链的"中场发动机"，物流枢纽平台在国内和全球产业价值链分工合作以及构建新发展格局中发挥着重要的作用。显然，区域枢纽经济的发展一方面依赖于以物流服务为基础的商贸服务业的发展，另一方面也取决于第一产业和第二产业的基础、创新能力和特色化发展水平。

　　作为豫鲁苏皖接合区重要的全国性综合交通枢纽城市，商丘的交通枢纽地位具体体现在不同阶段的国家发展战略规划或布局试点中。2009年9月，国家发改委发布的《促进中部地区崛起规划》（2009～2015年）中，不管是铁路网建设中的"四纵四横"，还是公路网建设中的连霍高速，商丘都是重要节点。在"两横两纵"经济带的构建方面，商丘位于京九经济带和陇海经济带的交汇处。在2013年习近平总书记提出的"一带一路"合作倡议中，丝绸之路的路线分为北线、中线、南线和中心线，商丘位于从连云港到欧洲的中心线之上。2015年5月，商务部等部门印发了《全国流通节点城市布局规划》（2015～2020 年），确定了"三纵五横"全国骨干流通大通道体系，商丘位于陇海兰新沿线流通大通道之上，是重要的节点城市之一。2018 年 11 月，《淮河生态经济带发展规划》正式发布，提出了"一带、三区、四轴"的空间布局，商丘既是三区布局中北部淮海经济区的 10 个重要城市之一，也是"四轴"之中依托京九线发展轴"菏泽—商丘—亳州—阜阳—六安"中的重要节点。2021 年 11 月 29 日，国家发改委发布了"十四五"首批国家物流枢纽建设名单，商丘作为商贸服务型国家物流枢纽入选。2022 年 10 月，国家发改委印发了《关于做好 2022 年国家骨干冷链物流基地建设工作的通知》，商丘入选骨干冷链物流基地名单。

国家层面对商丘枢纽经济发展的重视，源于商丘商贸物流业和特色产业的发展基础。从商贸物流业发展看，商丘市农产品中心批发市场是豫鲁苏皖接合区规模最大、交易功能最完善的农产品集散中心、交易中心、物流中心和价格形成中心，其农产品价格已成为全国农产品价格的风向标。豫东综合物流产业园和商丘保税物流中心已经成为商丘建设商贸服务型国家物流枢纽的重要载体。从产业发展看，商丘市不仅是全国重要的农业大市，同时每个县区都有自己的特色产业。依托粮食资源在全市各县区均有布局的食品加工业、经济技术开发区的装备制造业、睢阳区和夏邑县的纺织服装制鞋业、民权县的制冷装备业、柘城县的超硬材料、虞城县的五金量具等都形成了千亿级或百亿级的产业集群，在全国范围内产生了较大的影响。根据《商丘市"十四五"现代物流业发展规划》，商丘市将着力打造"一核一轴一环多园"的现代物流业空间发展格局，基本建成"通道＋枢纽＋网络"的现代物流运行体系，助推商丘枢纽经济的快速发展。"对外开放桥头堡、枢纽经济新高地"是河南省委、省政府对商丘市未来发展的基本定位，这既是对商丘枢纽经济发展成绩的肯定，也是对未来基于交通区位优势打造全国性新载体和增长极的期望。

为了系统梳理商丘枢纽经济发展的成就，研究枢纽经济发展中存在的问题及其对策，商丘师范学院豫鲁苏皖接合区经济社会发展研究中心成立了商丘枢纽经济发展报告课题组，历经近两年的理论研究、实地调研和实证研究，到 2022 年底，完成了报告的撰写工作。具体分工如下：张保胜完成了前言、第一章和第三章，陈建伟完成了第二章，徐可完成了第四章和

第六章的第三节，郑向杰完成了第五章的第一节，李运河完成了第五章的第二节和第六章的第四节，祁让坤完成了第五章的第三节，张时坤完成了第五章的第四节和第七节，周超完成了第五章的第五节，李玲和郑向杰完成了第五章的第六节，王雪和张保胜共同完成了第六章的第一节，王亚茹和张保胜共同完成了第六章的第二节。

课题组在调研和数据资料收集过程中，得到了商丘市委、市政府相关部门以及各县区产业开发区管委会的大力支持，商丘市农产品批发市场、商丘保税物流中心、商丘市永城芒砀山景区在数据资料采集过程中给予了很多帮助，英国卡迪夫大学的张年同学、天津商业大学的马臻同学参与了调研数据的采集和整理，在此一并表示感谢！

当然，2022 年度研究报告的撰写是初次的尝试，难免存在很多不足之处，恳请各位学界同仁、政府部门和行业专家提出宝贵建议，以便我们在后续报告写作中不断完善，出版更高质量的研究成果。

商丘枢纽经济发展报告课题组
2022 年 12 月

目 录
CONTENTS

◆ 第一章 ◆

枢纽经济发展的理论简述

根据国家发展改革委和交通运输部 2018 年 12 月联合发布的《国家物流枢纽布局和建设规划》，明确提出"依托国家物流枢纽，形成一批具有国际影响的枢纽经济增长极，将国家物流枢纽打造成为产业转型升级、区域经济协调发展和国民经济竞争力提升的重要推动力量"①。枢纽经济就是借助交通物流枢纽辐射广、成本低、效率高的优势，通过带动区域三次产业的集聚发展，逐步形成要素大聚集、大流通、大交易的区域发展模式，不断提升枢纽的综合竞争优势和规模经济效应。从枢纽经济的内涵来看，枢纽经济理论应该是区域经济与产业经济理论融合的产物。我们既需要研究作为社会分工和生产力发展产物的"城市"，也需要研究为什么城市更容易在河流、公路、铁路、航空等交通路线的交汇处（枢纽）快速发展，以及由于枢纽和城市的结合导致要素集聚形成的规模经济效应如何体现在三次产业的发展之中。但是，不管是何种理论分析，都需要建立一个基本的理论框架。本章首先分析了枢纽经济的内涵和特征，然后基于枢纽与城市简要分析了城市的创新功能和城市体系的演变，最后基于枢纽与集群分析了物流产业集群的发展与未来虚拟集群的发展机遇。

---

① 国家发展改革委、交通运输部印发的《国家物流枢纽布局和建设规划》。

第一节 枢纽经济的内涵与特征

自从枢纽经济概念提出以来，不同的学者给出了不同的概念。根据现代汉语词典，枢纽是指事物的重要关键，是事物联系的中心环节。现代汉语词典中含有枢纽的词汇包括了交通枢纽、通信枢纽、水利枢纽等。根据《牛津高阶英汉双解词典》（第九版）的解释，枢纽（hub）的含义有两个方面的解释，第一个解释是原始含义，枢纽是车轮中心的实心部分，轮辐从它向外辐射，并围绕（或与）轮轴旋转；第二个解释是机场、车站、港口等运营各种服务或活动的中心[①]。可见，根据枢纽的内涵，我们可以发现枢纽有两个基本特征，一是"中心性"，二是"中介性"。也就是说，枢纽是事物联系的中心，又是中心之外事物之间联系的中介。

枢纽经济则是我国根据枢纽内涵延伸出来的一个新的概念。根据不同学者的定义，我们可以发现枢纽经济的内涵包含了以四个不同的部分（见表1-1）：一是"中心"，这个中心在枢纽经济的不同定义中大部分被描述为一个"平台"，就是"枢纽"。二是"经济"一词，被描述为一种"模式"或"手段"。三是关于枢纽经济的要素。有了平台和模式，就需要在平台上按照一定模式和手段运行的要素，这包括了物流、资金流、信息流等。四是关于枢纽经济的集聚和扩散效应。一种要素在一个平台上按照一定的模式集聚，就会产生一种"放大"效应，这种放大效应在平台上产生的效果要大于单个要素产生的作用之和。同时，当这种"放大"效应产生以后，就会借助"轮辐"向外辐射，对枢纽之外的事物产生影响，这就是扩散效应。

---

① 霍恩比. 牛津高阶英汉双解词典（第九版）［M］. 李旭影，等译. 北京：商务印书馆，2018.

表 1-1　　　　　　　　　　　枢纽经济内涵相关文献

序号	作者	内涵
1	汪鸣（2017）	借助经济要素资源聚集平台对商流、物流、资金流、信息流、客流等进行集聚、扩散、疏导，具有高度供应链、产业链和集群化特征
2	吴文化等（2018）	以交通枢纽、信息服务平台等为载体，以优化经济要素时空配置为手段，重塑产业空间分工体系，全面提升城市能级的经济发展新模式
3	宫银峰（2020）	以交通枢纽作为要素资源的主要集疏平台通过枢纽与产业互动形成的特色经济
4	赵伟伟（2020）	以"枢纽"为框架，以集聚和扩散为特征，以相关枢纽为中心建设和重构产品与生产要素的供应链、产业链及产业集群等的发展模式
5	李国政（2021）	充分发挥枢纽的要素聚流、驻流、疏流功能，通过技术和制度创新，优化资源要素时空配置，重塑产业分工体系，促使生产力空间布局进一步提升和完善，推动经济高质量发展

　　进一步地，我们就会思考一个非常重要的问题。如果一个城市想要借助枢纽来发展经济，那么它就需要通过这种枢纽平台集聚要素，并使这种要素在一定的运行模式下发挥"放大"效应，有利于城市经济的发展。什么样的要素集聚才能产生放大效应？放大效应如何产生？我们可以把这种要素分为两类，一类是要素自身没有放大效应，但是同类要素集聚到一起就会产生放大效应，这种要素我们称为一般要素，比如商品、资金、信息。这种放大效应称为"网络效应"（network effects）。网络效应又分为直接的网络效应和间接的网络效应[1]。另一类要素就是要素自身具有创造效应，要素集聚以后还会进一步产生放大效应。这种要素就是我们经常说的创新要素，包括人力资本、技术、知识等。

---

　　[1] 根据 Katz 和 Shapiro（1994）的经典文献，当一个用户加入并扩大一个网络的时候，网络中的其他成员会受到积极的影响，这种影响就是"网络效应"或"网络外部性"。直接网络效应侧重于分析网络中具有同种性质的成员之间的相互影响，间接网络外部性侧重于分析网络中具有互补性质的成员之间的相互影响。

最后，网络效应和创造效应的发挥都需要落实到具体产业的发展才能最终促进城市的发展，单纯要素的集聚和扩散大多表现为第三产业的商贸型集聚，比如农产品交易市场、工业商品交易市场、人力资本产业园等。这种第三产业领域的增值体现在服务环节，也就是进入最终消费环节的增值。但是，根据国内生产总值（GDP）形成的基本内涵，从要素进入生产过程开始，到最终的消费终端，增值的环节越多，在一个区域内部产生的增加值总量就会越大，经济发展速度就会越快。

所以，根据以上分析，我们给出的枢纽经济定义为：以平台为中心，通过要素的集聚，产生创造效应和网络效应，从而实现产业的不断增值的过程。具体框架如图 1-1 所示。

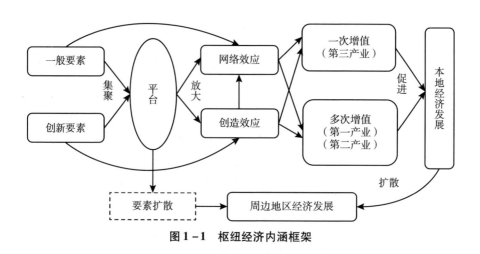

图 1-1　枢纽经济内涵框架

根据上述的内涵分析，我们可以总结出来枢纽经济的几个基本特征：

第一，集聚和扩散效应并存。作为枢纽平台，可以把要素集聚过来，同样可以把平台原有要素扩散出去。在平台集聚并通过网络效应和创造效应实现产业增值，会促进本地经济的发展。相反，如果平台要素直接扩散到其他地区，则会弱化本地经济的发展。

第二，平台和要素多样性。由于枢纽包括交通、信息、金融等多种类型的枢纽。不同类型的枢纽汇集的要素类型和发挥的作用也是不同的。上述枢纽经济的内涵框架主要侧重于分析交通枢纽。

第三，产业依赖性。枢纽经济效应的发挥依赖区域产业基础，纯粹的要素集聚和要素本身发挥作用会促进第三产业的发展，产生一次增值。如果要素集聚进入第一和第二产业的生产环节，则会产生多次增值。

第二节 枢纽经济与城市发展

一、空间经济理论

19 世纪 20 年代，为了研究德国农业经营模式和产业问题而苦心经营农庄 10 年的空间经济学创始人约翰·冯·杜能出版了《孤立国同农业和国民经济的关系》一书，认识到农业种植地租与距离城市的远近之间的关系，也就是区位因素影响运输费用进而影响种植业分布的理论。他关于孤立国的描述，也成为后来城市经济学研究的源泉。顺应第二次工业革命导致的工业快速发展，与杜能的农业视角不同，韦伯从工业布局角度研究了企业的空间布局问题，于 1909 年出版了《工业区位论》，从而成为空间经济研究的另一个流派。

也是在 19 世纪 20 年代左右，居住在英国的大卫·李嘉图却在研究国际贸易理论中的比较优势理论。从区位角度来看，国家之间的贸易只是区位理论研究的一部分，但与空间区位有着紧密的关系。但是，李嘉图却将空间环境的差异弱化为了土地生产力的差异，将空间因素从他的分析体系中去掉了①。

到 20 世纪 80 年代，"收益递增/不完全竞争"革命开始从四个方面展开，一是基于不完全竞争模型的新产业组织理论，二是基于规模收益递增的新贸易理论，三是基于收益递增的新经济增长理论，四是基于收益递增和不完全竞争的新经济地理理论。在这场革命中，保罗·克鲁格曼对国际贸易理论的研究出现了令人振奋的偏离。由于传统国际经济学理论是假定

---

① 保罗·克鲁格曼，安东尼·J. 维纳布尔斯. 空间经济学：城市、区域与国际贸易 [M]. 梁琦，译. 北京：中国人民大学出版社，2011.

生产要素不能流动而商品能够流动，但现实生产要素的流动性以及在收益递增中的作用促使国际贸易的研究更接近于区位理论。于是，新经济地理学应运而生。在克鲁格曼的"核心—外围"模型中，"本地市场效应"和"价格指数效应"产生的产业集聚与"市场拥挤效应"产生的产业扩散两种力量的相互作用，决定了最终产业分布的分散程度，而这个分散程度最终取决于贸易自由度导致的贸易成本的高低。可见，新经济地理学的本质就是解释经济活动的空间集聚和扩散现象，解释经济活动的向心力和离心力之间相互作用的机理和最终空间经济结构的形成。这些问题也是空间经济学所关心的核心问题。

二、城市与城市体系

空间经济学中有三个主要的模型，分别是区域模型、城市体系模型和国际模型。城市体系的发展经历了单中心城市、多中心城市、城市体系到城市群的演变过程。阿隆索（Alonso，1964）、穆思（Muth，1969）和米尔斯（Mills，1972）三位经济学家提出了单中心城市模型。在收入不变和城市便利性不变、不同区位的住房成本和交通成本之和不变的条件下，离城市中心越远，住房成本越低，交通成本越高；离城市中心越近，住房成本越高，交通成本越低。尽管随着城市的发展，单中心城市已经向多中心城市演变，但这种研究范式仍然是进一步进行后续研究的基础。

随着城市的发展，城市中心地区的拥堵效应导致企业生产成本增加，集聚经济带来的收益与拥堵效应带来的成本之间的权衡对企业的选址决策产生了影响（Helsley and Sullivan，1991）。同样，不同类型的企业也会考虑不同的选址，技术密集型企业更加依赖于社会网络，而城市中心地区为社会网络的建构带来了便利。劳动密集型的制造企业更愿意考虑交通的便利和廉价的土地和劳动力，而远离中心的选址是企业的优先选择。经过城市发展过程中的向心力和离心力之间的相互作用，逐步就会出现单中心和多中心的城市结构。

当然，城市规模的变化是从单中心向多中心演变的原因之一，但规模扩大导致的边际收益和边际成本之间的权衡是很难计算的。如果从城市功能来看，在城市规模由小到大演进的过程中，城市的功能也会经历形成期、成长期、分离期，城市功能的分离也会成为城市由单中心向多中心演进的动力。

按照相似的演进规律，多中心的单一城市发展到一定阶段，就会出现以中心城市为主体，副中心城市和外围城市等不同等级、不同规模和不同功能相联系的城市体系。按照哈佛大学语言学家提出的实验定律——Zipf法则，一个单词出现的频率与其在频率表中的排名成反比。那么，一个城市的规模与该城市在城市体系中的位次成反比。也就是说，位次越小的城市规模越大。进一步思考，如果按照相同的规律演进，单一城市可以向多个城市组成的城市体系演进，那么单个城市体系也会向多个城市体系演进。以此类推，便出现了我们现在耳熟能详的"都市圈""城市群""城市连绵带"的概念。都市圈存在着层级结构，城市群和城市连绵带也存在着层级结构。同样城市群也在演进过程中，长三角、珠三角、京津冀是经济规模超大的城市群，长江中游、成渝地区、山东半岛等是位于第二位的城市群，中原城市群、皖江经济带、关中城市群、兰州—天水城市群等是位于第三位的城市群。这样，城市群之间也形成了层级结构。那么，进一步演进的话，全国范围的区域发展不平衡问题就会在城市的相互作用过程中得到逐步缓解。这便是空间经济学中城市演进与发展的最终目标。我们把这种演进用示意图表示（见图1-2）。

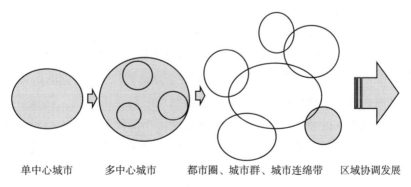

单中心城市　　多中心城市　　都市圈、城市群、城市连绵带　　区域协调发展

图1-2　空间城市体系的演变

在空间城市体系演变过程中，有一个值得关注的问题：什么因素导致

了从单中心城市、多中心城市再到都市圈和城市群的裂变？仅仅是由于系统内部的边际收益和边际成本之间的权衡吗？显然不是，因为从历史角度看，现在的长三角曾经经历了"华东经济协作区""上海经济区""浦东开发和长三角协作"到国家一体化战略的实施等发展阶段①，由原来以上海为中心发展到了现在的城市体系。在城市体系形成过程中，与制度、创新、区位等都有关系。也就是说，一个欠发达地区的城市如果仅仅依靠城市体系的自然演进而取得发展，那将是被动和漫长的。只有通过自身特有的优势和创新的动力才有可能超越原有发展阶段，助推城市体系演变过程中的裂变，从而实现整体的区域协调发展。

三、城市与创新

从理论渊源来看，马歇尔（Marshall，1890）曾经分析了工业集聚对生产力提高的影响，认为在密集和专业的劳动力市场获得非排他性知识更为容易，这是促进生产率提高的重要因素。到后来，不管是韦伯的工业区位论，还是克鲁格曼的核心外围模型，他们研究问题的侧重点和目标并没有涉及技术创新，但他们对区域内企业的集聚效应研究对后期的城市创新问题研究具有奠基性贡献。

就创新问题而言，熊彼特作出了开创性新贡献。他对创新的研究经历了新创建企业在创新方面的作用、大型纵向一体化企业内部创新的作用以及产业集群创新在推动经济增长中的作用等不断演进的过程（Schumpeter，1934a，1934b，1939，1954）。不管是微观领域企业的创新创业，还是宏观领域经济增长波动过程中的创造性破坏，熊彼特都做出了杰出的贡献，并对后期创新管理理论、经济增长理论以及区域经济理论都产生了广泛的影响。

区域经济学家和地理学家在研究经济活动的时候却发现，创新活动大多集聚在城市或区域内部，特别是集聚在城市中高校和科研机构集中的地区。而且，相对于一般生产活动的集聚来说，创新活动集中性更强（Feldman，Kogler，2010）。也就是说，创新过程更需要知识的流动与合作，而

---

① 长三角的前世今生［EB/OL］. 中国网，（2019 - 04 - 25）［2022 - 04 - 29］. http：//t. m. china. com. cn/convert/c_vyyFuzj3. html.

这种合作更需要组织、人、资金和服务在一定空间内的集聚。所以，能够为这种集聚提供平台的就是城市。

雅各布斯（Jacobs，1969）是研究城市创新功能的杰出代表。他把城市置于创新、创业和经济增长过程的中心，认为城市经济不受单一生产函数的支配，在创新中的作用主要基于其范围经济和多样性。城市是聚集人才、信息和物质资本的平台，并能够使他们重新组合成新的生产形式，催生新的产品，促进经济增长。雅各布斯关注的城市经济增长方式不仅仅是通过专业化分工和扩大产出实现的单调增长，而是创新推动的增长。卢卡斯（Lucas，1998）认为正是由于城市吸引和集聚了各种创造性人才，他们和资本、土地一起制作的"配方"，促进了经济增长，而城市就是制作配方的平台。奥利维尔·克雷瓦锡（Olivier Crevoisier，1999）在研究创新与城市的关系的时候，分析了互动和学习场所（Interaction and Learning Sites，ILSs）在城市动态学和生产系统（创新）动态学之间的中介作用。在一个城市中，ILSs 在城市参与人与企业之间建立了联系，提供了创新资源和创新环境，特别是专有技术方面的新资源，以及确保这些资源在创新过程中相互作用并能够被利用和开发（Crevoisier，1993；Maillat et al.，1991）。博伊德·科恩等（Boyd Cohen et al.，2016）给出了城市企业家螺旋（urbanpreneur spiral）的概念，认为创新的民主化（democratized）、合作（collaborative）和城市化（urbanized）三个因素的相互作用，推动了城市的创新和创业，从而促进了城市的经济增长（见图1 - 3）。

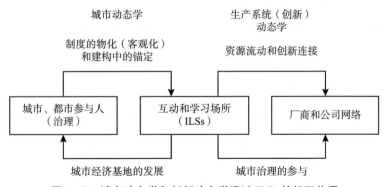

图1 - 3　城市动态学和创新动态学通过 ILSs 的相互作用

阿塞等（Athey et al.，2008）把产业集聚和知识共享归结为城市枢纽与城市本地连接，从而提出了一个新的城市创新模型。城市枢纽包括了城市资产和城市市场。城市资产是经济创新活动的支撑。企业在选择入住地点的时候，通常会考虑交通的便利性和专业劳动力市场的可用性，同时也会考虑土地政策、其他基础设施和文化环境等因素。城市市场是创新的拉动者，消费者的需求引导了新的创意，新的创意引导了企业创新。对于一个城市来说，其市场可以分为三个层级：本地市场、国内市场和全球市场。一个城市是否具有这三个市场的特征主要源于产业价值链是否延伸到国内其他区域或者其他国家。本地连接包括了城市网络、城市机构。城市网络的核心作用是促进知识的交流与传播，也是促进技术创新的根本动力。城市网络的成员包括企业、大学、研究机构、公共部门、非政府组织等，他们之间的相互连接和交互作用促进了知识和技能的传播和增值，是创新的供给方。城市机构包括了政府机构、教育机构、其他公共机构和私立机构。城市机构是维持城市资产的基础。最后就是企业，企业是该创新模型中最核心和最活跃的成员，是城市枢纽和城市连接的结合点。无论是城市市场对创新的拉动，还是城市网络对创新的推动，都离不开企业的参与，也只有市场中新的想法通过城市网络中的知识创造，通过企业实施和产业化，才能真正地实现创新。所以，位于城市枢纽和城市连接的接合部的企业，是城市创新的实现者（见图1-4）。

进一步地，博伊德·科恩、埃斯史蒂夫·阿尔米拉尔和亨利切斯布鲁（Esteve Almirall and Henry Chesbrough，2016）给出了城市企业家螺旋（urbanpreneur spiral）的概念，认为创新的民主化（democratized）、合作（collaborative）和城市化（urbanized）三个因素的相互作用，推动了城市的创新和创业（见图1-5）。这里的民主化是指创新者和用户进行共同创造的开放式创新过程；合作是指不同商业模式的合作过程；城市化是指城市人口的集中和创新环境的打造。佛罗里达（Florida，2017）通过对熊彼特对创新的贡献与雅各布斯对城市的贡献结合起来，把城市看成创新的容器，认为创新是城市（或区域）的产物。

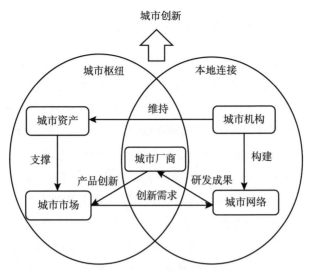

图 1 - 4　城市与创新关系框架

资料来源：根据 Athey 等（2008）制作，图形有改动。

图 1 - 5　城市企业家螺旋

第三节　枢纽与集群发展

从目前来看，还没有专门研究一般性枢纽与产业集群关系的理论文献。但是，从枢纽的性质来看，由于具备产业要素的集聚和扩散功能，枢纽对产业集群的形成和发展具有一定的影响。从产业的直接关联角度来看，交通枢纽更有利于促进物流产业集群的发展，信息枢纽更有利于促进信息技术产业的发展，金融枢纽更有利于促进金融产业集群的发展。这里分别从交通枢纽相关的物流产业集群、信息枢纽相关的虚拟产业集群进行分析。

一、基于交通枢纽的物流产业集群

与物流产业集群相似的概念是现实中比较熟悉的物流园区、物流基地、物流港等概念。谢菲（Sheffi，2012，2013）把物流集群描述为复杂的贸易路线网络和供应链网络上的节点，节点中包括了各类物流服务企业。按照交通枢纽的运输方式类型，可以分为陆路物流集群、水路物流集群和航空物流集群，也可以按照特定功能进行划分，比如生产性物流集群、消费性物流集群和仓储集群等（Waldheim et al.，2008）。海峰等（2016）通过国内关于物流集群内涵的分析，认为国内学者对物流集群的定义类似于波特的集群定义，不同的是强调了物流企业是集群的核心。他们从物流活动的空间集聚、物流企业为核心的多元主体、主体间广泛的联系等方面对物流集群的内涵进行了辨析，指出了物流集群的区位选择性、设施依赖性、需求驱动性、资源多样性、信息支撑性、功能层次性等基本特征。韦尔杜斯科—加尔萨和冈萨雷斯（Verduzco - Garza and Gonzalez，2017）认为物流集群是指以物流及相关服务为核心业务的企业集中在一个密集且特定的地理区域内，旨在提高以物流链为核心的区域运营和服务竞争力。在谢菲研究的基础上，韦尔杜斯科—加尔萨和冈萨雷斯给出了物流集群集约化经营主体框架（见图1-6）。

图1-6 物流集约化经营主体

注：本图由 Verduzco - Garza 和 Gonzalez（2017）根据 Sheffi（2013）以及 Rivera 等（2014）的研究整理。

物流产业集群之所以能够形成，首先是源于一定区域内良好的交通基础设施和区位，然后就是良好的产业基础和基础支撑。只有满足了这些条件，才能够实现依赖于交通区位优势的范围经济、规模经济、密度经济和频率经济①。但是，基于地理邻近性的传统产业集群正面临着拥挤成本上升、资源压力挑战等问题（吴文华和张琰飞，2006）。同时，随着信息技术的发展，虚拟网络信息传输的便捷使得传统的地理区位概念正在被弱化，这就是虚拟产业集群。

二、基于数字经济的虚拟集群

根据目前国内文献的研究，一般认为虚拟集群源于 1997 年欧盟（EU – SACFA）计划资助的 7 所大学组成的网络化研究课题组开发的虚拟业务框架模型（宋昱雯和于渤，2008；吴哲坤和金兆怀，2015）。虚拟集群（virtual clusters）也称为"电子商务社区"（e-business communities）或者"商业网络社区"（B – web communities），是借助先进通信技术和互联网络，利用正式与非正式契约使相互关联的企业与组织机构之间产生依存关系，在虚拟空间中实现合作创新、风险共担与共同发展的一种集聚体（吴文华和张琰飞，2006）。可见，虚拟企业或组织是虚拟集群的主体，或者说虚拟集群是虚拟企业的一种扩展。从 20 世纪 90 年代开始，很多学者对虚拟企业进行了研究，并给出了不同的定义（见表 1 – 2）。从这些定义可以看出，虚拟企业是一种不同个体共同参与的网络组织形式。虚拟企业具有以下特征：跨边界、互补的核心能力、地理分散、合作伙伴的互补性、参与者的平等性、信息和通信技术的广泛使用、临时性。当虚拟企业为了某种特定目标不断发展，其规模不断扩大的时候，便形成了虚拟集群。

---

① 密度经济是在给定规模的枢纽区域内增加现有物流车辆和基础设施的利用率，从而将货运单位从出发点运输到目的地的总成本降低时，就存在密度经济。频率经济是指增加到达和离开枢纽的频率。

表1-2 不同学者对虚拟企业的定义

序号	作者	定义
1	费雷 （Fuehrer，1997）	为了获得显著的竞争优势，独立机构、企业或特定个体通过信息和通信技术自发形成的临时网络
2	伯恩 （Byrne，1993）	公司、供应商、顾客甚至竞争对手为了共享成本、技能以及进入对方市场通过信息技术联系到一起的临时网络
3	希尔 （Hill，1997）	为了实现共同的目标，通过信息技术联合进行工作或交易的人或组织的可识别的群体。这种群体大于其他类型的组织，降低了实体存在的必要性
4	特拉维察 （Travica，1997）	没有在物理意义上存在，只是为了获得某种市场机会通过电子网络形成的模糊的企业组织形式
5	毛里齐奥·拉斐尼 （Maurizio Raffaini，2001）	为了完成特定目标使用信息技术共享资源的非竞争公司之间的战略联盟。除了在虚拟企业协议中提出的保证以外，不形成法人实体
6	伊冯娜 （JANUŠKA，2011）	虚拟企业（VE）是一个临时的企业联盟，为了更好地对商业机会作出反应，在计算机网络支持下进行合作，共享技能、核心能力和资源

从虚拟产业集群的概念和特点来看，这种组织形式更适用于高技术企业的技术开发和知识共享，实际上也是类似于"创客空间"的不同组织的集合体。对于传统生产性企业来说，如果要形成虚拟的产业集群，也只是一种虚拟的供求关系的达成，而真正的实物交易仍然需要线下支持①。从这一点来说，与当前的电子商务平台类似，唯一不同的是电子商务平台中的企业之间没有协议，是基于平台规则而形成的集合体。虚拟产业集群则是为了共享或互补的目的而组建起来，也就是一种虚拟联盟。

既然是虚拟集群对于高技术企业的创新更有意义，那么虚拟创新集群

---

① 2015年，商丘市政府联合阿里巴巴和中国联通公司，结合商丘市特色产业，推出了阿里巴巴·商丘产业带，这也可以看作一种传统生产性企业组成的线下集群的线上展示。但是，如果其功能仅仅局限于电子商务平台，企业之间没有某种协议的话，则不能称其为严格意义的虚拟集群。

则具有传统创新集群所不具有的优势。1999 年，OECD 在《助推创新：集群方法》中认为传统创新集群是一定地域范围内的从事产品生产的企业、从事知识生产的大学和科研机构以及相关服务机构形成网络，通过相互作用实现产出和创新。但是，随着数字经济的发展，这种传统的区域内部的实体网络就可以用互联网技术来替代，传统的地理空间概念就会被弱化，从传统的"地域"变成"网络社区"。虚拟集群的形成必须具备的要素包括能够降低交易成本的网络基础设施、提供集群产品的内容提供者、从虚拟集群中获得价值的消费者、稳定的网络环境和集群规则。

当然，不管虚拟集群用于产业发展还是用于创新，尽管目前还存在很多问题并处于探索阶段，但这种现象的出现无疑为传统枢纽型城市经济发展提出了挑战，同时也为区域性中心城市的崛起提供了机遇和发展思路。

第四节　枢纽经济发展的一般理论框架

一个城市枢纽经济的发展既是一个复杂的过程，又是一个值得探索和有意义的课题。根据上述枢纽经济的内涵、枢纽与城市、枢纽与集群三个问题的分析，我们可以给出以下枢纽经济的发展框架（见图 1－7）。

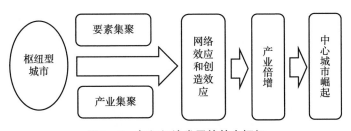

图 1－7　枢纽经济发展的基本框架

枢纽经济的发展需要枢纽型城市中的要素集聚和产业集聚。传统要素集聚发挥网络效应，创新要素集聚发挥创造效应和网络效应。产业集聚包括了传统产业集群的发展和虚拟产业集群的培育，同时创新要素的集聚也促进了传统产业集群的转型升级和虚拟创新集群的发展。一个城市中的人力资本、企业、政府、社会服务组织和社会公众在一个创新生态系统中相互作用，促进了知识技术的传播与增值时，产业的发展就会倍增，进而促进城市由单中心向多中心发展，最终实现区域性中心城市的崛起，促进区域经济的协调发展。

◆ 第二章 ◆

商丘枢纽经济地位的历史演变

商丘位于豫鲁苏皖四省接合部，地理区位优势明显，是豫鲁苏皖四省通衢，豫东门户。商丘作为"商人""商业""商文化"的发源地，也是人流、物流、资金流的重要枢纽，商丘在我国经济社会发展变迁过程中起着举足轻重的历史作用。本章主要从古代商丘枢纽经济地位、近代商丘枢纽经济地位和现当代商丘枢纽经济地位方面分别论述商丘枢纽经济地位的历史演变。

第一节　古代商丘的枢纽经济地位

一、先秦时期商丘的枢纽经济地位

史学界和考古界一直认为，商部族自契至成汤的先商时期，其活动的区域一直在现在的商丘地区，可以说，商丘是商部族的祖居地、发祥地。甲骨文方面的研究也支持这一观点。甲骨文中的"商"字有多种解释，但较为公认的有两种：一是"商"字从子从丘，即居住在丘岗之上的子姓氏族部落称为商族。二是"商"字像架子上置物之形，下部为货架之形，上部为刀、凿等生产工具，泛指货物，其意为做买卖交易。① "我国商业的历

---

① 张琼主编. 中国商人商业探源 ［M］. 北京：中国商业出版社，2005.

史源远流长，史载商人、商业之名起源于夏代时的商族。至春秋战国时期，独立的富商日益增多，政治中心往往也成了著名的商业城市，如周的洛阳、魏的大梁、韩的阳翟（今河南禹州）、齐的临淄、赵的邯郸、宋的陶（今山东定陶）和睢阳（今河南商丘）。"① 也就是说，在有历史可考的记载中，今天的商丘地区就是早期商品经济活动的中心之一。

（一）商人、商业的起源地

早在夏代，就出现了专门从事交换工作的商人。"商"原本是居住在黄河下游的一个古老部落。商的远祖契因佐禹治水有功始封于商契的孙子相土，迁居至商丘。《竹书纪年》记载："帝相十五年，商侯相土作乘马，遂迁于商丘。相土时，商部落畜牧业已比较发达，常以牲畜跟其他部落交换。相土的裔孙王亥发明服牛（仆牛）技术，开始驾牛车到黄河北岸扩大贸易。商部落以专门从事交换而闻。一般认为，商人、商业的来源与商部族有关。"② 王亥生活在夏代，此时，既有作为交换媒介的货币和专供交换的市场，又有专门从事交换的商人，"我国的商业在此时已经初具雏形，'商人'和'商业'之名即起源于此时的商族"③。

"商人"是一个历史上多次迁徙的民族，在商王朝建立之前就曾八次迁居。如《史记·殷本纪》所言："成汤，自契至成汤八迁，汤始居亳，从先王居，作帝诰。"④ 八迁的地点涉及蕃、砥石、商、商丘、泰山下、殷、亳等，其中多次迁至商丘，如相土自商迁商丘，又迁至东都泰山下，后复归商丘；殷侯复归于商丘。王国维在《说商》中经过详尽的论证，认为："商之名起于昭明，讫于宋国，盖于宋地始终矣。"⑤ 郭沫若也认为周代宋国即今河南商丘，也即相土所迁居的商丘。

此外，宋镇豪的《夏商社会生活史》也认为昭明、相土和殷侯所迁的

---

①③　张玉霞. 试论先秦时期我国的商家群体 [J]. 黄河科技大学学报，2009（11）.

②　李立新. 试论中国商人的起源 [M]. 赵保佑. 商丘与商文化. 郑州：中州古籍出版社，1999：35.

④　司马迁. 史记·殷本纪 [M]. 北京：中华书局，1959：93.

⑤　王国维. 说商 [M]. 王国维. 观堂集林. 北京：中华书局，1984：60.

商丘，即今河南商丘。① "《归德府志》和《商丘县志》都连篇累牍地记载有阏伯居商丘的事迹及遗存的阏伯台旧址。今天的商丘市睢阳区仍然保留着极有可能始建于春秋时期的阏伯台，高约 10 米、周长约 330 米。台上原有一座阏伯庙，早在唐宋时期就非常著名。"② 上述文献记载、学者的研究及旧址遗存都证明：河南商丘是商人早期活动的地区，是中国商业的起源地。

（二）中国早期的商业发展和商贸物流

远古时代，随着商品经济的不断发展，货币逐渐出现。第一个取得货币职能的商品，便是游牧部落的主要财富——牲畜。恩格斯指出："游牧部落用来同他们的邻人交换的主要物品是牲畜，牲畜变成了一切商品都用它来估价并且到处乐于同它交换的商品。一句话，牲畜获得了货币的职能，在这个阶段上就已经注释当货币用了。在商品交换刚刚产生的时候，对货币商品的需求，就以这样的必然性和速度发展起来了。"③ 通过牲畜与货币的演化关系，可知商祖王亥所饲养的猪、牛等牲畜，当时已经具货币的职能，有易部落掠夺王亥之牛羊，等于抢走了商部族的大批现金。王亥之后，从事商品交换的人越来越多，逐渐形成了商业阶层。王国维在《殷卜辞中所见先公先王考》中云："然则王亥祀典之隆，亦以其为制作之圣人，非徒以其先祖。"④ 所谓"制作之圣人"，指的就是"亥作服牛"和"亥宾于有易"的事迹，对商部族来说，王亥系"商业之始祖"。商部族中的商业活动是以南亳为中心而展开的。当时的南亳雄踞于大河东南的睢水之滨，经济繁荣，交通发达，是华夏文化与东夷文化的交汇处，也是一个著名的早期商业大都会。

（三）先秦时期商丘的经济发展

先秦时期的商丘主要指宋国，在周初两次大规模的分封中，宋国是重

① 宋镇豪. 夏商社会生活史［M］. 北京：中国社会科学出版社，1994：40.
②④ 张玉霞. 试论先秦时期我国的商家群体［J］. 黄河科技大学学报，2009（11）.
③ 恩格斯. 家庭、私有制和国家的起源［M］. 北京：人民出版社，1972：158.

要的封国之一，与卫、鲁、齐、晋、燕等有同等之地位。宋国从微子启建国开始，经历了西周、春秋和战国，历32代，记736年，公元前286年，为齐所亡。宋国都睢阳，以今天的商丘为中心，最强时疆域东面包括彭城（今徐州）、宿（今安徽宿县），南面包括铚（今安徽宿县西南）、酂（今商丘永城市西南）、柘（今商丘柘城县），西部与魏的宁邑（今商丘宁陵县）相邻，北部包括陶邑（今山东定陶），与鲁国的郓（今山东郓城）相接。① 宋国时期的商丘经济发达，离不开其优越的地理位置。宋国地处中原，地势平坦，物产丰盈，交通发达，尤其是当时便利的水路交通。"宋国境内水系颇多，济水、获水、唯水、泗水等河流穿境而过"，《管子》记载齐国"河济之流，南输梁、赵、宋、卫"，可以反衬出宋国境内以及与其他诸侯国的水上交通是非常便利的。地处中原的宋国陆路交通更具优势，不仅是中原各诸侯国通往吴越的交通要道，而且是楚通齐鲁、晋连吴制楚，都要经过宋国。② 周通齐鲁就曾向宋假道。春秋时，诸侯数次会盟于军事力量并不强大的宋国，既说明了宋国经济的繁荣，也说明了宋国交通的便利。③ 这一时期商丘经济的发展主要表现在以下两个方面。

1. 商业城市的出现

商业城市春秋战国时期，各国都出现了很多商业城市，宋国也不例外。宋国的商业城市主要是宋都睢阳、陶邑和彭城。宋都睢阳"是当时有名的手工业各国中心，居住着金、革、木、漆、车等各种工匠，被称为'百工居肆'"的城市④；宋国的另一大城市陶邑（也称为定陶，今山东定陶西北）是范蠡曾"三致千金"的地方，被杨宽称为"最为重要""中原最繁荣的城市"⑤。"定陶北临济水，东北有荷水沟通泗水，自从鸿沟开通以后，济、汝、淮、泗之间构成水道交通网，陶邑正处于这个交通网的中间。陆路交通也是发达的，由此向东北是商业发达的卫国，向东是鲁国和

① 李可亭. 春秋战国时期商丘经济发展论略 [C]. 王保存，王彦武，张琼编. 中国商人商业探源 [A]. 2008：236.

② 朱凤祥. 春秋战国时期宋国商业考论 [J]. 商丘师范学院学报，2017（2）.

③ 赵晓华. 商丘历代行政区划沿革研究 [D]. 郑州：郑州大学，2009.

④ 黄以柱. 河南城镇历史地理初探 [J]. 史学月刊，1981（1）.

⑤ 杨宽. 战国史 [M]. 上海：上海人民出版社，2003.

齐国，向西是魏国和韩国，因为它地处中原地区水陆交通的中心，'诸侯四通'，成为'货物所交易'的'天下之中'"。① 定陶也一直是齐、秦、赵三国长期激烈争夺的地方。由于互相争夺，这里曾发生一系列合纵、连横的战争。

2. 商业繁荣

战国时各国国都和其他城市都设有"市"，作为商品流通的市场，由市吏对市场进行管理。宋国管理市治的官吏叫"褚师"②。统一的市场管理，促进了城市商品经济的发展。商业的繁荣敦促各国政府都要对之进行有效的管理。这里不仅包括各国内部管理城市"市"治的市司官的出现，而且对外的关税也被各国所看重。《左传》记载，公元前731年宋武公"以门（即关）赏耏班，使食其征"，说明了宋国征收关税在各诸侯国中是比较早的，在某种程度上可以说商丘是中国海关税的发祥地。宋国征收关税，说明当时宋国的商业比较繁荣，因为只有商业繁荣，商贾往来频繁，才具备征收关税的前提条件。

宋国商业的发展，商业都市的出现，主要原因还是水陆交通的便利。"宋国是中原各国通往东南吴越的交通要道，而且楚通齐鲁、晋联吴制楚，都要经过宋国。周通齐鲁就曾向宋国假道（杨伯俊：《春秋左传注》），春秋时期，诸侯数次会盟于宋，也说明了宋国交通的便利。"③ 交通的便利和城市的繁荣，使得各国商贾往来于宋国，宋国亦四通各国。

总之，先秦时期的商丘，由于其优越的地理位置和便利的交通条件，已经孕育了商人群体和商业城市，乃至浓厚的商业文化，从而使这一时期的商丘成为中国早期商业经济发展的中心之一。

二、秦汉时期商丘的枢纽经济地位

"梁宋"作为区域名称，屡见于史籍之中，是和齐鲁、三河、关中等相对应的地域概念，为春秋战国时期梁（魏）宋旧地。关于梁宋经济区的

---

① 寇亚辉. 城市核心竞争力论 [D]. 成都：四川大学, 2004.
② 杨伯峻. 春秋左传注 [M]. 北京：中华书局, 1981.
③ 王朝阳. 战国秦汉时期梁宋地区经济发展与环境条件研究 [D]. 郑州：河南大学, 2005.

地域范围，学界说法略有不同："张步天先生在《中国历史地理简论》中将西汉时期全国分为八大经济区，依次为关中区、三河区、齐鲁区、燕赵区、梁宋区、淮海区、江南区、岭南区，梁宋区为其中之一。"① 秦统一全国后，梁宋地区继续向前发展，秦末农民起义打乱了梁宋区的发展进程，社会经济遭到破坏。进入西汉后，梁宋地区经济迅速恢复，并出现了繁荣局面，成为当时西汉王朝两个基本经济区之一。② 西汉末年的战乱及黄河泛滥使梁宋地区的社会发展遭到重大破坏，但优越的自然地理条件及西汉时发展的基础，使其经济很快走上恢复和发展的轨道，东汉时期的梁宋地区仍是全国的重要经济区之一。

（一）农业经济的发展

先秦的早期开发使梁宋地区的农业经济得到初步发展。为秦汉时梁宋地区的繁荣打下了良好基础。进入秦汉后，铁制农具已在梁宋地区普遍使用，从考古资料看，梁宋地区近年发现的西汉铁器不仅数量多，而且器类全，冶铁遗址面积大。"如西汉巨野红土山汉墓中出土的铁器多达三四百件。"③ "汉代砀县城出土的农具有耒、镢、锄、镰等，永城保安山二号墓有铁锄、铁斧出土。"④ 河南杞县许村岗一号汉墓出土有铁刀、铁锄等⑤。所有这些无疑都说明铁制农具在梁宋地区应用之普遍。尤为重要的是河南中牟发现了汉代的犁壁。犁壁的发明，使得耕犁起土后自行将土翻过，是犁耕技术的重大进步，是农业生产力提高的重要标志。并且在1964年，"在淮北市出土了汉代铁耧角，形似牛角，角上有两孔，角根孔呈蛋形。这种农具实用便巧，操作灵活，能大大提高播种效率，本为适应关中地区'代田法'而设计"，⑥ 可见这一先进耕作方法已在梁宋地区推行。西汉人

① 王朝阳.战国秦汉时期梁宋地区经济发展与环境条件研究［D］.郑州：河南大学，2005.
② 邹逸麟.我国早期经济区的形成——春秋战国至汉武帝时期［J］.历史地理，2002（1）：23－42.
③ 郑同修.山东发现的汉代铁器及相关问题［J］.中原文物，1998（4）：67－73.
④ 河南省文物考古研究所.永城西汉梁国王陵与寝园［M］.郑州：中州古籍出版社，1996：74，200.
⑤ 开封市文物管理处.河南杞县许村岗一号汉墓发掘简报［J］.考古，2000（1）：40－46.
⑥ 王朝阳.战国秦汉时期梁宋地区经济发展与环境条件研究［D］.郑州：河南大学，2005.

民已认识到铁农具对农业生产的重要性。《盐铁论·水旱篇》言："农，天下之大业也；铁器，民之大用也。器用便利，则用力少而得作多，农夫乐事劝功。用不具，则田畴荒，谷不殖，用力鲜，功自半。器便与不便，其功相什而倍也。"① 农业生产工具的改进，大大促进了梁宋地区农业的发展，为当地经济社会发展和商业的繁盛奠定了基础。

西汉时期，牛耕技术在梁宋地区进一步推广，在很大程度上已基本得到普及。牛耕作为当时先进的农业耕作技术，不仅能够深耕，还提高了耕地速度，为农业用地的广泛开垦、粮食产量的提高提供了技术支持。武帝时期，搜粟都尉赵过在北方地区大规模推广代田法和牛耕法，从上面所提到的犁壁的应用也可看出犁耕、牛耕的普及。"牛乃耕农之本，百姓所仰，为用最大，国家之强弱也"②。牛耕、犁耕的广泛使用，提高了耕作效率，大大促进了农业的发展。

在汉代梁宋地区，养殖业和渔业也在农民生活中占据着重要地位。先秦时期我国平原地区就形成了畜养马、牛、羊、鸡、犬、猪六畜的传统。《汉书·地理志》载豫、兖二州"宜畜六扰"，考古材料也说明了这一点："永城太丘一号汉画像石墓出土有猪圈、鸡、鸭、狗等"③。并且在长期的实践中，梁宋人民培育了一些优良品种，如优良鸡种长鸣鸡。另外，渔业也是人民生计的重要补充形式之一。秦汉时期梁宋地区水网密布，湖泊众多，渔业养殖业有一定传统。依据上述，可知秦汉时期，梁宋地区的农业迅速发展，出现了农业繁荣发展景象。

（二）手工业的繁盛

秦汉时期，手工业虽被统治者视为末业而受到抑制，但随着社会分工水平的提高和商品经济的发展，梁宋地区的手工业发展水平相较先秦时期有了很大进步，主要体现在冶铁业和纺织业上。

冶铁业：秦汉时期梁宋地区冶铁业获得长足发展，主要表现在以下几

---

① 王朝阳. 战国秦汉时期梁宋地区经济发展与环境条件研究 [D]. 郑州：河南大学，2005.

② 应劭. 风俗通义·佚文卷 2 [M]. 上海：上海古籍出版社，1987.

③ 李俊山. 永城太丘一号汉画像石墓 [J]. 中原文物，1990（1）.

个方面：

一是冶铁业分布地区的扩大。战国时梁宋地区见于史籍的冶铁地点很少，秦及西汉时冶铁产地大为扩大。据《汉书·地理志》载，汉武帝实行盐铁官营后在全国设置铁官 49 处，其中在梁宋境内及附近的铁官有山阳（今山东金乡）、东平（今山东东平）、沛（今安徽淮北）、彭城（今江苏徐州）等几处。^① 除此之外，西汉梁宋境内的芒砀山矿产资源丰富，因而此地的冶铁业也有一定的规模。上述汉代砀县城冶铁遗址和永城保安山汉墓出土的铁器即是明证。

二是冶铁规模的扩大。梁宋地区冶铁手工业的规模，可以从历史上一次冶铁工匠的起义人数，窥见其冶铁规模。永始三年（前 14 年）"山阳铁官徒苏令等二百二十人攻杀长吏，盗库兵，自称将军，经郡国十九，杀东郡太守、汝南都尉"^②。一次冶铁工匠起义竟有数百人之众，说明梁宋地区官营冶铁业规模之大。从考古材料看，也能说明这一点，西汉巨野红土山汉墓所发现的铁器实物中，铸有铁官标志的"钜野二""山阳二"等铭文^③，表明这些铁官所辖作坊至少在两个以上。无独有偶，山东滕州薛故城也发现有"钜野二""山阳二"的铸范^④。以上几则史料充分证明梁宋地区西汉时期冶铁业生产规模的扩大。

三是铁器数量的增多和质量的提高。"从考古资料看，梁宋地区发现的西汉铁器不仅数量多，而且器类全，如西汉巨野红土山汉墓出土的铁器多达三四百件。梁孝王墓出土铁器也很多，其中，尤以工具、农具为最多，且种类繁多。梁宋地区的铁器不仅数量大增，而且质量也大有改进。永城保安山二号墓出土的铁器采用了铸造→退火→热锻加工的制作工艺。其中本遗址出土的 6120 铁刀、6127 铁锯、6128 铁錾及 6129 铁门鼻，都是用固体脱碳钢锻打而成的器物。"^⑤ 固体脱碳钢这种简单且经济的生铁炼钢方法，在中国及世界炼钢史上是一项创举。

---

① 王朝阳. 汉代梁宋地区的经济发展及区域经济特征［J］. 商丘师范学院学报，2008（7）：19.

② 班固. 汉书［M］. 北京：中华书局，1962：323.

③ 郑同修. 山东发现的汉代铁器及相关问题［J］. 中原文物，1998（4）：67 - 73.

④ 李步青. 山东滕县发现铁范［J］. 考古，1960（7）：72.

⑤ 王朝阳. 战国秦汉时期梁宋地区经济发展与环境条件研究［D］. 郑州：河南大学，2005.

纺织业：秦汉时期，纺织业作为梁宋地区的主要手工业，仍在继续发展中，梁宋地区作为全国丝织业重心的地位得到进一步巩固和发展。西汉梁宋地区同其他地区相比，取得了更大的进展，主要表现在：

一是梁宋地区的纺织品生产质量很高且在全国有很高的地位。襄邑是当时全国除临淄外的另一处服官所在地，襄邑的丝织品主要供皇室及公卿大臣享用，以织锦闻名于世，锦的生产无论质量、产量，还是花色品种上都大大超过了前代。睢阳也是重要的丝织品产地，汉初，跟随刘邦打天下的灌婴就是睢阳的一个贩缯者。另外，济阴（治所在今山东定陶）和亢父（今山东金乡东北）也是梁宋地区丝织品的重要产地，可见梁宋地区的纺织产品在全国的地位和影响。

二是梁宋地区丝织品进入商业领域时间早，程度深。早在春秋时期，梁宋地区已有"抱布贸丝"的现象。战国及西汉初期梁宋地区生产的丝织品已大量进入商业领域成为商品，出现了专门贩卖丝织品的商人。《管子·轻重戊》："鲁梁之民俗为绨……管子告鲁梁之贾人曰：'子为我致绨千匹，赐子金三百斤。'"[1] 表明可以看出梁宋地区小农家庭纺织业生产的丝织品依赖商人收购，已是比较普遍的现象。西汉中期以后，奢侈之风盛行，"富者缛绣罗纨，中者素绨冰锦，常民而被后妃之服，褒人而居婚姻之饰。"[2] 中高档丝织品大量充斥于市，作为大量生产高级丝织品的梁宋地区，其商品生产的程度是比较深的。

（三）商业及城市的繁荣

梁宋地区贩运商业的发端较早，春秋战国时期，随着生产力的发展和专业分工的细化，地区间的经济交往增多，贩运贸易便成为商业活动的主要形式。如范蠡在陶从事贩运贸易，"十九年中三致千金"。秦汉之时，国家统一，弛商贾之律，解山泽之禁，商业发展到了一个新的高峰。《史记·货殖列传》记载洛阳"东贾齐鲁，南贾梁楚"，邯郸"北通燕涿，南有郑卫"，

---

① 王朝阳. 汉代梁宋地区的经济发展及区域经济特征 [J]. 商丘师范学院学报，2008（7）：19.

② 王利器. 盐铁论校注 [M]. 北京：中华书局，1992：14.

这说明梁宋之地是洛阳、邯郸这样的商业都市进行商品流通的对象。劳干先生在《论汉代之陆运与水运》一文中认为"汉代天下之道路集中于京师……然此特就国家行政道路而言耳。以当时货殖道路而言，则此犹未尽也。当时天下之财富在关东，关东之财富凑于齐梁，而道路之中枢，实梁国"①。全国货殖道路之中枢为梁国，可见梁宋地区商业之繁盛，就商品走向而言，梁宋地区逐渐成为丝麻织品和农产品的主要集散地。

梁宋地区商品生产和商业流通的兴盛促进了国内贸易的繁荣，也带动了域外贸易的发展，这也是西汉时期梁宋地区商业较战国时期发达的表现。自武帝开通和西域的联系后，西汉同西域的贸易往来密切。此后，汉王朝时常将大量绮绣杂缯赠送给西域各地的贵族，西域甚至欧洲都有商人贩运丝织品。

秦、西汉梁宋地区的商业的兴盛带来了城市的繁荣。陶和睢阳继续成为全国和区域性的经济中心。《史记·货殖列传》记载："夫自鸿沟以东，芒砀以北，属巨野，此梁、宋也。陶、睢阳亦一都会也。梁孝王时期广睢阳城七十里，大治宫室，为复道，自宫连属于平台三十余里。"② 可见西汉时期睢阳城的繁荣景象。陶直至西汉中期还延续着战国以来的繁荣。这些城市在促进梁宋地区经济开发和商品流通方面起了重要作用。"都市的形成、分布和兴衰是与当时的经济、文化的发展同步的，秦汉经济重心为关中、关东，尤以后者为重，后者的重心在梁、齐。"③《史记·货殖列传》所举的都会除京师长安外，共有十八个，其中梁宋地区有两个：陶、睢阳。这与梁宋地区经济发展在全国所占的地位是吻合的。

三、隋唐时期商丘的枢纽经济地位

大运河的开通给古代商丘地区的经济社会发展提供了新的历史机遇，隋唐时期，商丘称宋城。"历史上的通济渠商丘段是两汉、隋、唐、北宋时期国家漕运生命线的重要组成部分，起到了联系南方经济中心与北方政

---

① 劳干. 论汉代之陆运与水运 [A]. 历史语言研究所集刊第 16 本 [C]. 1947：69 – 91.

② 司马迁. 史记 [M]. 北京：中华书局，1982：3068.

③ 王朝阳. 汉代梁宋地区的经济发展及区域经济特征 [J]. 商丘师范学院学报，2008（7）：19.

治中心的作用，维护了国家的政治稳定。同时，通济渠航运也有力地促进了南北方的物资流通、文化交流和对外交往。"①

（一）大运河与商丘

隋唐大运河开挖于公元 605 年（隋炀帝大业元年），全长 2 700 千米，在商丘境内长约 200 千米。"隋唐至北宋，商丘称宋城，繁华宋城是大运河河畔的名城。隋唐大运河商丘段呈西北—东南流向，沿途经过睢县、宁陵县、梁园区、睢阳区、虞城县、夏邑县、永城市 7 个县（市、区），由永城市与安徽淮北濉溪县交界处出商丘境进入淮北境，全长 199.7 千米。大运河之上的宋城，见证了大运河的荣辱兴衰。"② 隋唐大运河曾是运输丝绸开辟"海上丝绸之路"的重要通道，对于位于隋唐大运河畔的商丘，也成就了其织锦刺绣通过运河运至海内外的辉煌。

宋州的地理位置决定了它在唐代国内商业贸易上的重要地位。当时国内的交通路线以长安为中心，东经汴州、宋州，至山东半岛，西到岐州。水路方面，运河开通后，成为南北商业交通的大动脉，宋州又是重要驿站。水陆交通的发达，加上其农业和手工业的恢复和发展，这样更促进了宋州商业的发展。大运河建成后，更是一跃成为沟通江南和北方的重要节点，这种优越的地理位置催生了繁荣的商业，吸引着周边地区的农户与商人来到这里，又促使古商丘更加繁荣，是古商丘成为地区经济枢纽的重要因素。

经济的发展也带来了城市的繁荣，当时宋州治所所在地宋城成了颇具规模的城市。杜甫在《遣怀》诗中曾盛赞道："昔我游宋中，惟梁孝王都。名今陈留亚，剧则贝魏俱。邑中九万家，高栋照通衢。"陈留指汴州，开封时属陈留郡。"名今陈留亚"即名声仅次于开封的意思。当时宋城邑中有九万户人家，即有四五十万人口，是一个规模不小的城市。③ 该段用杜甫的诗句来介绍了古时商丘的盛况，说宋城名声仅次于开封，是一个远近

---

① 卢凯，尤涛. 运河遗产保护土地使用分类研究——以开封段为例［C］. 多元与包容——2012 中国城市规划年会论文集（12. 城市文化）［A］. 2012.

② 白鹏. 通达商丘："一带一路"的重要节点［N］. 商丘日报，2018 - 10 - 19.

③ 李可亭. 商丘通史［M］. 郑州：河南大学出版社，2000：112.

闻名的经济枢纽城市，其中特别提到宋城邑中有四五十万人，相比于唐初的 12.4 万户约九万人，宋城人口翻了近 6 倍，这其中固然有社会稳定带来的人口自然增长，但是更多的是因为宋城经济枢纽地位带来的经济发展和人口流动所吸引来的移民。从这一侧面即可看出，古时商丘地区人口流动之多，也印证了古商丘地区的社会稳定与经济繁荣。

隋唐大运河曾达到最高每年七八百万石的漕运能力，满足了国家粮食运输、军资调配和赋税、官盐等重要物资的运输需求，为中国历史上隋、唐、北宋等国家统一时期立都长安、洛阳和开封提供了强有力的物质保障。"自开元二十二年（734 年）至天宝中叶，漕粮年运量大多在二百多万石，为唐代漕运最辉煌的时期。所以在通济渠沿岸应留下诸多痕迹。"[①]"中国大运河在春秋时期和秦始皇兼并六国时发挥了重要的作用，对国家的统一、建立和加强中央集权的封建国家发挥了重要的作用。到了隋唐以后，大运河对社会经济的影响更为显著，这主要体现在，运河水运体系的完善促使了城镇的兴起、手工业的发展和人口的增加，为商业的繁荣提供了有利的条件，而商业的繁荣发展，又进一步促进了农业生产、城镇和手工业的越加繁荣昌盛，而这一切又有力地推动了运河的发展，促进了交通运输业的发展。大运河坚强地走到今天，一些功能和地位急剧下降，或者由全国性转变为地方性、故道还在发挥着航行、由整体性转变为局部性。但是，这些仍在使用的河道、泄洪、灌溉等作用。"[②] 大运河促进商丘的商业活动更加繁荣。唐、宋时期的商丘，由于大运河的通航，西到京师，南达江淮，十分便利。潜运商旅，往来不绝，粮商、盐商、茶商、丝商聚集于此，使商丘成为当时著名的商业大都市。

（二）驿站与商丘

商丘的通信活动源远流长，殷商时期出现通信活动。商汤建都于南亳（原商丘县谷熟集，现属虞城县），筑烽火台，设嘹望墩，击鼓传声，通报军情。公元前 1113 年，封微子于商丘为宋国，为便于各国之间的往来，开

---

① 付先召. 隋唐通济渠宋州段流经考辨 [J]. 中国农史，2012（1）：124–129.
② 王修全. 隋唐大运河商丘段的遗产构成与价值分析 [D]. 郑州：郑州大学，2011.

驿道设驿站，宋国通郑国、曹国为一主干道。秦统一中国（公元前 221 年），都咸阳，修驰道，设三十六郡，时商丘名睢阳，属砀郡，由成阳到砀郡途经睢阳设有驿站。汉承秦制，邮驿制度进一步完善，通信机构称"驿、邮亭"，在睢阳设有驿站。汉文帝十二年（公元前 168 年），梁孝王刘武建都睢阳，筑菟园三百里，以邮传信。隋唐以来，设睢阳驿，东通洛阳，县设驿官，驿站进一步完善。宋代商丘为应天府，旋升南京，因军政文件居多，改民驿为军驿。元代（公元 1271 ~ 1368 年）由兵部和通政院管理全国驿站，商丘辖驿站 9 处，马 198 匹。本府城站马 29 匹。明朝时设商丘驿，驿站由驿丞管理。①

　　清代邮传沿袭明代邮驿制度，商丘驿系极冲驿（一等）原系府治，驿站设城西，后以驿务并商丘县管理，设马 80 匹，扛夫 80 名，中长夫 30 名。顺治十五年（公元 1658 年），有马 40 匹，扛夫 70 名，邮驿总铺设在归德府治西面，下设四路。东路：金果园铺、欢固铺；南路：徐村铺、离辛铺；西路：西十里铺、水池镶；北路：万林铺。境外驿路：商丘至开封省垣之邮路：商丘驿—宁陵驿—葵邱驿—雍丘驿—陈留驿—大梁驿。商丘驿至江南宿州之邮路：商丘驿—石榴固驿—会亭驿—太丘驿—宿州驿。②

　　清代邮驿，原隶属兵部（后改为陆军部）。1896 年现代邮政开办以后，依陆军部之请，驿站递送以军报为主。至 1911 年，方奏准接收驿站，所有京署外发公文，改交邮局挂号寄送。商丘县邮驿即于民国二年（公元 1913 年）撤销。③除邮驿通信以外，商丘县民间通信在明代已开始出现，明代永乐年间（公元 1403 ~ 1424 年），由于居民大规模北迁及沿海商业逐渐繁盛，民间通信逐渐增多，民信局开始出现并逐步向内地扩展，民信局在县城及朱集（现商丘市）设代办机构，揽收信件，但活动范围较小。1896 年，近代邮政开办以后，通信业务多由邮局办理，民信代办处逐步撤除，活动随即终止。

──────────

　　① 河南省邮电史志丛书编委会编. 河南邮电行业简史（下）[M]. 北京：方志出版社，2000：847 - 848.
　　②③ 河南省邮电史志丛书编委会编. 河南邮电行业简史（下）[M]. 北京：方志出版社，2000：848.

四、宋元明清时期商丘的枢纽经济地位

(一) 两宋时期

北宋时期，商丘作为宋的陪都更名为南京，地理位置尤为重要，是连接首都东京，西京洛阳、天京大名的重要交通要道。商丘经济的繁荣发展也带动了周边经济的发展，对中原经济的发展有良好的带动作用。商丘的交通在该时期也极为发达，尤其是水路交通，南北通达，东西贯通，船帆运河不计其数。

由于北宋都城设在黄河中下游的大平原上，因此宋政府特别重视这一地区的水陆交通建设，形成了以开封为中心的水陆交通网。隋唐以来沟通南北的大运河通济渠，又称为汴河。汴河穿宋州城而过，水上交通很便利。陆路交通方面，从京城开封向东经南京、徐州可达海州（连云港）。这样，在商丘地区，水路和陆路相互交错，形成了四通八达的交通网络体系，有力促进了该地区社会经济的发展。随着农业、手工业的发展，农副产品及手工业产品需要更大的交换市场，再加上宋州水陆交通的便利，为商品交换创造了极为有利的条件，使宋州商业经济空前繁荣。

在商丘南五里的汴河两岸有东西二桥，是四方商贾通道、水陆码头的会集之所，居民繁多，从而形成了热闹的河市，宋城、宋集、坞墙等处是重要码头。"在市镇商业的基础上，城市贸易也更活跃，以经营丝绸为大宗的南京应天府也成了当时商业繁盛的城市。东京开封是全国的政治经济中心，也是当时世界上无与伦比的最大城市。画家张择端曾通过《清明上河图》来表现当时开封的繁华，而作为陪都的南京应天府，紧邻东京，其商业繁盛状况可见一斑，大街小巷，店铺林立，热闹异常。"①

北宋时期，商丘经济开始复苏，出现了大小各异的集市，商品经济的发展使商丘的交通地理位置得到提升，交通基础设施建设也得到了当地政府的高度重视，一些码头，交通枢纽应运而生。农业手工业的发展加剧了

---

① 郭文佳. 试论商丘在宋代的历史地位 [J]. 商丘师范学院学报，2010 (10).

商品在不同地区的流通，也促进了商丘交通的发展。其辐射范围为周边一些地区，包括首都汴京在内，都受惠于商丘独特的交通地位和经济发展水平。

宋代的应天府不仅曾是大宋王朝"龙兴之地"、北宋陪都"四京"之一，更为重要的是南宋开国之都，并成为大宋王朝"再兴之地"。从南宋以后开始，运河年久失修，河道淤塞，交通不便，商丘及中原地区的经济逐渐衰落。两宋时期，南方经济呈现出繁荣的景象，特别是靖康之变后，中原战乱再起，随之出现了中国历史上第三次人口南迁的高峰。两宋时期中国经济重心南移逐渐完成。南宋时期政治动乱，宋高宗南下逃亡，政治经济中心南下，商丘地区经济发展出现倒退的现象，交通运输业需求减少，商丘的交通地位下降，南宋政府无力维修大运河，导致自南宋后大运河在商丘的交通地位下降。经济中心逐渐南移也极大冲击了商丘中原交通的核心地位。

（二）明清时期

明清时期的商丘是中原地区一个重要的商业都市，商丘地处全国东西货物转运，南北物资交流的中心地带，在明清时期商丘集市贸易发达，明代发达的商业经济还催生了商丘人文的繁荣，以侯方域、侯恂、侯恪为代表的侯氏家族，以沈鲤为代表的沈氏家族等家族的兴起，是其经济繁荣的真实写照。明清时期商丘集市贸易增多，交易物品丰富，有力地促进了商丘经济与文化的发展。

明清两代，我国南北经济发展差距拉大。"江南地区所生产的各种手工业及日用品，除满足本地所需外，尚有大量积存，而这些产品又为南北各地特别是商丘城乡所急需，需要长途贩运才能达到商丘城乡各地；北方各地，特别是商丘所产的粮食及其他农林牧副产品，需要外销，而这些农林牧副产品又为经济发达的江南地区所急需，同样需要长途贩运向南方转运。在这些商品的转运中，商丘是必经之路。在铁路出现之前，运输主要靠水陆两路。"① 特别以开封为中心的四大线路之一开封至归德俯路，将商

---

① 王瑞平. 明清时期商丘的集市贸易 [J]. 商丘师范学院学报, 2005 (6).

丘境内的各县联系起来，把商丘各县的农林牧副产品通过这一渠道运往全国各地。

第二节　近代商丘的枢纽经济地位

商丘优越的地理区位为商丘枢纽经济的发展提供了绝对意义上的优势，近代商丘在铁路、公路、邮传方面的发展，为商丘乃至周边地区的发展提供了有力的支撑作用。本部分主要从铁路、公路和邮电三个方面来阐释近代商丘的枢纽经济地位。

一、近代商丘的铁路枢纽地位

孙中山先生曾指出："交通为实业之母，铁道又为交通之母。国家之贫富，可以铁道之多寡定之，地方之苦乐，可以铁道之远近计之。"[①] 老商丘人提起往事，总会说，商丘市前身是"小朱集"，是火车拉来的城市，足见铁路对近代商丘有着怎样非凡的意义。"20 世纪铁路运输在中国出现，1915 年陇海铁路开封至徐州段通车，穿越商丘境内 124 公里，这条贯穿中国东、中、西部最主要的铁路干线的商丘站就建在了当时的朱集镇。正是这一垄断 20 世纪的交通方式在朱集的出现，改变了朱集原有的面貌，使其由一个名不见传的小镇一跃成为引领商丘全区发展的地域中心。"[②] 1996 年9 月 1 日，北京至香港九龙的京九铁路全线建成通车，在商丘站与陇海铁路交汇，使商丘成为中原地区一个新的特大型交通枢纽。原京广、京沪铁路下行部分列车，改经陇海直入华东，分流京广、京沪两大干线运量和晋、豫两省煤炭外运，对促进商丘经济发展起到巨大作用。

陇海铁路商丘朱集（今商丘市）车站通车后由于交通方便。津、青、沪各口岸巨商大贾纷至沓来，运来大批进口布匹、颜料、纸烟、煤油、纸张和红、白糖等，交给商丘各货栈代销。并委托货栈代收当地小麦、杂

---

① 宓汝成. 中华民国铁路史资料 [M]. 北京：社会科学文献出版社，2002：94.
② 赵晓华. 商丘历代行政区划沿革研究 [D]. 郑州：郑州大学，2009：47.

粮、芝麻、花生、瓜子、药材及畜品等运往各口岸。商丘朱集车站的"恒昌"货栈和"恒丰"货栈都为"美孚石油公司"和"英美烟草公司"等洋行代销煤油和纸烟。"1936 年前后，天津金刚桥南的'龙昌海味店'等经营进出口商品的大店，都派有常驻商丘的代办，他们与商丘县的'增盛昌''振昌''同义''居兴'等货栈均有密切的业务关系。'龙昌海味店'的鲍清扬，经常将日本海参、海米、尤鱼及红白糖等运到商丘交货栈代销；然后，从商丘采购金针菜、花生米、香油等土产品运回天津，往返都是整火车皮发运。"① 1921 年 12 月，陇海铁路朱集车站成立商丘第一个共产党组织，从此伟大的党披荆斩棘、薪火相传，带领商丘人民摆脱贫穷落后，走向幸福新生，一百多年前"火车拉来的"商丘小城，如今正在成为国家级综合交通枢纽和物流商贸枢纽。

商丘优越的地理区位为商丘枢纽经济的发展提供了绝对意义上的优势，这种优势不会因时间性和政策性的变化而变化，具有长久的可持续性和可发展性，因此我们要深深依托商丘的地理区位优势为发展商丘的枢纽经济提供强有力的支撑。在近代"经济发展以交通先行"的观念。在 1915 年，陇海铁路修竣工，穿越商丘境内 124 千米。1996 年 9 月 1 日，北京至香港九龙的京九铁路全线通车，在商丘站与陇海铁路交汇，形成了"黄金十字架"，使得商丘成为中原地区一个新的特大型交通枢纽。地理位置和地形构造对地区的交通发展的方式具有引导作用，而地区的交通的发展方式和交通的发达程度对地区经济的发展具有直接的影响，发达和便捷的交通能提高区域内经济流通速率和物流成本，对区域内的经济发展起到很大的作用。

二、近代商丘的公路发展

商丘的交通，自古以来就比较方便。从清末到民国期间，公路交通是主要的交通形式。民国时，商丘各县修的公路是较多的，商丘各县之间，各县同山东、安徽及本省的邻县之间，均有公路相通。

如商丘县，在清末民初，东往夏邑、西去宁陵、南向鹿邑，北进山东

---

① 冀鹤岭. 商丘市场上的舶来品 [J]. 中州今古，1995 (5)：31.

曹县，东南通安徽亳县，西北至考城，西南到柘城，东北通虞城，均有比较平坦的大道，客货往来都很方便。1931～1935 年，横穿东西的叶永省道和海郑国道相继修筑。叶永省道起自永城县，西经夏邑、商丘、周口、舞阳至叶县。1931 年 1 月由河南省建设厅勘察规划，当年 11 月征用民工修建，1932 年 11 月竣工。海郑公路（海州，即今江苏连云港市）至郑州的一条战略性公路，该条公路是民国时期从海州到郑州的唯一一条战略性公路，东起江苏海州、徐州、萧县、永城、商丘、宁陵、睢县等地区至郑州，其中从永城县城东关西至会亭、商丘与叶永省道重叠。1934 年完成测量，年底动工，第二年完工。1936 年，永城段曾用碎砖石铺了路面，其他均为土路。

三、近代商丘的邮电业发展

商丘的邮政通信事业出现得比较早。在光绪十三年（1887 年）开始通邮，有一条邮路和一名信差。光绪二十二年（1896 年）大清邮政正式开办时，商丘设置了归德邮政局，这是河南省最早的近代邮政局。1907 年以前，归德邮政局先是归镇江邮区，后归汉口邮区管辖。1907 年以后，归开封邮政总局管辖。其他各县的邮政局，多是在民国初期建立的。1911 年，柘城县设三等邮局，邮局之下设有五个办事处。夏邑、虞城、睢县、永城、宁陵的邮政局，由邮政代办所改建而成，一般都是三等邮局，规模较小。1896 年，商丘还成立了归德电信局。自此，商丘开始办理电报业务。这是河南除开封外较早有电信的地方。电报网路在刚开始时只有济南—泰安—济宁—曹县—归德（商丘）—亳县—颍州—寿州这条干线。1906 年又增加了开封—归德、开封—陕州干线。1916 年又有了通州—归德干线。

四、近代商丘的工商业发展

在商丘几千年的发展中，商丘的商人商业曾经在全国占据着举足轻重的地位。清末民初，商丘的商户多集中在城中，不同的区域有不同的专营商品。近代商丘，随着交通方式、城市布局的演变，商圈逐渐往外扩展。1913 年，商丘火车站始建，日发送旅客 2 万余人，年客运量 1 000 万人次，是河南省单个车站年发送旅客量仅次于郑州站的第二大火车站。也正因此，又一个商圈围绕商丘火车站展开，吸引了大批商户迁入，由此逐渐发展成繁华的商区。沱浍河航运是商丘的主要航运通道，沱河、浍河是淮河的主要支流，沱河发源于梁园区的黄河故道，经虞城、夏邑，过白洋沟与浍河连接后汇入淮河，商丘段长约 1 469 千米。

近代商丘商业各行业的发展，以贩卖业为主，生活供应业次之，随后是金融保险业。贩卖业中，又以饭食品类占多数。1935 年，对商丘城各业商号数量进行统计，共约 7 000 户，贩卖业约 4 500 户，其中单是饭食品就有约 1 500 户约占商号总数的 33%，可见，商丘餐饮业在近代是快速发展的。

第三节　现当代商丘的枢纽经济地位

新中国成立 70 多年来，商丘从新中国成立初期交通不便到改革开放前有所改善，"从改革开放以来交通条件明显提升到目前综合交通四通八达，交通运输实现了从无到有、从小到大、从弱到强的跨越式发展，商丘被定位为国家区域中心城市、全国性综合交通枢纽、全国物流枢纽承载城市，区位交通优势成为一张亮丽的名片"①。

经济发展，交通先行。改革开放 40 多年来，我国沿海地区依托港口优势发展外向型经济和临港产业实现了产业集聚和经济扩张，并在沿海地区形成了若干枢纽城市。在经济新常态和全面小康社会建设背景下，内陆地区特别是区域中心城市和交通枢纽城市，依托自身区位交通优势，通过产业发展环境的营造，集聚区域资源要素，促进产业集聚扩张发展，发展枢纽经济成为破解城市经济发展难题的重要途径。

交通优势是商丘的最大优势，作为全省第二个综合交通枢纽城市的商丘，地处豫鲁苏皖四省接合部，承东启西，连南贯北，全市交通线网总里程达 2.8 万千米，高铁普铁构建"双十字"枢纽，高速公路通车 7 条 520千米形成"四横三纵"网络格局，动车运用所和铁路物流基地落户商丘，

---

① 高会鹏. 枢纽经济成商丘经济发展新动能［N］. 商丘日报，2019-09-05.

民权通用机场实现首飞，商丘机场项目紧锣密鼓推进，初步形成了集铁路、公路、航空、水运于一体的综合交通网络体系。①

一、普铁与高铁绘就商丘铁路运输枢纽经济地位

1916 年，陇海铁路修通，设立朱集车站。一条陇海铁路的修建，改变了商丘的经济发展史，打开了商丘"看世界"的"窗口"，更奠定了商丘不断提速发展的基础。从普铁到高铁，当火车时速从 90 多千米/小时跃升至 300 多千米/小时，"高铁时代"的"商丘速度"无疑为商丘的对外开放写下了生动注脚。立足长远，充分发挥枢纽经济的辐射带动功能，成为商丘上下共识。作为全国首个集普通铁路、多条客运专线、高速铁路为一体的铁路客运站，商丘站正在实现不同铁路客运的零换乘——现有的陇海铁路商丘站面向神火大道巍然而立，背后的商丘高铁站与其在二层连廊连通南北，"上进下出"的格局更利于道南道北一体发展。作为名副其实的"高铁新贵"，商丘正在迈出走向世界的铿锵步伐。② 从北京到香港、从徐州到兰州、从商丘到杭州，这三条高铁最终将在商丘形成米字型交叉，从商丘将直达北京、安徽、浙江等地。

2016 年 9 月 10 日，郑徐高铁正式投入运营，商丘自此步入"高铁时代"。商合杭高铁商丘段建设紧锣密鼓，京雄商高铁全面开工，未来的商丘将紧随郑州，成为高铁枢纽"新贵"，也成为全国为数不多的"双十字"铁路枢纽。③ 如今，商丘正秉承地处豫鲁苏皖四省接合部的区位优势，打造成仅次于郑州的全省第二个交通枢纽城市，发挥全国区域性流通节点城市的优势，提升经济转型升级。尤其是被誉为"华东第二通道"的商合杭高铁，跨越河南、安徽、浙江三省。它的建成、通车使商丘乃至中原地区实现与沪宁杭发达地区的交通"无缝对接"，促使中原经济区更深地融入沿海经济开放体系。京雄商高铁雄安新区至商丘段是我国"八纵八横"高

---

① 侯国胜. 八方通衢势如虹 物畅其流达天下——商丘打造枢纽经济高地走笔［N/OL］. 商丘日报，2022 - 06 - 16［2022 - 11 - 20］. https：//epaper. sqrb. com. cn/sqrb/pc/con/202206/16/content_34969. html.

② 商丘，"高铁新贵"展风采［EB/OL］. 商丘网，http：//www. sqrb. com.

③ 侯国胜. 商丘：枢纽经济"搭乘"高铁快车［N］. 商丘日报，2016 - 09 - 09.

铁网京港（台）通道的重要组成部分，与拟建设的京雄商高铁北京至雄安新区段，在建的南昌至九江高铁和已建成运营的商丘至合肥高铁、合肥至安庆至九江高铁、南昌至深圳高铁、深圳至香港高铁，形成我国又一条南北高铁大通道（见表2－1）。

表 2－1　　　　　　　　商丘铁路运输事业发展历程

时间	事件
1913 年 3 月	陇海铁路汴徐段奠基动工，兴建朱集站（今商丘站）
1916 年 1 月	朱集车站正式开始运营，1933 年 9 月 1 日，更名为商丘车站
1984 年 10 月	现商丘火车站站房、南广场建成投用
1987 年至 1989 年	京九铁路商丘至阜阳段修建
1996 年 6 月	京九铁路全线开通，商丘南站投入使用，商丘由此成为全国铁路十字枢纽
2012 年 12 月 26 日	郑徐高铁开工建设
2013 年 10 月	商合杭高铁项目得到国家发改委批复立项，商丘火车站实现了集"郑徐高铁、商合杭高铁（京九高铁）、陇海铁路"为一体的"三站合一"火车站
2015 年 11 月 30 日	商合杭高铁全线开工建设
2016 年 9 月 10 日	首列高铁在商丘站发出，由此商丘开启高铁时代
2018 年 9 月 1 日	商丘东站开建，现已竣工投入运营

抚今追昔，鉴往知来。从仅有的一条陇海铁路和一个小小的朱集车站起步，到如今陇海铁路、京九铁路、郑徐高铁、商合杭高铁以及京雄商高铁等多条国家交通动脉在此"风云际会"，商丘作为现代综合交通枢纽正在从蓝图擘画变为现实。

二、国道省道与高速公路四通八达

为扛牢助推枢纽经济发展重任，商丘交通等各相关职能部门持续完善交通基础设施，构建了更加完备的枢纽经济设施网络。"2022 年 5 月中旬，2020 年正式开工建设的商丘至柘城、商丘至睢杞交界、商丘至永夏交界、商丘至鹿邑界、商丘至曹县界全长 200 多千米的五条市域快速通道工程全部交工通车。加上既有的商丘至砀山、商丘至民权、商丘至单县、商丘至亳州，共同构成商丘市的'九放射'交通格局"（见图 2 − 1）。①

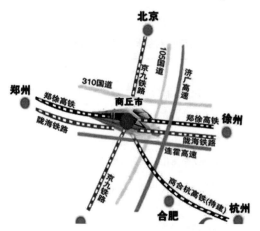

图 2 − 1　商丘是国道与高速公路双十字枢纽城市

商丘市紧抓交通发展黄金机遇，依托大交通，形成大物流，构建大产业，促进大发展，强力打造交通综合枢纽，叫响"华商之源・通达商丘"品牌，着力构建多式联运立体综合交通枢纽中心城市。商丘市已有商登、连霍、济广、商周多条高速公路在此交会，形成了四通八达的高速公路网。

三、航空与水运业未来可期

（一）航空运输业发展前景

商丘观堂机场（Shangqiu Guantang Airport），位于河南省商丘市梁园区观堂镇，为 4C 级军民合用机场，是河南省五大民用航空机场之一。空军商丘机场始建于 1968 年，商丘观堂机场是在该机场原址上新建的民航机

---

① 侯国胜. 八方通衢势如虹　物畅其流达天下——商丘打造枢纽经济高地走笔［N/OL］. 商丘日报，2022 − 06 − 16［2022 − 11 − 20］. https：//epaper. sqrb. com. cn/sqrb/pc/con/202206/16/content_34969. html.

场，东距商丘市中心约 20 千米。

2011 年 5 月，商丘观堂机场被列入中国民用航空发展第十二个五年规划。2011 年 6 月，商丘观堂机场建设项目获国务院、中央军委正式批复立项。2016 年 3 月，商丘观堂机场作为全国重要的支线机场之一，列入国家"十三五"规划。2018 年 9 月 26 日，商丘航空港经济区空间战略总体规划（2018～2035 年）招标公告发布，范围涉及梁园区、宁陵县下辖 6 个乡镇，分别为梁园区观堂镇、水池铺乡、王楼乡、谢集镇，宁陵县赵村乡、乔楼乡，共计 331.68 平方千米，其中商丘观堂机场核心区域面积约 42 平方千米。

建设商丘观堂机场有利于打造商丘国家区域中心城市地位，有利于做大做强商丘经济总量，不断壮大商丘经济实力，有利于推动商丘经济持续健康发展，努力提升商丘在河南省及中原城市群东部发展大局中的地位。

商丘观堂机场位于我国的豫鲁苏皖交界处，该地区人口稠密需求量大，建成后将能大大改善该区域的出行便捷程度，到时商丘机场基本上能覆盖豫东、鲁西北、皖北地区。

商丘观堂机场是一个 4D 标准的民用机场，建成后将和中国南方航空、山东航空、华夏航空、东方航空、四川航空等航空公司衔接，后期将相继开通商丘发往北京、上海、广州、深圳等 15 条国内航线及东南亚国家国际航线。

河南民权通用航空机场位于民权县城北 7.5 千米处王卞庄村，占地 523.5 亩，属 A2 类通用机场，2015 年启动了通用机场项目工作，2019 年 11 月，经省发改委核准批复，并列入 2020 年省市重点项目。2020 年 5 月份民权县人民政府与东方时尚航空股份有限公司签署战略合作协议，2020 年 8 月 17 日开工建设，2021 年 6 月主体完工，具备起降条件。2022 年 8 月 24 日，河南省重点项目——河南民权通用航空机场的 6 架飞机首次试飞成功，这标志着民权将步入通航时代。该机场的投运，对民权构建立体式现代化综合交通体系、促进地方产业转型升级、释放消费能力、拉动居民就业等都具有积极意义。

（二）内河航运业发展前景

沱河、浍河是淮河的两条支流，流经豫、皖两省，上游均发源于商丘市。两河相距 13 千米，基本呈平行状态，两河间有白洋沟连接，历史上均为通航河流，曾经为两岸的经济发展作出了重大的贡献，20 世纪 60 年代由于人为原因造成断航。随着国民经济的发展，豫东和淮北已成为我国的主要粮棉产区，沱河、浍河两岸丰富资源也已被广泛开发，已查明的煤炭储量就达 200 多亿吨。沱河、浍河的航运开发，将形成一条经济的水上运输通道，有利于完善两省水运网布局，优化运输结构，并将有力促进豫、皖两省区域经济协调发展。

早在 1990 年，豫、皖两省交通航运部门就已联合完成了沱河复航工程可行性研究报告，通过了两省计委联合组织的评审和批复，完成了工程的环境影响评价工作，并经过了环保部门的审查。只是由于当时沱河水质较差，为五类水，国家环保局建议待其水质达到三类标准后再复航。经过近几年国家对淮河水污染的治理，沱河水质已大为改善，经过全年的监测，其水质已达到三类标准，说明沱河已具备复航工程实施的条件。商丘市委、市政府也希望能尽快开发沱浍河航运，以促进商丘区域经济的快速发展。豫、皖两省交通航运部门已列入"十一五"规划，并已得到交通运输部的支持。

2005 年 10 月 19 日，交通运输部门对河南交通发展情况进行调研时指出，淮河水系直接沟通长江和京杭运河，可以发展成为河南通江达海以及连通长三角地区的便捷方式。"十一五"期间，交通部将河南水运建设的重点列入全国水运建设的重点，支持实施沙颖河复航工程，支持涡河、沱浍河等航道建设，尽快形成通过沙颖河和涡河直接通达长三角地区的两条水上通道。

商丘是一座典型的因运河而繁荣、因运河而发展延续的城市，运河对于商丘城市的产生发展发挥了极为重要的作用。"2007 扬州运河名城博览会暨市长论坛"致辞中说的："对运河沿岸的城市而言，大运河不是生母就是乳娘，运河之水融入了他们的生活，也荡漾在他们的梦中。"①

京杭大运河的通航里程主要分布在黄河以南的山东济宁以南地区和江苏、浙江，与长江三角洲主要内河航道网相连接，构成中国"北煤南

---

① 白鹏."通达商丘"与大运河的变迁 [N]. 商丘日报，2019 - 09 - 06.

运"和地区物流与外向型经济的运输大通道，是中国综合运输体系的重要组成部分。京杭大运河商丘段是京杭大运河的主要组成部分，未来大运河实现通航后，定能对商丘乃至周边地区的经济社会发展起到巨大的推动作用。

第四节　本章小结

商丘市委市政府率先意识到内陆交通枢纽城市经济发展的机遇，提出发展枢纽经济的战略设想。商丘市编制的《商丘市枢纽经济发展规划》，目前政府已正式印发实施，商丘也成为全国首个编制枢纽经济规划的城市。

商丘是河南省省辖市中距出海口最近的地方，是国务院确定的"八纵八横"高铁网络中的重要节点城市，是全国 66 个区域级流通节点城市之一，也是河南省确定的三大枢纽城市之一，是陇海、京九铁路的高铁普铁"双十字"交会城市，310 国道与 105 国道、连霍、济广等七条高速公路穿境而过，随着商丘机场建设、沱浍河通航加快推进，以及商丘保税物流中心正式封关运营，商丘将成为河南除郑州之外的又一个现代化、立体化综合交通枢纽城市，交通区位优势将更加彰显。

发展商丘枢纽经济，商丘也提出了战略目标：到 2020 年，商丘枢纽经济发展所需的重点基础设施建设全面完成，包括商丘机场、保税物流中心、传化公路港、铁路物流园区、商贸市场群等，完成综合保税区等设施建设的前期工作。枢纽服务平台基本形成，枢纽产业集群初步形成集聚发展态势，枢纽经济区建设取得显著成效，成为商丘枢纽经济发展的重要载体；到 2025 年，商丘枢纽经济发展取得显著成效，形成具有商丘特色的枢纽经济发展模式，成为商丘市经济社会发展的主要动力引擎。支撑商丘枢纽发展的基础设施、服务平台和创新系统相互融合联动，形成极强的资源要素集聚辐射效应，商丘成为周边近亿人口的商贸、物流和产业组织中心。

◆ 第三章 ◆

商丘枢纽经济发展的政策支撑

本章从国家区域发展战略中的关于商丘的描述，以及国家枢纽经济发展相关政策文本中对商丘的定位，结合"十一五"以来商丘市政府工作报告中对商丘交通枢纽的相关描述与定位，分析了商丘市作为全国重要物流枢纽城市的重要地位，并给出了相应的建议。

第一节　国家级区域发展战略规划演变中的"商丘枢纽"元素

一、中部崛起

从 2004 年我国政府工作报告中明确提出"中部崛起"，到《促进中部地区崛起规划（2009~2015 年）》《促进中部地区崛起规划（2016~2025 年）》的实施，再到 2021 年 4 月 23 日国务院《关于新时代推动中部地区高质量发展的意见》的出台，都凝结着近 20 年党和政府对中部经济社会发展的关心和支持。中部崛起发展战略是继东部地区率先发展、西部大开发、东北老工业基地振兴等之后的重大决策，是落实区域经济协调发展总体战略的重大任务。特别是党的十八大以来，中部地区经济社会发展取得了巨大的成就。河南作为中部六省的重要省份之一，在中部地区发展中具有重要的地位。商丘位于河南省东部，位于中部地区的东北部，是重要的交通枢纽，在中部地区承接东部地区产业转移过程中发挥着桥头堡的作用。

（一）从"意见"到"规划"，明确了"三基地、一枢纽"的定位

《中共中央　国务院关于促进中部地区崛起的若干意见》中，总体要求部分明确指出了建设"现代装备制造及高技术产业基地和综合交通运输枢纽，在发挥承东启西和产业发展优势中崛起，实现中部地区经济社会全面协调可持续发展……"。在具体任务中，指出了提升交通运输枢纽地位，促进商贸流通旅游业发展的基本任务，并分别从综合交通运输体系规划、交通运输重点项目建设、商贸流通体系建设、旅游业培育等方面给出了具体的措施。

在《中共中央　国务院关于促进中部地区崛起的若干意见》基础上，国家发展和改革委员会于 2009 年 9 月发布了《促进中部地区崛起规划（2009～2015 年）》。该规划给出了"三基地、一枢纽"的基本定位①，细化了前期《中共中央　国务院关于促进中部地区崛起的若干意见》中关于建设综合交通运输枢纽和促进重点地区发展的内容。

在综合交通运输枢纽建设方面，强调了"连通东西、纵贯南北的运输通道和交通枢纽"的重要性。在加快铁路网建设方面，要求根据国家中长期铁路网规划，突出"四纵四横"客运专线、区域干线建设和京沪、京广、京九等电气化改造，形成区域间大能力运输通道。在公路网建设中，连霍高速是公路网建设的重点之一。在机场建设中，商丘机场被列入中部地区布局新增的机场。在水运、管道运输能力方面，沱浍河航运开发工程被列入"中部地区内河水运建设重点"。在推进现代物流设施建设方面，明确了积极发展电子商务和网上交易，统筹建设一批保税物流中心。

在重点地区发展方面，明确提出了构建"两横两纵"经济带。"两横"经济带是指沿长江经济带和沿陇海经济带，"两纵"经济带是指沿京广经济带和沿京九经济带。同时强调了加强与长三角、珠三角和京津冀等东部发达地区的对接，密切联系西部重点开发地区，形成支撑中部崛起、促进

---

① "三基地"是指粮食生产基地、能源原材料基地和现代装备制造及高技术产业基地，"一枢纽"是指综合交通运输枢纽。

东中西协调发展的重要区域。

在沿陇海经济带实力发展方面，强调了发挥亚欧大陆桥优势，扩大东西双向互动等。在培育壮大沿京九经济带方面，提出了"壮大商丘、阜阳、吉安、赣州等沿线城市实力，带动革命老区发展"。

（二）"规划"继承与发展，"十三五"期间的"一中心、四区"定位

2016 年 12 月 7 日，《促进中部地区崛起规划（2016～2025 年)》在国务院常务会议审议通过。这是前一阶段规划的继承和发展，谋划了"十三五"期间的发展思路，"新发展理念""战略衔接""发展质量""供给侧结构性改革"等成为这个时期发展的主要特征。规划提出了"一中心、四区"的战略定位，即全国重要先进制造业中心、全国新型城镇化重点区、全国现代农业发展核心区、全国生态文明建设示范区、全方位开放重要支撑区。

2016 年 12 月 17 日，《促进中部地区崛起"十三五"规划》批准实施。规划明确了九项任务。在构筑现代基础设施新网络的任务中，指出了强化综合交通运输枢纽地位，支持武汉、郑州、南昌、合肥、太原等建设全国综合交通枢纽，加快地区性综合交通枢纽建设。在机场建设和水运建设中又一次提到了商丘机场和沱浍河项目。

（三）未来"十四五"，中原经济区的高质量发展

2021 年 4 月 23 日，国务院印发了《关于新时代推动中部地区高质量发展的意见》（以下简称《意见》)，肯定了前期"三基地、一枢纽"发展定位取得的成绩，同时从地区发展不平衡、开放程度、创新能力、绿色发展和公共服务等方面指出了未来努力的方向。可见，未来的发展不再侧重于交通枢纽基础设施建设，而是侧重于枢纽经济效应的发挥，如何通过交通枢纽促进区域经济的高质量发展。所以，未来将是在高质量发展的主题下，构建先进制造业为支撑的现代产业体系，推动城乡融合发展，建设美丽城市和美丽乡村，推动内陆高水平开放，提供公共服务保障水平。

所以，对于商丘来说，结合《意见》要求，一是要充分发挥交通枢纽

的优势地位，以各县区特色产业为依托，提高创新能力，积极引进东部地区先进制造业，做大做强本地先进制造业，推动制造业与服务业深度融合。二是要积极融入黄河流域生态保护和高质量发展战略，以黄河故道生态保护和高质量发展为依托，推动农业农村现代化，建设美丽乡村，生态走廊，促进城乡融合发展。三是要积极对接淮海经济区周边地市，建立合作机制，创新工作机制，促进产业协同创新和区域间融合发展。

二、"一带一路"

"一带一路"是 2013 年 9 月和 10 月习近平总书记提出的"新丝绸之路经济带"和"21 世纪海上丝绸之路"的简称。新的丝绸之路的路线分为北线、中线、南线和中心线，其中中线从北京、郑州、西安、乌鲁木齐、阿富汗、哈萨克斯坦、匈牙利到巴黎，中心线是从连云港、郑州、西安、兰州、新疆、中亚到欧洲。商丘位于中心线之上。另外，中心线也就是新亚欧大陆桥的路线，商丘是该路线的重要节点。

三、生态保护和高质量发展

（一）黄河流域生态保护和高质量发展

2019 年 9 月 18 日，习近平总书记在郑州主持召开黄河流域生态保护和高质量发展座谈会时，提出了黄河流域生态保护和高质量发展重大战略。战略聚焦于黄河流域生态保护和高质量发展，主要源于黄河流域是我国重要的生态屏障和重要的经济区域。

商丘的黄河故道是 1855 年黄河在河南省开封市兰考县铜瓦厢段决口留下的 144 千米故道的一部分①，是商丘生态文明建设的主阵地，也应该成为城乡融合和高质量发展的亮点。商丘市梁园区孙福集乡田八庄湿地、天沐湖、城乡一体化示范区马楼水库等地，为商丘建设黄河故道生态走廊提供了良好的条件。

---

① 王新立.全面开创商丘黄河故道生态保护高质量发展新局面［EB/OL］.https：//ishare.ifeng.com/c/s/7uBuiAVzaYz，2021－09－03.

（二）淮河生态经济带发展规划

2018 年 11 月，《淮河生态经济带发展规划》正式印发，提出了"三带一区"的发展定位。"三带"是指淮河流域生态文明建设示范带、特色产业创新发展带和新型城镇化示范带，"一区"是指中东部合作发展先行区。空间布局为"一带""三区""四轴"。"一带"是指淮河干流绿色发展带，"三区"是指东部的海江河湖联动区、北部淮海经济区、中西部内陆崛起区，"四轴"是指依托新长铁路、京广线、京九线、京沪铁路与高铁的发展轴。

商丘位于三区布局中的北部淮海经济区 10 个城市之一，同时也是"四轴"之中依托京九线发展轴"菏泽—商丘—亳州—阜阳—六安"中的重要节点。

可见，在新的发展阶段，商丘应该立足优越的区位优势和交通枢纽地位，积极谋划产业高质量、城乡一体化高质量、公共服务高质量的发展规划，在绿色高质量发展上更进一步，实现区域经济的协调发展。

第二节　国家枢纽经济发展政策中的"商丘机遇"

一、国家物流枢纽网络建设的发展机遇

2018 年 12 月，国家发展改革委、交通运输部印发了《国家物流枢纽布局和建设规划》，致力于打造科学合理、功能完备、开放共享、智慧高效、绿色安全的国家物流枢纽网络和"通道 + 枢纽 + 网络"的物流运行体系。最终目标是形成一批具有国际影响力的枢纽经济增长极，把物流枢纽打造成为产业转型升级、区域经济协调发展和国民经济提升的重要推动力量。根据规划的发展目标，2020 年之前要布局建设 30 个左右的国家物流枢纽，2025 年之前布局建设 150 个国家物流枢纽，到 2035 年物流运行效率和效益达到国际先进水平。

根据该规划，国家发展改革委、交通运输部联合公布了 2019 年国家物流枢纽 23 个城市建设名单，2020 年 10 月，公布第二批国家物流枢纽 22 个城市建设名单。进入"十四五"时期，为了高质量推进国家物流枢纽网络建设，国家发改委于 2021 年 6 月 29 日印发了《国家物流枢纽网络建设实施方案（2021～2025）》，推进 120 个左右国家的物流枢纽建设，带动区域产业转型升级。在建设过程中，提出了做优存量、做好增量、保证质量、加强监管、形成合力等具体要求。2021 年 11 月，国家发改委印发了《关于做好"十四五"首批国家物流枢纽建设工作的通知》，25 个城市纳入国家物流枢纽建设名单，商丘市成功入选。在第一批国家物流枢纽城市中，郑州作为空港型物流枢纽入选，在第二批城市中洛阳作为生产服务型入选。第三批（"十四五"时期的首批）商丘市作为商贸服务型入选，这和 2018 年《国家物流枢纽布局和建设规划》中对商丘的枢纽定位是一致的（见表 3－1）。

表 3－1　　　　　　　第一批到第三批国家物流枢纽城市名单

所在地		第一批	第二批	第三批
省份	山西	太原，陆港型（生产服务型）		
	辽宁	营口，港口型		沈阳，生产服务型
	江苏	南京，港口型（生产服务型）	苏州，港口型	连云港，港口型
	浙江	金华（义乌），商贸服务型		温州，商贸服务型 金华，生产服务型
	江西	赣州，商贸服务型		南昌，路港型
	山东	临沂，商贸服务型	济南，商贸服务型	日照，港口型
	河南	郑州，空港型	洛阳，生产服务型	安阳，路港型 商丘，商贸服务型
	湖北	宜昌，港口型	武汉，港口型	武汉，陆港型

续表

所在地		第一批	第二批	第三批
省份	湖南	长沙,陆港型	岳阳,港口型	衡阳,陆港型
	广东	广州,港口型	佛山,生产服务型	
	福建			福州,商贸服务型
	四川	成都,陆港型	遂宁,陆港型	达州,商贸服务型
	陕西	西安,陆港型	延安,陆港型	西安,空港型
	甘肃	兰州,陆港型		
	河北		唐山,港口型(生产服务型)	石家庄,陆港型
	吉林		长春,生产服务型	珲春,陆上边境口岸型
	黑龙江			黑河,陆上边境口岸型
	安徽		芜湖,港口型	合肥,陆港型
	贵州		贵阳,陆港型	
	云南		昆明,商贸服务型	
	青海		格尔木,陆港型	
直辖市	北京		北京,空港型	
	天津	天津,港口型		空港型
	重庆	重庆,港口型	重庆,陆港型	重庆,空港型
	上海	上海,商贸服务型		
自治区	内蒙古	乌兰察布—二连浩特,陆港型(陆上边境口岸型)	满州里,陆上边境口岸型	呼和浩特,商贸服务型
	广西	南宁,陆港型	钦州—北海—防城港,港口型	柳州,生产服务型
	新疆	乌鲁木齐,陆港型	阿拉山口,陆上边境口岸型	霍尔果斯,陆上边境口岸型
	西藏			拉萨,陆港型

续表

所在地		第一批	第二批	第三批
计划单列市	青岛	青岛，生产服务型（港口型）	青岛，商贸服务型	
	厦门	厦门，港口型		
	深圳	深圳，商贸服务型	深圳，空港型	深圳，港口型
	宁波、舟山	宁波—舟山，港口型		
	大连		大连，港口型	
兵团	新疆			石河子，生产服务型

资料来源：第一批和第二批数据源于"首批及第二批国家物流枢纽承载城市分布与解读"，罗戈网转引四川物流产业研究院内容，网址：http：//www. logclub. com/m/articleInfo/MjgyMDg =，访问日期：2021 - 09 - 04，第三批数据源于《关于做好"十四五"首批国家物流枢纽建设工作的通知》。

截至 2021 年，除了海南和宁夏以外，29 个地区均布局了国家级物流枢纽（见表 3 - 1）。其中，商贸服务型枢纽共有 13 个，商丘市是其中一个。商丘应该抓住国家物流枢纽网络建设的机遇，推动商丘产业的转型升级和区域创新能力的提升。

二、商贸物流高质量发展的发展机遇

商贸物流是指与批发、零售、住宿、餐饮、居民服务等商贸服务业及进出口贸易相关的物流服务活动，是现代流通体系的重要组成部分，是扩大内需和促进消费的重要载体，是连接国内国际市场的重要纽带①。根据上述国家物流枢纽网络建设规划，商丘的定位是商贸服务型枢纽，那么商贸物流的发展对商丘来说是未来的主要努力方向。2021 年 8 月 6 日，商务部等九个部门联合发布了《商贸物流高质量发展专项行动计划（2021 ~ 2025 年）》，对未来基于商贸服务的物流业发展给出指导性计划安排，其未来发展方向是网络化、协同化、标准化、数字化、智能化、绿色化和全球化。基本原则是在市场主导、政府引导下，充分发挥创新在技术创新、业

---

① 商贸物流高质量发展专项行动计划（2021 ~ 2025 年）［R］. 北京：商务部等，2021.

态创新和模式创新中的引领作用，逐步缩小城乡之间、东中西部地区之间以及我国与发达国家之间的差距。

可见，这个专项行动计划为商丘商贸物流的发展提供了良好的机遇。所以，基于商贸物流定位，在"十四五"期间，商丘的商贸物流要充分利用大数据、物联网、人工智能、5G 技术等现代信息技术，提升商贸物流信息化和行业内部标准化水平，创新物流业态模式和供应链管理，优化市、县、乡镇、村的物流网络布局，建立城乡衔接的高效配送体系，促进区域内部物流的一体化、通关便利化和国际化。对于政府来说，一方面应该抓紧制定本市的商贸物流发展专项行动方案，构建良好的营商环境，充分发挥行业协会的作用，积极对接联系重点企业，解决商贸物流企业难题，为商丘建设成未来具有国内影响力的国家物流枢纽奠定基础。另一方面，按照国家质量监督管理总局、国家标准化管理委员会发布的《物流园区分类与规划基本要求（GB/T 21334—2017）》，商贸物流是依托各类专业（批发）市场等商品集散地而产生的，所以商丘在设计规划商贸物流专项行动方案的同时，也要加快发展各类专业商贸市场。

三、生产性服务业与制造业深度融合的发展机遇

商贸物流发展的前提有两个方面，一是具有一定规模的专业商贸市场，二是独特的交通便利条件。在未来我国物流枢纽网络建设逐步成熟以后，在全国范围内的运输成本将会大幅度降低，产品和人力流动的便利性也大幅度增加。那么，区域性专业商贸市场的产品来源辐射范围将会逐步减小，主要以地区内部产品供给为主。所以，商贸物流业的发展会倒推商贸市场的发展，商贸市场的发展就会要求本地工业产品的充分供应，也就要求进一步加强区域工业的发展。从制造业发展角度来看，未来生产性服务业与制造业的融合是一个必然趋势，也为商丘未来实施"特色制造业推动特色产品发展，特色产品为专业性商贸市场发展提供保障"战略提供支撑。

所以，商丘应该在大力发展信息技术服务、科创服务、金融服务、售后服务、人力资源服务等生产性服务业的基础上，还要大力发展生产性物流服务业，推动物流业与制造业深度融合，这是深化供给侧结构性改革，

推动商丘经济高质量发展的必然要求。根据 2020 年 8 月 22 日国家发展改革委等部门联合发布的《推动物流业制造业深度融合创新发展实施方案》的通知，要在物流企业和制造企业双主体融合发展、设施设备融合联动、业务流程融合协同、标准规范融合对接、信息资源融合共享等方面下功夫，促进大宗商品物流、生产物流、消费物流、商贸物流等物流形态的融合发展。

第三节 枢纽经济发展中的商丘实践

近年来，枢纽经济发展一直受到商丘市各级领导的关注和支持，"通达商丘"的品牌效应日益显现。2016 商丘现代物流（枢纽经济）发展专家咨询会、2017 中国·商丘枢纽经济创新发展座谈会、2017 商丘货运行业发展论坛、2019 年第七届全国城市物流大会等先后在商丘市召开，营造了良好的氛围。同时，商丘市在全国率先制定了《商丘市枢纽经济发展规划》，并成立了中共商丘市委枢纽经济发展委员会，致力于按照"建设大交通、发展大物流、形成大产业、促进大发展"的思路，把商丘打造成中部地区枢纽经济发展的引领和示范。下面根据历年商丘市政府工作报告中关于枢纽经济发展的要求，总结近年来枢纽经济发展的商丘实践。

一、"十一五"时期：城镇化进程中的中心城市建设

2006 年和 2007 年商丘市政府工作报告对商丘未来五年的发展目标和任务进行了具体描述。在目标定位中虽然没有明确枢纽的概念，但在推进城镇化进程的分析中，指出了实施中心城市、县城和小城镇协调发展战略，发挥城镇的聚集和辐射作用。这个时期商丘的中心城市建设主要是围绕商丘地区本身，以商丘市为中心，在城镇化过程中发挥带动作用。同时，这个时期的交通项目建设包括：商荷高速、商周高速、永亳淮高速（商亳）完成建设，310 国道一级公路、沱河航运、新密到商丘准轨铁路、郑徐铁路客运专线、军民联运机场等工程的前期准备。

从 2008 年到 2010 年，商丘市政府工作报告在区域性中心城市建设内容中强化了"物流"内涵，提出了加强"区域性物流中心城市"建设，同时提出了"枢纽城市"的概念。这个时期基于物流中心城市的建设主要体现在两个方面：一是交通基础设施的建设，包括郑徐铁路客运专线和商丘机场的开工建设，并明确提出争取把沱浍河航运开发项目列入国家"十二五"规划。二是物流园区的建设。包括促进商贸物流业做大做强，以及启动豫东综合物流园区前期工作等。

二、"十二五"时期：中原经济区交通枢纽和物流枢纽

"十二五"时期，主要是围绕《中原经济区建设纲要》谋划商丘未来五年的发展。在这个时期的政府工作报告中，商丘的战略任务是"四区、两枢纽、一基地、一中心"，即"三化"协调发展试验区、承接产业转移示范区、现代农业发展示范区、文化体制改革先行区，中原经济区综合交通枢纽、物流枢纽，新兴工业基地，构建豫鲁苏皖四省接合部区域性中心城市。可见，与"十一五"时期相比，商丘交通和物流枢纽已经上升到了阶段性发展定位，同时枢纽的内涵已经扩展到中原经济区这个较大的区域。在中心城市方面，从"十一五"时期商丘区域范围内城镇化进程中的中心城市建设演变为豫鲁苏皖四省接合部的区域性中心城市建设。

"十二五"时期，为了发展交通和物流枢纽，交通基础设施和商贸物流同步推进。在交通基础设施建设方面，包括商登高速、郑民高速郑徐客运专线、连霍高速公路拓宽改造、商丘高铁核心区市政配套一期工程、沱浍河航运等项目开工建设，沱浍河航运夏邑段、商丘机场等项目的前期工作。在商贸物流业发展方面，包括豫东综合物流集聚区、亿丰国际商业博览城、国家现代农产品流通试点、白云物流仓储等项目。商丘农产品批发市场、中原车城，繁荣光彩大市场、中意建材等专业市场的改造升级。

三、"十三五"时期：全国交通枢纽

在"十三五"时期，市政府工作报告关于商丘的战略定位是豫鲁苏皖

四省接合部区域性中心城市、全国流通节点城市、全国交通枢纽城市、国家历史文化名城、中原经济区承接产业转移示范市。可见，这个时期中心城市的定位与"十二五"时期相同，交通枢纽的定位有了进一步升级，从中原经济区的交通枢纽升级为全国交通枢纽，也就是贯通南北、连接东西、通达全国的高铁网，对接周边、全域畅通、高效便捷的高速公路网，致力于构建多式联运、空铁路河一体的现代化立体交通体系和"一网四港六中心"的枢纽布局。

这个时期的交通基础设施建设包括郑徐高铁、商合杭高铁、郑民高速、连霍高速改扩建、商丘机场、民权通用机场、沱浍河航运工程、高铁广场绿轴项目等，以及商丘站、商丘南站、新区站的功能定位规划。商贸物流业发展方面，这个时期突出了电商物流在发展枢纽经济中的先导作用。主要的项目包括商丘保税物流中心的建设和封关运营，每个县电子商务园区的规划建设，跨境电商企业的引进和培育，以及世贸商城、高铁商城、购物公园等项目的建设。总之，这个时期，商丘枢纽经济发展的内涵日益拓展，枢纽带动产业发展的效能日益凸显。

同时，在这个时期，商丘市政府发布了《商丘枢纽经济发展报告》，制定了"十三五"时期商丘市枢纽经济的发展定位和目标，目的是通过交通、物流等基础设施的建设，服务平台和系统的打造，促进商贸物流、先进制造和高端服务业的发展，使商丘的枢纽经济取得显著成效。总体来说，这个时期对枢纽经济的认识更加深入，从传统的交通物流内涵扩展到了大产业发展内涵，并在枢纽带动产业发展方面进行了探索，并取得了很大的成绩。

四、"十四五"时期：区域性中心城市和交通枢纽的升级

2021 年商丘市政府工作报告和《商丘市国民经济和社会发展第十四个五年规划和二〇三五年远景目标纲要（草案）》，提出了"六区一中心"的发展定位，明确了"一个目标、四个更高、五个走在前列"的发展要求。"一个目标"就是建设国家区域中心城市，"四个更高"指出了建设更高能级的全国综合交通枢纽，"五个走在前列"指出了枢纽经济走在全省前列。

第四节　本章小结

从中部崛起战略可以看出，商丘在整个中部经济发展中的重要性体现在两个地方：第一，商丘从区位上位于"承东启西"的关键对接点。整个中部地区在全国的区域协调发展中发挥着中介作用，而商丘则位于东部与中部的接合部，是中部与东部对接的起点城市。第二，商丘是"两横两纵"经济带四个重要交汇处之一。一是长江经济带与京广经济带交汇处的武汉，二是长江经济带与京九经济带交汇处的九江，三是陇海经济带与京广经济带交汇处的郑州，四是陇海经济带与京九经济带交汇处的商丘。"十四五"时期，商丘市已经入选全国商贸型物流枢纽，这是商丘市的重要的交通区位优势得到认可的具体体现。

从商丘市自身的实践来看，从"十一五"时期城镇化进程中中心城市建设以及物流中心城市的提出，"十二五"时期打造中原经济区重要的交通枢纽和物流枢纽，再到"十三五"时期全国交通枢纽的打造，都展示出了商丘作为物流枢纽中心的不断进步和发展。从中心城市角度看，商丘从区域性物流中心城市、豫鲁苏皖四省接合部的区域性中心城市到国家区域中心城市发展目标的提出，体现了历届政府的承上启下，不断探索，不断创新开拓的勇气和智慧。

在"十四五"时期，高质量绿色发展、共同富裕等将是发展的主基调，应贯彻《国家物流枢纽网络建设实施方案（2021～2025年）》《商贸物流高质量发展专项行动计划（2021～2025年）》等计划方案，深入理解枢纽经济的内涵，推动枢纽功能在商贸物流、先进制造、现代服务、城乡融合等方面的动力作用，增强商丘作为国家重要枢纽城市的辐射和集聚作用。

◆ 第四章 ◆

商丘枢纽经济建设过程中的
产业升级与内陆开放

2021 年底，商丘商贸服务型物流枢纽入选"十四五"首批国家物流枢纽建设名单，2022 年 4 月，中共中央、国务院倡导构建"全国统一大市场"。商丘作为"豫东门户"应立足实际情况推进综合交通体系建设，以更大视野促进豫鲁苏皖接合区的互联互通，构建豫鲁苏皖接合部"大市场"，促进要素全域优化配置的根本举措，发挥枢纽经济的产业发展效应、开放扩大效应、市场辐射效应。

第一节　强化枢纽经济建设的统筹
规划与整体效应

2022 年商丘市政府确定的重点工作中，枢纽经济建设占据突出位置。这些重点工作包括：开工建设京港台高铁雄安至商丘段，开工淮河流域重点平原洼地治理工程建设，建成引江济淮工程，支持商丘、周口联动推进中原—长三角经济走廊建设，支持商丘申建跨境电商综合试验区。

由此可见，2022 年是商丘枢纽经济建设的关键节点。2021 年 2 月 25 日，国务院印发了《国家综合立体交通网规划纲要》，商丘枢纽经济建设中，还要根据豫鲁苏皖接合部的资源禀赋、产业结构的特征，强化统筹规划，发挥"立体交通""海陆空铁""四路协同"的整体效应。

一、高铁布局

当前"商合杭"高铁已经通车，商丘东站已经建成使用，为此：一是围绕高速铁路站点布局，以现代服务业加快推进"高铁新城"建设；二是推进综合交通网络节点建设，刺激黄淮地区农民工和农村流动人口的"高铁偏好"，提升高铁乘坐率；三是预判高铁对人口流动与分布的长期影响趋势，以人口流向规划黄淮地区的中心城市与小城镇建设。

二、公路畅通

针对豫鲁苏皖接合部平原地貌和人口密集的特点，一是打通城际与省际公路交通的断点与堵点和"断头路"，形成贯穿中心城市主干道，改变公路交通尤其是高速公路以东西走向为主，尚缺南北畅通的交通格局；二是协调解决豫鲁苏皖接合区高速公路的"省际收费"问题；三是促进"农区交通"升级，加快县级公路、"村村通"公路、机耕路、黄河滩区撤退道路等工程建设，形成多层次的公路交通网络。

三、水上交通

《商丘中心城区交通规划》中已明确将沱浍河、涡河建成通航 500 吨级船舶的四级河道，设置商丘、虞城、夏邑和柘城港区。为此：一是应根据商丘物流产业发展趋势，针对粮食物流和大宗原材料水运偏好的特点，提前培育"陆—水—海"联运的物流新形态；二是应根据商丘水系特征，围绕商丘港和周口港统筹规划黄淮水系的航运运力与港口布局，对接近期竣工的周口港综合物流园区一期工程项目，发挥综合航运效益。

四、临空经济

商丘应统筹规划铁路、公路、航空的客流与物流的复合型综合交通体系，推进航空物流多式联运。为此：一是借鉴郑州航空港综合试验区的改革经验，探索商丘"临空经济"的发展路径，提前培育医药、电子、花卉等"航空偏好型"产业；二是关注徐州交通局 2021 年 5 月 6 日发布的《丰县通用机场选址及可行性研究项目招标公告》，协同徐州观音、平顶山鲁山、信阳明港三大机场主动对接"临空经济圈";三是按照河南省政府 2017 年 5 月《关于实施多式联运示范工程的通知》中"优先支持冷链、航空、快递、商品车等专业化领域的多式联运项目"的要求,对接郑州航空港和商丘国际物流仓储保税区,积极申报"空铁联运节点"的示范工程。

第二节　加快由交通经济向枢纽
经济转型

枢纽经济绝非仅仅依靠交通工程项目建设。理论上讲,商丘枢纽节点必须通过经济要素流通与配置,融入产业发展的物流型生产性服务之中,培育各类物流偏好型产业;否则就只能是"过道经济"和"收费经济"。

从目前的发展态势看,商丘正处于枢纽交通向枢纽经济的转型期。商丘的交通便利性条件吸引了若干产业要素,进而形成了一定规模的产业集群;但对周边城市的辐射带动能力有待提高,其吸引省际周边区域人财物和各类资源的力量有限,主要城市之间的"贸易引力"指数不高,商丘还未成为真正的区域经济中心和核心增长极。商丘市能否发展进入枢纽经济的更高阶段和层次,在于能否坚持产业立市,继续招商引资、开放搞活、提升服务水平,提高自身"硬"实力和经济体量;同时应进一步开阔思路,充分利用国家政策,跳出河南省域思维局限,出台灵活政策,大力发展省际乃至国际经贸往来,提高对四省交界边缘城市的人财物等资源要素的吸引力,最终发展成为豫鲁苏皖接合部的"内陆开放高地"和开放型的区域性中心城市。

商丘处于河南自贸区与上海自贸区之间的连接点,有望促进"沿海开放"与"内陆开放"的关系互动与要素流通。作为东部和中部的连接点,商丘的内陆开放不仅对商丘区域经济,乃至对中部与东部在"一带一路"下的"互联互通"与"全国统一大市场"都具有承东启西的意义和作用。尤其是当前形势下,国家围绕"外贸内贸"一体化政策频频出台,"外贸转内销""内外贸"同质同线同标的配套政策正在加快实施,这也意味着以上海自贸区为引领的长三角外向型经济将加速"内迁和内销"。

可见，开放型枢纽经济能够促进商丘承接东部产业的新一轮转移，在河南省纵深腹地促进转型发展与结构调整，同时也以内陆腹地经济的韧性来对冲当前经济下行的负面影响。因此，当前有必要将商丘的开放型物流枢纽建设嵌入河南自贸区整体的开放政策体系，在开放型社会经济系统中进行综合研究，最大限度地发挥商丘的联通优势，"抓抢机遇、统筹规划，借势借力，东引西融"，借助苏鲁豫皖的"内陆开放"连接点，以"示范—模仿—推广"的方式促进"内陆开放"与"沿海开放"的竞合与正反馈激励，释放商丘区域中心城市的产业承接功能。

河南省早在五年前的"十三五"规划中就专门设置了"建设内陆开放高地"的内容，毫无疑问，商丘在其中扮演了无法替代的"东部门户"角色。围绕保税物流中心，商丘市政府提出了明确的发展思路，也即要拓展其商贸物流的核心功能。为此，应以商丘物流保税区赋能开放型枢纽经济，尽快与河南自贸区、郑州航空港、中哈物流园区、徐州—连云港高铁等建设项目之间进行数据信息共享和资源对接，对货运能力进行运筹优化；借势借力，东引西融，以互联互通的方式促进交通经济向枢纽经济的转化。当前，枢纽经济的开放意义在于：商丘要结合国际产能与产业链供应链调整，尤其是能源、棉花、粮食以及大宗原材料的国际价格波动，利用原材料成本压力走出制造业的低水平复制的规模陷阱。

因此，按照河南省委"制度性开放"的要求，商丘的"内陆开放"与传统的"沿海开放"相比，要围绕枢纽经济建设，在制度设计上体现新视野、新思维和新模式，成为豫东地区的"国内国际双循环"升级版。

第三节　枢纽经济对产业转型与产城融合的促进作用

"西安—郑州—商丘—徐州"是欧亚大陆桥的工业"黄金段"，商丘可以借助郑州的国际枢纽地位，对接徐州和淮海经济区的物流枢纽中心，进一步释放商丘枢纽经济的区位优势。

一、物流枢纽对产业分化的引导

枢纽经济的关键在于物流与产业的融合。2021 年 5 月 24 日，国家发改委公示推广了一批"物流业制造业深度融合创新发展案例"名单，其中"京东、顺丰、德邦、普洛斯、日日顺、准时达、长久、主线、一汽物流、东风物流、传化、越海全球"等供应链企业入围了"典型案例名单"。与此同时，浙江企业也在实践中形成了"制造业供应链综合服务""第三方物流一站式服务""物流线上线下平台服务"三种服务模式。这为商丘提供了对标参照，商丘目前的综合交通枢纽体系建设包括商合杭高铁、商丘机场、沱浍河航运等，形成了综合交通体系。2020 年底，"商郑欧"国际班列开始运行，商丘民权开始申报综合性保税区，这提升了原有的哈萨克斯坦经由商丘的中哈物流通道的运力，也提升了商丘国际仓储与加工贸易的水平。同时，中吉乌铁路以及欧亚大陆桥的物流合作基地正在建设，商丘成为"空运、海运、铁运"货物的集散分转的重要节点，面向欧亚内陆的综合物流枢纽的地位必将逐步显现。

虽然商丘枢纽经济的硬件已经完备，但是生产性物流综合服务能力却还不足。开放型物流服务业具有较大的产业杠杆功能，例如商丘柘城农产品冷链物流城项目已经开建，该项目占地 800 余亩，建设总面积 60 万平方米，投资 20 亿元，[①] 成为"中国柘城国际辣椒交易市场"的最重要的基础设施，对柘城乃至周边地区的辣椒及其他农产品加工产业产生巨大影响，也是物流对产业分化与促进作用的典型案例。

当务之急是利用海运价格大幅度上涨的时机，探索"海陆空"多种联运的创新方式，以商丘为"枢纽"形成不同运输方式的多种组合。为此，应加快核算综合运输成本并通过完善管理以降低成本，大力推进开放型物流大数据综合服务平台。对接"郑州航空港"和"徐州物流中心"，将大数据的集聚功能再次强化集聚并扩散出去，形成苏鲁豫皖区域的物资集散中心、货源信息中心、物流指数发布中心；以适应和满足豫鲁苏皖接合区

---

① 商丘市物流业转型发展成效显著　区域物流节点城市功能不断提升 ［EB/OL］. 河南省人民政府门户网站，https：//www.henan.gov.cn/2018/10 - 09/693700.html，2018 - 10 - 09.

电子产品、医药制品、机械产品、粮食作物等不同产业的运输偏好，促进物流与产业的深度融合。

二、外贸结构对产业结构的适应

相比徐州、开封、枣庄、蚌埠等周边地区，商丘的物价水平与工资率较低，成为名副其实的"价格洼地"。长期以来，商丘的产业经济依据资源优势和成本优势获得较快发展，依靠要素投入，煤炭化工、电解铝、机械加工、食品加工等产业规模较大。

当前，物流与大宗原材料价格普遍上涨，这将倒逼商丘利用"内陆开放"所提供的"能源""经贸""产能""互联互通"的合作平台，对产业结构进行调整。例如，商丘可以借助"商郑欧"铁路通道实现中亚、西亚煤炭与天然气的输入，改变"一煤独大"的能源结构；可以向中亚、东欧等国家输出农业机械加工产能；可以与中亚国家开展以棉花和小麦种植为基础的育种和灌溉技术等农业合作；可以利用连云港为中原内陆的矿产和农副产品找到借船出海的最佳模式等；这样就能够发挥"结构性"互补的合作优势，走出以"价格低廉"为特征的规模陷阱，实现商丘经济的发展转型。

除了连云港之外，商丘还应加强与青岛的对接。据调研，民权制冷产业集聚区的许多制冷设备都是经由青岛港对外出口。2019年5月，青岛获批"上海合作组织地方经贸合作示范区"，为此，商丘应利用"物流先导"成为青岛"上合示范区"的向西窗口，加强上合组织国家的能源、粮食和棉花加工经贸合作。以棉花为例，上合组织中不乏产棉大国，而商丘物流保税中心目前已经通过了全国棉花交易市场的资格认证，被认定为全国棉花交易市场指定交割库，这将以"大库存"的方式促进郑州商品交易所棉花期货市场的定价功能，形成棉花集散枢纽，有利于我们增强对基础原材料的掌控能力，在国际经济合作博弈中占据优势。

三、要素出口对商品出口的替代

围绕开放型枢纽经济，商丘应以"开放型生产性服务业"推进公共物流平台、跨境电商服务平台、供应链金融平台、大数据平台建设；同时，利用集装箱返箱点培育多式联运，帮助企业降本增效。可以利用跨境电商园、冷链物流区、进口商品展示展销中心等提升"加工增值服务"的功能。这一方面能够降低商品出口的物流环节与成本，另一方面也有助于带动要素出口，逐步实现要素出口对商品出口的替代。

目前，商丘拥有了相当规模的制造业集群，能源开采技术、机械加工、食品加工等产业以及建筑劳务等资源都具有雄厚基础与性价比优势，跨境电商也有较好的政策环境。利用"劳务输出""服务贸易"的信息服务与投资平台，商丘可以在建筑劳务出口的基础上着重培育国际工程项目承包能力，最大限度地发挥劳动力资源优势；进一步通过建设工业园区以及合作开发、租赁开发等多种形式，促进商丘区域的生产要素出口，以替代商品出口。

商丘枢纽交通工程建设力量一旦形成，则应长期利用。可以尝试国际工程项目承包，这能够综合劳务、技术、设备与资金信贷等经济要素，是要素出口的典型模式。而商丘是劳动力输出大市，以此为抓手，利用商丘突出的建筑施工技术力量，一是可以充分利用劳务出口的综合优势；二是可以利用当地的矿产资源与能源，实现要素的跨境整合；三是有助于商丘地区的产业价值链对外延伸，从资源整合中获取更多利润，走出"低廉成本"的路径依赖，以要素"走出去"带动交通建设施工企业"走出去"的战略实施。

四、跨境电商对体制机制的创新

2020 年 1 月 17 日，我国商务部将商丘列为跨境电商进口零售试点城市。跨境电子商务是新兴国际贸易业态，成为内陆地区实现"跨越式开放"的有力举措。

商丘周边的江苏睢县沙集和山东曹县都是闻名全国的农村电商大县，但是缺少跨境电商的出口。因此，商丘跨境电商的潜力在于能够刺激豫鲁苏皖接合区域的国际零担物流，而且能够利用跨境电商服务的数字资源改善贸易环境，利用跨境电商发展路径中的"后发优势"，瞄准生物制药等新兴产业，利用郑州口岸和跨境电商的通关便利化措施，实现"弯道超车"。商丘当前应该注重利用"跨境电商"业务与河南自贸区向开封扩容过程中的产业对接，将跨境电商与豫鲁苏皖接合区域加工贸易相互促进，一是整合相关的商事服务数据资源，协调进出口银行、商检、税务、海关、外汇、涉外保险等诸多部门和行业，促进跨境电商的贸易便利化；二是按照中共中央、国务院"统一大市场"的要求，打破行业与部门壁垒，加强跨省城际协作，扩大跨境电商的贸易规模；三是对接郑州跨境电商的创新举措，以通关便利化和支付便利化两项改革举措为抓手，在"买全球卖全球"过程中促进体制机制创新。

跨境电商快速增长的背后是国际仓储与物流渠道的支撑。据商务部统计：在疫情冲击下的 2020 年，全国跨境电商进出口增长 31.1%，跨境电商的海外仓数量超过 1 900 个①；2022 年上半年，河南省有 77 家企业在 43 个国家和地区设立了 183 个海外仓②，这提升了中国品牌知名度，缩短了跨境交易时间，扩大了海外市场占有率。然而商丘外向型企业"走出去"的还不多，为此，商丘地方政府还应利用申报综合保税区的机会，积极参与海外仓布局，构建商丘品牌的"公共海外仓"，为商丘制造企业"走出去"提供更多的基础设施支撑与涉外公共服务。

五、保税区与国际物流对深化改革的推进

围绕保税物流中心，商丘市曾经提出要市县共建，按照"立足商丘、服务周边、市场主导、利益共享"的原则，推进保税物流中心改制，鼓励各项改革措施在保税物流中心内先行先试。这里的"市县共建""市场主导""利益共享""先行先试"等都是体制机制的突破，是发挥市场主体与活力的"放管服"改革的重要举措。

我国设置自贸区的用意不仅在于提升对外开放的程度与水平，更在于用进一步的开放手段来倒逼国内推行深化改革，尤其是金融改革、投资体制以及行政监管等负面清单的管理体制改革等。对于商丘地区来说，应以当前保税物流中心申报综合保税区的一系列改制为推手，主动适应周边开放形势，创新服务职能，提供国际性公共产品与服务。一是加快政策梳

---

① 2020 年我国跨境电商进出口额同比增长超三成［N］. 人民日报，2021 – 07 – 13.
② 助力新业态，河南评选第二批跨境电商海外仓示范企业［N］. 河南日报，2022 – 05 – 13.

理，利用上海自贸区和河南自贸区的可复制经验，加强"郑州航空港""河南自贸区""上海自贸区"之间的联系，形成"政策辐射区"。二是加快培养地方干部的涉外工作能力，加快实施"放管服"改革，形成"负面清单"的管理体制，改善贸易环境，持续提升保税物流区的体制机制创新引力，围绕商郑欧铁路推进通关便利化改革措施，形成培育跨境电商的产业政策体系等。

六、涉外人才对高校集群的影响

商丘开放型的枢纽经济与区域中心城市建设需要大量的复合型国际化的高端人才。从近年来商丘涉外部门和企业发布的最新的招聘标准来看，国际贸易、电子商务、市场营销、财会、外语专业最为急需，而且还要求具有一定的"数据分析"能力，这也为商丘高校的学科专业建设提出了新的要求。

商丘不仅要着眼于国际贸易，还应借助自身文化历史资源，扩大对外文化交流与合作。当前，以商丘师范学院为核心，商丘学院、商丘工学院、商丘职业技术学院等地方高校开始"抱团"形成地方高校集群，成立了商丘高校发展联盟。借此机会，商丘地区高校应与徐州（江苏师范大学）、枣庄（枣庄学院）、蚌埠（安徽财经大学）、菏泽（菏泽学院）、连云港（淮海工学院）等地的高校进一步加强联系，发挥知识外溢效应，形成淮海经济区的开放型高校集群。同时，要积极参与"一带一路"教育合作，扩大招收留学生，设置"一带一路"沿线国家相关语言专业，或采取国际合作办学等方式加强人文交流，以此高校合作推进商丘的国际影响力，为商丘枢纽经济注入软实力。

第四节　枢纽经济建设过程中的综合协调

商丘枢纽经济建设必须融入区域中心城市建设，面向豫鲁苏皖接合部的开放型大市场，构建促进物质、人才、信息交换和要素优化配置。这就需要统筹疫情防控与经济发展，在省际接合区率先破除狭隘的地方视角，在认识上处理好以下几对关系。

一、区域中心城市与互联互通

商丘处于多省交界区，枢纽经济的区域间合作与示范效应更为放大。2021 年 2 月《国家综合立体交通网规划纲要》中将徐州、淮安、连云港作为"组合枢纽"，江苏省提出了"淮安航空货运枢纽"，这与徐州陆港和连云港形成了"三角支撑"。对此，商丘也应明确定位，以物流保税区为突破口，打破行政界限为周边地区提供更多的外贸与商事服务。作为区域性中心城市，商丘海关也应主动协调徐州海关寻求海关监管合作，在淮海经济区形成"上海自贸区"政策辐射区、以徐州为中心的"淮海经济区""连云港—盐城"苏北沿海经济区等不同板块。商丘枢纽经济规划除了对接郑州国际枢纽中心之外，也应主动对接和融入徐州都市圈枢纽经济规划，依据产业需求以错位发展的方式与苏鲁豫皖等其他地市的经济政策与开放措施相互融合，互联互通，借势借力，形成叠加的发展合力，以此提升开放型枢纽经济的质量。

二、粮食物流与农业现代化提升

粮食物流一直是商丘枢纽经济的重要内容。面临国际粮食供给形势趋紧，国内农副产品价格尤其是小麦、玉米都有上涨趋势，但这也是商丘加快粮食物流创新的有利时机。

当前应抓住粮价上涨时机，在商丘的豫东粮食批发市场的基础上，利用"内陆开放"政策和中哈物流通道以及连云港出海口，鼓励商丘粮食与农副产品精加工的国际产能合作。同时也应创造条件，依托龙头企业组织农业大户到海外租地种植耕作。

河南省农产品出口规模较小，而豫鲁苏皖接合区域素来有精耕细作的优良传统，与中亚西亚国家地广人稀的农业资源禀赋形成了高度互补性。为此，应促进"粮食出口"转向"农业要素出口"和"海外产业园区"，加大作物种子、灌溉技术、农药农机、农业劳务的向西出口，以粮食国际物流和农业技术要素优化配置来提升农业现代化水平。

据调研，商丘农业部门将进一步完善 2015 年制定的《关于扩大农业对外开放促进食品农产品出口的实施意见》，利用淮海经济区农业发展协调机制，促进豫鲁苏皖接合部农业机械与农牧业技术的交流，培育传统农区的开放意识和经营理念，促进龙头农企和职业农民在境外开拓农业产业园区，以"农业要素输出"加速区域农业的现代化的过程。

三、扩大开放与倒逼深化改革

商丘处于豫鲁苏皖接合部区域，人口密集，腹地辽阔，社会经济发展的潜在经济资源富饶，经济增长潜力巨大。因此，应以推广多式联运的物流标准化体系为抓手，推进各类物流运输方式的相互对接与互联互通，探索开放型枢纽经济的一系列创新举措。

当前，商丘开放型枢纽经济建设的关键举措，一是内陆海关监管与跨境电商支付便利化措施，在此基础上可以衍生出一系列的制度创新，包括涉外商务信息指导、地方金融、财税与产业政策对"走出去"的扶持政策等，由此结合外商投资条例的实施与地方配套政策，可以进一步完善涉外营商环境。商丘是河南省率先出台营商环境地方性法规的城市，也理应率先推动涉外营商环境的治理。二是注重境内与境外的各项进出口政策以及贸易协议的协调，尤其是 RECP 协定生效，应面对东盟国家和中国—新西兰自贸区等升级，提前研判进行产业规划和布局。三是借鉴近年来贫困地区涉农资金整合的经验与措施，围绕枢纽经济建设统筹各项资金，包括上级拨入、本级财政、银行贷款以及社会资金，参考 PPP 运行模式，压实项目主体责任。在枢纽经济项目建设过程中，应改变项目投资体制中的各自为政的门户分割格局，在豫鲁苏皖接合部形成相互配合、节拍一致的协同机制，实现项目资金运行效率的最大化。

第五节　"商丘之为"的积极作用

商丘应围绕开放型枢纽经济，创新政府职能，为商丘企业"走出去"提供各种制度性公共产品，这就需要主动寻找政府、企业和境外利益相关方与利益共同点，促进形成城际省际乃至国际的多边合作机制。

　　具体来说，商丘保税物流中心的基础设施建设已经齐备，具有了内陆开放的"硬实力"，而制度建设体制建设以及知晓度构成了"软实力"。为此，应找准发力点、突破口与抓手，推动保税物流中心的功能与业务范围不断扩大，实现对内陆开放引领的"一两破千斤"的杠杆作用，即"巧实力"的作用。

　　一是以开放门户引领豫东制造的国际市场。商丘应加快申请商丘综合保税区，加快跨境电商发展。创新海关监管举措，以跨境电商加大水果、农副产品以及其他消费品的进口规模。对接河南自贸区政策，利用虞城国际物流仓储中心，布局国际商品展销中心和"免税店""直营店"。结合当前"万人助万企"活动，针对外贸出口困难企业实施"出口转内销"帮扶，以此推动出口产品与国内产品的"同线同标同质"。围绕商丘"区域医疗中心"建设目标，对接菏泽、亳州、徐州的医药企业与医药物流，依托郑州医药口岸，培育豫东"国际医药市场"。

　　二是以网点布局扩大豫东农贸的市场容量。商丘应围绕周边农副产品，加快商业网络基础设施建设，扩大农贸市场辐射范围，例如柘城辣椒集散运输、永城小麦的仓储、加工与出口，对接民权"冷谷"制冷产业集聚区和冷链物流优势，发挥民权保税区的功能。加快构建高效便捷、布局合理的智慧零售终端、智能末端配送设施和智慧物流基础设施网络。以粮食和农副产品主城区为中心，加快布局冷链仓储中心、分拨转运节点，加快乡村物流通道和配送站建设，还可以依托豫东粮食批发市场，配合郑州期货商品交易所仓储，打造粮食现货价格与期货价格形成中心，以"价格形成中心"作为枢纽经济的标志。

　　综上所述，在"十四五"期间，商丘还应持续以开放型枢纽经济为抓手，充分做好硬实力（基础设施）、软实力（物流服务）与巧实力（抓手与突破口）的衔接与搭配，找准"卡脖子"与"牛鼻子"的"关键点"，以分化大宗原材料国际物流、农产品与食品冷链物流、时尚快消品电商物流和医药产业物流为重点，加快推动商丘由交通区位优势向枢纽经济优势转变，以"商丘之为"率先推动豫鲁苏皖接合区域的产业升级和高质量发展。

◆ 第五章 ◆

商丘枢纽经济发展的产业支撑

第一节 特色产业集群之一：食品

一、引言

食品产业属于制造业，是我国经济社会发展中的支柱产业和民生产业。作为与"三农"密切相关的工业，食品产业的发展与人们生活质量与健康水平高度相关，对促进城乡经济发展、吸纳农民就业具有重要的作用，是乡村振兴战略下重点发展的产业。根据我国国民经济行业分类标准（GB/T 4754-2017），如表5-1所示，食品产业主要包括农副食品加工业、食品制造业、饮料制造业和烟草制品业四大门类。

表5-1 食品产业分类（代码）情况

食品产业分类	食品产业分类子类
农副产品加工业（13）	谷物磨制（131）、饲料加工（132）、植物油加工（133）、制糖（134）、屠宰及肉类加工（135）、水产品加工（136）、蔬菜、水果和坚果加工（137）、其他农副产品加工（139）
食品制造业（14）	焙烤食品制造（141）、糖果、巧克力及蜜饯制造（142）、方便食品制造（143）、液体乳及乳制品制造（144）、罐头制造（145）、调味品、发酵食品制造（146）、其他食品制造（149）

续表

食品产业分类	食品产业分类子类
饮料制造业（15）	酒精制造（151）、酒制造（152）、软饮料制造（153）
烟草制品业（16）	烟草复烤（161）、卷烟制造（162）、其他烟草制品加工（169）

资料来源：国民经济行业分类（GB/T 4754 – 2017）。

食品产业是"为耕者谋利、为食者造福"的传统民生产业，商丘是农业大市，也是一个食品生产和食品消费大市。近些年，商丘市依托食品原料优势，发挥区位优势、交通优势等枢纽经济作用，食品产业发展迅速，产业规模已经突破千亿元，在商丘市产业格局中占有举足轻重的地位，已成为商丘市第一大产业。商丘市食品产业主要集中于农副食品加工、食品制造及酒制造等方面，因此，本章内容主要结合枢纽经济发展分析商丘市农副食品加工业、食品制造业以及酒制造业。

二、商丘市食品产业发展现状

食品产业是商丘着力打造的主导优势产业之一。近年来，商丘市坚持"五大发展"理念（即创新、协调、绿色、开放、共享），充分发挥交通区位优势，尤其是农产品的资源优势，坚持做大总量和调优结构并重，坚持改善供给和扩大需求并举，切实增强企业竞争能力，食品产业已成为商丘市持续发展的主导产业，已初步形成门类较为齐全的现代食品工业体系，主要涉及面粉及面制品加工、酒类制造、乳品加工、果蔬加工、畜禽加工、速冻食品加工、食用菌加工等食品工业类别。

然而，从发展历程上看，商丘市食品产业起步较晚。随着人们生活水平的不断提高，对不同食品类别的市场需求助推了食品加工及制造的兴起，同时，在商丘市对食品产业的政策支持下，食品企业注册数量呈现"井喷式"增加，商丘市食品产业发展逐步迈上了新的台阶。截至2021年8月，如表5－2所示，商丘农副食品加工企业注册数量达3 990家（在营、开业、在业等存续状态的达2 821家），食品制造企业注册数量达5 826家（在营、开业、在业等存续状态的达4 356家），饮料制造企业数量达到978家（在营、开业、在业等存续状态的达606家），烟草制品企业数量仅为 6 家（全部已注销或吊销）。

表 5 - 2　　　　　　　商丘市食品产业企业注册数量　　　　　　单位：家

食品产业分类	存续数量	非存续数量	总数
农副产品加工业（13）	2 821	1 169	3 990
食品制造业（14）	4 356	1 470	5 826
饮料制造业（15）	606	495	1 101
烟草制品业（16）	0	6	6

资料来源：作者根据天眼查官网（https：//www.tianyancha.com）查询，查询日期：2021 年 8 月 3 日。

（一）商丘市食品产业分类发展情况

1. 商丘农副食品加工业发展

如图 5 - 1 所示的商丘农副食品加工企业注册数量变化趋势，2000 年以前企业注册数为 328 个，2000 ~ 2004 年企业注册数为 272 个，2005 ~ 2009 年企业注册数为 322 个，2010 ~ 2014 年企业注册数为 405 个，而 2015 ~ 2019 年企业注册数则达到 2 045 个。2020 年至 2021 年 8 月，企业注册数量达 618 家，商丘农副食品加工企业注册数量共有 3 990 家。

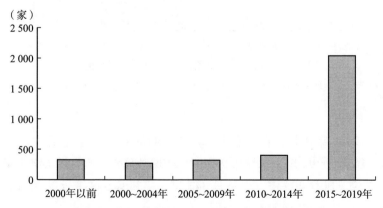

图 5 - 1　商丘农副食品加工企业注册数量变化趋势

资料来源：作者根据天眼查官网（https：//www.tianyancha.com）查询，查询日期：2021 年 8 月 3 日。

截至 2021 年 8 月，在所有 3 990 个注册的农副食品加工企业中，睢阳区有 438 家，梁园区有 300 家，永城市有 501 家，虞城县有 671 家，柘城县有 244 家，夏邑县有 624 家，睢县有 372 家，宁陵县有 256 家，民权县有 311 家，其他 273 家为仅标明商丘市而未标明县区的企业。在所有注册企业中，注册资本超过 1 000 万元的企业共有 163 家，超过 5 000 万元的企业共有 28 家，而超过 1 亿元的企业仅有 5 家。①

2. 商丘食品制造业发展

如图 5 - 2 所示，商丘食品制造企业注册数量变化趋势，2000 年以前企业注册数为 201 家，2000～2004 年企业注册数为 197 家，2005～2009 年企业注册数为 382 家，2010～2014 年企业注册数为 714 家，而 2015～2019 年企业注册数则达到 3 480 家。

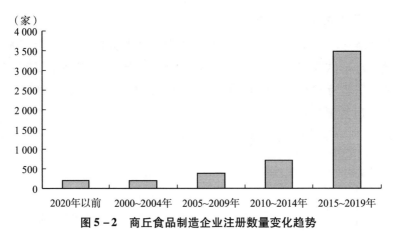

图 5 - 2　商丘食品制造企业注册数量变化趋势

资料来源：作者根据天眼查官网（https：//www. tianyancha. com/）查询，查询日期：2021 年 8 月 3 日。

截至 2021 年 8 月，在所有 5 826 个注册的食品制造企业中，睢阳区 700 家，梁园区 792 家，永城市 945 家，虞城县 998 家，柘城县 293 家，夏邑县 617 家，睢县 409 家，宁陵县 347 家，民权县 358 家，其他 367 家为

_____

① 资料来源：作者根据天眼查官网（https：//www. tianyancha. com）查询，查询日期：2021 年 8 月 3 日。

仅标明商丘市而未标明县区的企业。在所有注册企业中，注册资本超过1 000万元的企业共有153家，超过5 000万元的企业共有24家，而超过1亿元的企业仅有9家。①

3. 商丘饮料制造业发展

如图5－3所示，商丘饮料制造企业注册数量变化趋势，2000年以前企业注册数为154个，2000～2004年企业注册数为148个，2005～2009年企业注册数为148个，2010～2014年企业注册数为59个，而2015～2019年企业注册数则达到469个。

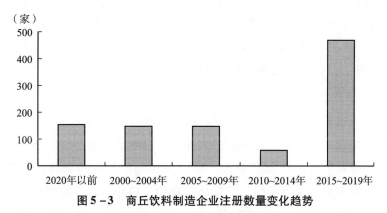

图5－3　商丘饮料制造企业注册数量变化趋势

资料来源：作者根据天眼查官网（https：//www. tianyancha. com）查询，查询日期：2021年8月3日。

截至2021年8月，在所有5 826家注册的饮料制造企业中，睢阳区有97家，梁园区有90家，永城市有102家，虞城县有140家，柘城县有77家，夏邑县有99家，睢县有74家，宁陵县有99家，民权县有142家，其他有58家为仅标明商丘市而未标明县区的企业。在所有注册企业中，注册资本超过1 000万元的企业共有5家。②

―――――――――

①②　资料来源：作者根据天眼查官网（https：//www. tianyancha. com）查询，查询日期：2021年8月3日。

（二）商丘市食品产业发展特点

1. 产业规模不断扩大

截至 2021 年底，商丘市规模以上食品工业企业 310 家，其中主板上市企业 1 家，国家级龙头企业 4 家，省级龙头企业 37 家，市级龙头企业 120 家。产品覆盖了面制品、肉制品、乳制品、果蔬饮料、速冻食品、休闲食品、酿酒（含白酒、葡萄酒、啤酒）等近 20 个领域，形成了较为完整的产业体系，具备了一定的竞争优势。2021 年，商丘市农副食品加工业增加值同比增长 11.7%，食品制造业同比增长 0.1%，酒及饮料制造业同比增长 9.8%；主要工业产品产量方面，鲜、冷藏肉同比增长 92.8%，小麦粉同比增长 15.6%，速冻食品同比增长 16.9%，饮料酒 3.6%，畜肉制品同比增长 6%，食品产业实现了平稳健康发展。[①]

2. 优势产业发展迅速

商丘市按照推进河南省农业供给侧结构性改革"四优四化"工程的决策部署，围绕面、肉、乳、果蔬四大领域，以建链、强链、延链、补链为重点，不断提升食品产业竞争力，加快由食品加工大市向强市转变。其中，面制品方面，全市面粉、淀粉加工企业近 200 家，方便食品制造企业 120 余家，全市年加工小麦 900 多万吨，方便面 59.7 万吨，速冻米面食品 91 万吨；肉制品方面，全市畜禽屠宰及肉制品加工企业 140 余家，年生产冷鲜肉 30 多万吨，冻肉 1 800 吨，熟肉 1.5 万吨，速冻肉制品 5.8 万吨；乳制品方面，全市乳制品加工企业 20 家，年产乳制品 80 多万吨；果蔬制品方面，全市果蔬加工企业 80 家，年生产销售果汁和蔬菜汁饮料 27.8 万吨，葡萄酒 8.5 万千升，果蔬罐头 8 万吨，速冻果蔬 2.5 万吨。[②]

3. 品牌培育结出硕果

同时，大力发展品牌经济是推进企业迈向产业链中高端，掌握产业话语权、提升竞争力的必然选择，是提高发展质量和效益，主动适应经济新常态的保障。商丘市食品产业发展中，始终把品牌建设作为供给侧结构性

---

①② 商丘市食品产业发展情况［R］. 商丘：商丘市发改委，2022.

改革的重要着力点，重点培育了永城面粉、虞城荠菜、夏邑食用菌、柘城辣椒、宁陵酥梨等一批企业品牌和区域特色品牌。2022 年，商丘市拥有"神人助""诚实人""华夏百分""林河""长领""冷谷""永生堂""皇沟御酒""远征""宇花" 10 件"中国驰名商标"，食品产业已成为商丘市知名品牌最多的行业。

4. 产业集聚效应凸显

食品产业是商丘市三大主导产业之一。经过多年发展，商丘市食品产业初步形成了以面及面制品、休闲食品、速冻食品、奶制品等为主导的食品工业体系。其中，永城市产业集聚区被国家市场监督管理总局评为"全国小麦粉知名品牌创建示范区"，商丘市梁园产业集聚区面粉加工产业被认定为河南省创新型农业产业化集群，面制品（方便食品）被认定为河南省知名品牌创建示范区。2021 年，商丘市规模以上食品加工企业有近 310家，占河南省食品制造企业的近 10%，[1] 拥有五得利面粉、奥神面业、科迪乳业、金豆子蔬菜食品、广利达食品、天明葡萄酒、福润食品、远征集团、皇沟集团、麦客多食品等多家重点企业。全市规模以上工业中，食品制造业增长 5.1%，食品产业集群实现主营业务收入超过 1 200 亿元，产业集群发展态势良好。[2]

5. 带动作用有所提升

随着食品工业的快速发展，商丘食品产业已经形成一批骨干龙头企业且带动作用逐渐凸显，具有较高的市场竞争力和可观的经济效益。在发展过程中"三农"优势转化成了经济优势，推动了"三农"和相关物流产业的迅速发展，为助推商丘市农业现代产业化进程，落实乡村振兴战略，促进乡村产业发展、提高农民收入和地方财政收入等都具有重要的作用，进一步推动了地方经济社会发展。

（三）商丘市食品产业发展存在问题

2020 年以来，在新冠疫情的冲击下，受能源价格上涨、食品原材料价

---

①② 商丘市食品产业发展情况［R］. 商丘：商丘市发改委，2022.

格上调等因素的影响，较多食品企业的经营遇到一定困难。商丘市食品产业发展进入了调整周期，面临诸多发展瓶颈，亟待突围和转型。

1. 规模总量偏小，产业带动作用有待增强

商丘市食品产业起步晚，基础薄弱，企业的辐射带动作用和抗风险能力不强。虽然近几年发展速度较快，但整体产业规模还相对较小。从全省范围来看，商丘市食品产业总体规模在漯河、郑州、周口、驻马店之后，位列第五位，与漯河 1 800 亿元的规模还有较大差距。[①] 目前，起带动作用的骨干龙头企业数量较少，较多企业是小型个体作坊，产品单一、技术水平不高，主要是劳动密集型作业，抗风险能力较弱，容易受规模与资金等方面的制约，辐射带动作用不强。2021 年，商丘市规模以上食品企业数量仅约占行业总体的 10%，规模企业数量较少、规模小，缺少在全国有影响力大企业、大集团，缺少在行业中起到引领、带动作用的龙头企业。[②]

2. 产业链条短，精深加工产品少，高品质食品有效供给不足

商丘市食品产业链条短，产品结构调整滞后。商丘市食品企业近六成位于产业链中低端的农副食品加工业，企业生产设备普遍落后，部分生产低水平重复，同质化严重，产品在本地产销多，而辐射全国的较少。此外，本地农资产品利用率较低，初加工的产品较多，而深加工尤其是特色产品较少。如作为商丘市主导产业的面粉加工业，深加工发展滞后；虽然夏邑县车站镇已是全国最大的食用菌生产基地，但是与其相关的深加工产品较少，多数都是以原材料形式外销。

同时，商丘食品产业科技创新能力不强，精深加工产品少，缺乏高品质食品供给。一方面，随着人们生活水平的提升，消费者更加关注食品的营养、安全与便利性。然而商丘市高品质食品供给较少，不能满足当前市场形式的变化，本地的知名品牌较少。另一方面，商丘市食品产业科技创新力量不足，尤其是缺少高水平的加工技术储备，成果转化率不高，高品质食品有效供给不足。

3. 资金短缺仍是制约食品产业发展的"瓶颈"

资金短缺问题一直以来就是困扰商丘市食品企业发展的大难题，也是

---

①② 商丘市食品产业发展情况［R］. 商丘：商丘市发改委，2022.

今后需要长久面对的主要问题之一。主要原因在于：一是食品加工业普遍存在利润率低、资金周转周期长的情况；二是食品加工业融资渠道狭窄。商丘市的食品企业多属小微型企业，由于受企业规模、抗风险能力和信用水平的影响，银行贷款"门槛高、要求严、手续繁"，企业普遍存在融资"难而贵"现象。

近几年，商丘银行及相关金融部门提高了对食品产业贷款的支持力度，缓解了部分食品企业资金短缺的现状，但是从全市食品产业发展情况来看，资金短缺仍是制约食品企业发展的主要"瓶颈"，在一定程度上对企业的发展产生较大的影响。

4. 企业管理粗放，企业生产成本居高不下

商丘市食品企业多数是小型家庭式作坊的个体企业，大部分企业管理理念较为落后，管理制度不太健全，管理水平有待提升。一些食品企业的管理者学历较低，缺少市场竞争意识和开拓精神，主要是家族管理模式。此外，与食品产业相关的循环经济发展不足，高附加值的副产品较少，且单品能耗较高，存在较大的节能压力。同时，由于食品行业劳动密集性较强，用工多，用工成本、原材料、包装材料、交通运输等生产成本不断增加，挤压了企业的利润空间。

(四) 商丘市食品产业发展优势

商丘市地处中原腹地，交通便利，区位优势明显，且拥有丰富的农业资源，种植了较多的特色农产品，这些为商丘市食品产业的快速发展奠定了基础，食品产业已发展成长为商丘市千亿元级规模的第一大产业。

1. 特色农产品资源优势

商丘市是全国粮产规模超百亿斤的二十个城市之一，誉为"豫东粮仓"。小麦种植面积达900万亩，产量超过450万吨，优质小麦占比超过70%以上，丰富的小麦资源是商丘市面粉和面制品相关企业的重要原材料来源。此外，商丘市夏玉米的种植面积已超过650万亩，产量达到230万吨。然而，仅有一些玉米被本地饲料加工企业收购外，多数以原粮形式销往经济发达的东南沿海城市。此外，夏邑县的双孢菇、草菇生产基地是我

国知名的食用菌生产基地，商丘市梁园区、睢阳区是近年来发展起来的芦笋种植基地，形成了国内最大的芦笋种植基地，丰富的食用菌资源和芦笋资源为商丘市大力发展罐头食品加工业提供了良好的条件。商丘市柘城县、宁陵县是华北地区最大的辣椒生产基地和集散地，近年来发展起来的虞城县大蒜生产基地、胡萝卜生产基地以及睢阳区马铃薯生产基地、洋葱生产基地等也都形成了一定的产业规模，为发展蔬菜脱水和速冻食品产业奠定了基础。此外，商丘是国家优质红富士苹果生产基地、无公害酥梨生产基地和无公害小杂果生产基地，丰富的果品资源为商丘市果品加工业的发展提供了有利条件。

2. 区位优势

商丘市地理位置优越，处于中原腹地，豫鲁苏皖接合区位置，是豫东的重要门户。从全国地图上看，商丘北接齐鲁，南据江淮，西扼中原，东临沿海，商丘市已成为全国性的重要的物资集散地和商贸中心，是河南实施"东引西进"战略的桥头堡，承接沿海地区产业转移具有独特的区位优势。目前，商丘市已成为国家区域中心城市、全国流通节点城市和全国首个编制枢纽经济规划城市。2021 年 11 月，国家发改委印发《关于做好"十四五"首批国家物流枢纽建设工作的通知》，商丘获批建设商贸服务型国家物流枢纽城市。同时，商丘是河南实施"东引西进"战略的桥头堡，承接沿海地区产业转移具有独特的区位优势，商丘及其周边地区人口聚集度高，拥有巨大的食品消费市场，为商丘市食品产业发展提供了广阔的市场空间。

3. 交通优势

商丘交通发达，是国内重要的交通枢纽城市之一。陇海铁路与京九铁路、105 国道与 310 国道、连霍高速与济广高速均在这里垂直交汇，省道和地方公路四通八达，为商丘市食品产业的发展提供了得天独厚的交通运输条件。

2016 年 9 月 10 日，郑徐高铁正式投入运营。2020 年 7 月 2 日，被誉为"华东第二通道"的商合杭高铁正式全线通车运营。如今，商丘已成集普通铁路、多条客运专线、高速铁路于一体的铁路客运站，也成为全国为数不多的"双十字"铁路枢纽。

为了明确枢纽经济发展路径，商丘市在全国地市级率先编制了《枢纽经济发展规划》，提出要发挥交通枢纽的先导作用和物流枢纽的支撑作用，通过打造支撑枢纽经济的基础设施网络、构建集聚资源的枢纽经济服务平台和枢纽经济创新体系，培育以"物流为核"的枢纽经济产业集群，建设具有规模经济效益的枢纽经济区。

物流优势集中表现于集区位、港口、外贸枢纽基地辐射等多重优势于一身的商丘保税物流中心。河南省内外数十家企业依托该中心，把进出口业务放在商丘，让"不出商丘，买卖全球"由梦想变为现实。2020年，民权保税物流中心顺利通过验收，中欧班列"商丘号"成功开行，商丘市全面开启了对外开放新征程。

为依托大物流，形成开放型经济业态，商丘市依托阿里巴巴（商丘）产业带这一电子商务平台，抢抓机遇、因势利导、多措并举，培育新业态，抢占电子商务发展制高点。2020年，阿里巴巴（商丘）产业带累计入驻企业超过3 400家，上线产品共9大类1.9万款，在全国200多个产业带中排名第10位，河南省内排名第1位。①

三、商丘市食品产业集聚与辐射效应

（一）商丘市食品加工业集群发展

目前，商丘市立足农副产品资源优势，形成了以面及面制品、休闲食品、速冻食品、奶制品等为主导的食品工业体系。现有规模以上企业310家，已初步形成四大集群，以市中心城区休闲食品产业为中心，辐射永城市和夏邑县面粉加工、虞城县速冻食品及奶制品、民权县葡萄酒和宁陵县白酒生产加工，重点龙头食品企业和产业集群快速发展。

1. 商丘市食品加工集聚区现状

商丘市布局建设了11个省级产业集聚区，其中，市中心城区布局4个，县域布局6个，县级市布局1个，总规划面积为229.35平方千米，建

---

① 商丘：产业转型升级步履铿锵［N］.商丘日报，2021 – 09 – 16.

成区面积为 105 平方千米，主导产业涉及纺织服装及制鞋、食品加工、制冷家电、装备制造、生物医药、农资化工、新材料、电子信息、现代物流等多个产业门类。其中涉及食品加工的产业集聚区有商丘梁园产业集聚区、永城市产业集聚区、虞城县产业集聚区、民权县产业集聚区。如表 5-3 所示，商丘梁园产业集聚区食品加工重点涉及农副产品精深加工、高端食品、特色休闲食品、功能食品等领域；永城市产业集聚区食品加工重点涉及冷链及休闲食品、酒水饮料等领域；虞城县产业集聚区食品加工重点涉及乳制品、豆制品、速冻食品、休闲肉食品等领域；民权县产业集聚区食品加工重点涉及葡萄酒及饮品、面制品、花生深加工、肉禽类产品深加工等领域。

表 5-3　　　商丘市涉及食品加工的产业集聚区及其主导产业与食品加工重点领域

产业集聚区名称	主导产业	食品加工重点领域
商丘梁园产业集聚区	健康产业（医药制造及体育用品制造）、食品加工； 新兴产业：人工智能	食品加工涉及农副产品精深加工、高端食品、特色休闲食品、功能食品等领域
永城市产业集聚区	化工、食品加工、装备制造； 新兴产业：新材料	食品加工涉及冷链及休闲食品、酒水饮料等领域
虞城县产业集聚区	装备制造、食品加工； 新兴产业：医药制造	食品加工涉及乳制品、豆制品、速冻食品、休闲肉食品等领域
民权县产业集聚区	装备制造、食品加工； 新兴产业：电子制造	食品加工涉及葡萄酒及饮品、面制品、花生深加工、肉禽类产品深加工等领域

2. 食品企业集聚现状

经过多年的努力，商丘市特色产业集群发展迅速。食品产业依靠地缘和原料基地优势，初步形成了夏邑食用菌加工、虞城科迪食品、柘城辣椒加工等各具特色的产业集群。夏邑县拥有豫东最大的双孢菇生产加工基地，年产双孢菇、草菇 1.56 亿斤，先后培育了金之荣食品、中州食用菌、大鹏食品等 60 多家购销加工和龙头企业，从业人员达 3.5 万人。食用菌产业已成为发展县域经济、增加农民收入的富民产业，夏邑县先后被评为

"全国小蘑菇新农村建设优秀示范县"和"中国食用菌之乡"。虞城科迪食品加工产业集群以科迪集团为龙头，带动40余家企业集聚发展，已发展成为河南省最大的乳品生产加工基地、河南省最大的速冻食品加工基地、河南省最大的奶牛养殖基地及全国最大的荠菜种植加工基地之一，虞城县利民食品产业园成功入选首批"河南省新型工业化产业示范基地"。

商丘生态食品产业园是中国食品工业协会与商丘市政府合作共建的集食品研发、制造、物流、服务于一体的省级食品工业园区。产业园共分两个地块即起步区和发展区，分别位于商丘市中心西南部和商丘市中心东部，总规划面积24.75平方千米，其中起步区位于商丘市中心西南部，北与梁园新区交界，占地面积14.75平方千米。发展区位于商丘市中心东部，规划面积为10平方千米。

3. 食品加工原材料集聚分析

食品产业的快速发展，有力地带动了种植、养殖、包装、运输等相关产业的快速发展。较高的面粉加工产能基本解决了农民卖粮难问题，食用菌、辣椒等特色食品加工项目建成投产促进了农业种植结构调整和优化；科迪、众品、贵友、双连、六和等大型乳制品、畜禽和饲料加工企业生产规模的不断扩大，带动了畜牧业的快速发展，特别是科迪集团通过"龙头＋基地＋农户"的模式，发展订单农业，在为企业提供稳定的原材料的同时，转移农村富余劳动力，实现了农业增效、农民增收、企业快速发展，产生了显著的社会效益和企业效益，走出了一条"种、养、加"结合和工农一体化的道路。

（二）商丘市食品产业辐射效应

1. 食品产业供应链上游发展

2020年，商丘市新建高标准农田77万亩，粮食总产148亿斤。发展优质小麦190万亩、辣椒90万亩、花生160万亩，特别是农业科技进步贡献率超过60%，[①] 这是商丘市持续深入推进农业供给侧结构性改革，全面

---

① 商丘：产业转型升级步履铿锵［N］. 商丘日报，2021－09－16.

推进农业高质量发展的成果。2016～2020 年，商丘市高效种养业和绿色食品业转型升级不断加快，现代农业产业体系、生产体系、经营体系加快构建，重点龙头食品企业快速发展，初步形成以中心城区休闲食品产业为中心，以民权、夏邑、虞城等县为支撑的四大食品产业集群，"群星闪耀"的品牌效应逐步形成。

2. 食品产业供应链下游发展

近年来，商丘市依托丰富的优质小麦资源优势，面粉加工业得到了快速发展。商丘面粉在国内 60 多个大中城市的面粉市场占有重要地位，而且出口俄罗斯、韩国、朝鲜、日本、越南等国，在国外市场也享有盛誉。所辖永城市被国家食品产业协会授予"中国面粉城"称号，并成功举办了 10 届中国面粉食品博览会。

四、促进商丘市食品产业发展的主要措施与建议

目前，虽然商丘市食品产业发展迅速，但是全市食品企业存在多而不强、数量与质量不匹配，产业链条短、精深加工产品较少，企业资金短缺，管理粗放，食品知名品牌较少等问题，亟须加快推动从量的扩张到质的提升转变。

今后一个时期，食品产业发展挑战和机遇并存。从国际上看，世界经济复苏乏力，食品跨国集团加快全球布局，不断提升核心竞争能力，对我国食品产业发展带来一定影响和挑战。另外，随着"一带一路"的深入推进，以及各种国际贸易协定的签订，对外投资环境不断改善，有利于我国食品企业加快实施"走出去"战略。从国内来看，中国经济进入新常态，一方面增长预期放缓，人力、土地、环境资源保护等综合成本不断上升，食品产业保持高速发展难度加大。另一方面，食品消费需求呈刚性增长态势，随着消费结构升级，消费者对食品的营养与健康要求更高，品牌意识不断增强，食品产业发展模式将从量的扩张向质的提升转变。

食品产业将在更加激烈的竞争中继续保持积极增势，食品消费需求由多转优，健康、安全成为新标准，品牌、产地成为关键要素。包装食品中，健康、品质升级的坚果类零食广受欢迎；方便面、糖果、甜饼干、果

冻、口香糖等概念不够健康营养的品类消费下降。乳制品、粮油制品、肉类等日常主副食品行业板块消费增长普遍趋缓，高端/专用面粉市场加大。速冻食品行业发展空间广阔，行业仍在快速成长。通过上述现状分析，基于商丘食品产业发展现状、存在问题与发展优势，深化与龙头企业、品牌企业的合作，加大绿色技术研发投入，做强做优面及面制品加工、冷链食品、乳制品、酒水饮料等优势产业链，培育壮大功能食品、营养食品、果蔬精深加工食品、保健食品等高附加值产品，开发新型浓缩蛋白、分离蛋白、脂肪替代品等现代食品原料，研制新一代新型保健饮料等现代饮品，发展"药食同源"产业，实现绿色、高端和品牌化发展。商丘食品产业未来发展的重点领域和任务可以从以下方面着手。

（一）商丘食品产业未来发展的重点领域

1. 面粉及面制品产业

围绕培育五得利面粉、麦客多食品等"链主"企业，提升精深加工水平，积极拓展优质面粉、高档专用粉、方便主食品、功能性食品等特色面制品空间。

2. 冷链食品产业

围绕培育牧原农牧、福润食品等"链主"企业，提高精细分割肉制品比例，发展速冻肉制品、休闲熟食制品、餐厨肉制品等产品，开展冷链加工、小包装部位加工和半成品加工。

3. 乳制品产业

乳制品产业链围绕培育科迪乳业、金象乳业等"链主"企业，提高冷链运输储备能力，研发高端配方系列乳制品、干酪制品和功能性乳制品等，形成从奶牛养殖繁育到乳品加工、销售较为完整的产业链。

4. 酒水饮料产业

酒水饮料产业链围绕培育皇沟酒业、张弓酒业、天明民权葡萄酒等"链主"企业，研制一批新型果蔬饮料、高端葡萄酒、优质酿造白酒等现代饮品和营养品，寻找发展新空间，提升品牌知名度。

（二）商丘食品产业未来发展的重点任务

1. 培育龙头企业

完善"微成长、小升高、高变强"梯次培育机制，形成更多的专精特新企业、"小巨人"企业、单项冠军企业。深入开展"万人助万企"活动，加强对企业的挂钩服务，切实帮助企业突破发展瓶颈，推动企业做大做优做强；引导企业与合作社、家庭农场、种养大户建立稳定的合作关系，围绕生产经营特点，因地制宜组建农业产业化联合体，建立完善利益联结机制，以产业振兴推动乡村振兴。以市政府与河南工业大学签署战略合作协议为契机，加快构建龙头企业牵头、高校院所支持、各创新主体相互协调的创新联合体，在关键技术攻关、科技成果转化、专业人才培养、质量评价与工业设计等领域开展深度合作，提高科技成果转移转化成效，实现跨越发展。

2. 加强项目建设

加大对食品项目的政策支持，倾斜财政政策、土地政策和电力政策，进一步提高现有企业扩大生产的积极性，重点扶持一批有市场、有基础、有优势的食品企业，再上改扩建项目，尽快成规模、上水平、见效益；着力抓好现有大企业的重大项目投资，加快懂菜融合发展示范园、禾豆坊食品中央厨房、中蚨食品年产 2 万吨休闲食品、饮之健年产 15 万吨乳制品、好趣味食品年产 7 万吨休闲食品等重点项目进度，尽快形成产业能力，为食品产业发展注入新动力；以永城市、虞城县食品工业园为主要载体，把上海光明集团、中粮集团等国际国内的名企、名牌和高端配套项目引到商丘，将先进的技术、管理经验、运作模式带入商丘，力争落户一个企业，带动一个产业，增强发展后劲，提升商丘在全国食品行业中的竞争力。

3. 加快智能化改造

发挥好天明民权葡萄酒有限公司省级智能工厂，五得利集团商丘面粉有限公司、虞城禾豆坊、宁陵福润食品市级智能车间智能工厂的示范带动作用，推动食品企业向数字化、智能化方向发展。加快工业云、大数据、物联网等新一代信息技术在食品工业研发设计、生产制造、流通消费等领域的应用。加快推进个性化定制和柔性化制造，鼓励重点企业建设数字化车间，提高智能化水平。加强对食品企业智能化改造的指导、激励和规范，持续推动食品行业企业上云、两化融合管理体系等建设，打造信息化环境下新型能力。

4. 推动行业整合

充分借鉴永城市在面粉行业进行大整合的经验，研究出台加快企业兼并重组的政策措施，支持食品行业龙头企业、骨干企业实施兼并重组，整合产业链上下游资源；鼓励大型企业通过兼并重组拓展业务领域，实现多元化、集团化发展，带动中小企业向专精特新发展，形成优强企业主导、大中小企业协调发展的产业格局。率先在面制品、肉制品等重点领域，引导上市公司和行业龙头企业整合资源进行并购整合，成立大型企业集团，推动传统优势企业转型升级。

5. 办好商丘食博会

为促进商丘市优势主导产业发展，填补商丘市没有大型行业展会的空白，按照"政府主导、专业运营、市场化发展"的运作模式，自 2014 年起，商丘市连续组织举办了五届商丘食品博览会，为商丘市食品企业搭建了产品展示、品牌推广、贸易洽谈、共赢发展的平台，展会成果丰硕、反响强烈。展会的举办不仅推动了商丘市食品产业发展，对实施乡村振兴战略、促进工业转型升级，提升对外开放水平、打造城市品牌等方面，也发挥了重要作用。未来将适时启动食博会的筹备工作，不断创新办会手段，把商丘食品博览会打造成为全国有代表性、区域特点明显的品牌展会，带动食品产业跨越式发展。

（三）商丘食品产业未来发展的具体措施

1. 加大政策支持力度

商丘市委、市政府把食品产业列入了重点支持、优先发展的主导产业之一，加大了对食品产业发展的支持力度。2022 年，商丘市印发了《商丘市产业高质量发展倍增计划（2022～2025）》，着力延链补链强链，抓牢抓实产业转型升级，按照"五链耦合"要求，充分发挥产业发展中的乘数效应、网络效应、关联效应、集聚效应和创新效应，提升产业发展能级，重塑现代产业体系，实现集群能级更多、产业体系更优、创新能力更强、融合赋能更智、耦合生态更好。其中，在食品工业方面，提升改造传统产业，实现产业链转型升级。围绕做强食品加工，加快"高端化、智能化、绿色化、服务化"转型，依托粮食主产区优势，深化与龙头企业、品牌企业的合作，加大绿色技术研发投入，做强做优面及面制品加工、冷链食品、乳制品、酒水饮料等优势产业链，培育壮大功能食品、营养食品、果蔬精深加工食品、保健食品等高附加值产品，开发新型浓缩蛋白、分离蛋白、脂肪替代品等现代食品原料，研制新一代新型保健饮料等现代饮品，发展"药食同源"产业，实现绿色、高端和品牌化发展。对新建、扩建项目，相关部门要积极帮助项目建设单位做好各方面的协调服务工作，确保建设项目的顺利进行。

2. 加强优质农产品、畜产品基地建设

鼓励、支持食品加工企业以"反租土地"或"公司＋农户"等形式建立专业化、规模化的原料生产基地，与农民建立合理的利益分配机制，实现企业和农民双赢的目标。认真落实国家、省、市对生猪养殖和奶牛饲养的各项补贴扶持政策，促其扩大养殖规模，提高集约化水平。

3. 加大招商引资力度

依托商丘市农产品资源优势、区位优势和交通优势，抓住沿海地区产业转移的良好机遇，认真落实各级政府出台的招商引资优惠政策，以食品加工企业为招商主体，通过多种渠道，进一步加大招商引资力度，力争引进全国500强或世界500强企业通过多种合作方式，在商丘市投资建设一批大型重点项目，借助外力加快商丘市食品产业的发展步伐。

4. 落实食品产业创新体系与安全体系建设

鼓励、支持有条件的规模型食品加工企业建立自己的技术研发中心，或与大专院校、科研单位联合建立技术研发平台；积极引进和培养专家级高科技人才，提高新产品、新技术研发能力；支持企业利用先进的生产技术改进传统的生产工艺，提高资源利用率和农产品综合利用水平。

认真贯彻执行《食品安全法》。食品加工企业要严格按照食品卫生和产品质量标准组织生产经营，建立健全产品质量检验检测体系，严禁使用有害添加剂和超标准使用食品添加剂；质量技术监督、工商等部门要加大对产品质量和食品市场的监管力度，完善监管机制，严厉打击假冒伪劣和掺杂使假行为；商丘市食品产业协会要积极协助政府有关部门进一步搞好食品安全信用体系建设，逐步建立起企业自检、行业自律、政府监管相结合的食品安全管理体系。

5. 强化服务意识，提高服务水平

政府各有关部门要切实转变工作作风，强化服务意识，提高服务水平。规划、土地等部门要积极帮助食品加工企业解决项目建设用地等方面的困难；金融部门要从贷款规模等方面进一步加大对食品加工企业的支持力度，帮助企业解决生产流动资金和项目建设资金不足的问题；纪检、监察部门要加大对行政执法部门和执法人员的监督力度，坚决制止和严肃查处各种乱收费、乱罚款、乱摊派行为，为企业营造一个宽松的生产经营环境，促进商丘市食品产业持续、平稳、健康发展。

第二节　特色产业集群之二：制药

一、引言

医药产业主要由化学药、生物医药、中医药和医疗器械等产业组成。在我国，医药产业作为推动经济增长的强大力量，是国家重点培育发展的战略性新兴产业。医药产业是我国先进制造业的重点领域之一，关系到国计民生和健康中国的实现，具有重要的产业价值和意义（黄晓光、陈家应，2018）。

我国医药产业经过多年的发展，逐步从仿制走向创新，已成为国民经济的重要支撑。特别是近几年，我国医药产业的整体水平得到了突飞猛进式的发展，与之配套的管理体制不断完善。一是大力实施健康中国战略，医药产业增速明显。2019 年，我国规模以上医药企业实现营业收入

26 147.3 亿元，同比增长 7.9%；实现利润总额 3 457 亿元，同比增长 7.0%。二是产业规模不断扩大，与国际顶尖水平差距逐渐缩小。三是不断推进体制机制改革，经营环境持续改善。近些年，国家加速推进药品审评审批改革、药品上市许可制度改革、仿制药一致性评价机制改革、创新医疗器械等一系列政策，为医药产业发展营造良好的经营环境（张睿，2021）。

二、医药产业集群的概念和特点

迈克尔·波特（1998）认为，产业集群（industrial clusters）是指在一定区域范围内，由众多以某一特定产业为核心，彼此之间既相互合作又相互竞争，具有密切关联的企业和机构组成的群体。参照迈克尔·波特对产业集群的定义，医药产业集群是指以医药企业为核心，相关辅助性组织为支撑，在同一地域范围内高度集聚，相互之间形成密切的水平或垂直联系的医药企业地域综合体（玛利亚、樊鸿伟，2008）。医药产业集群是以医药产业链为基础，由基础性研究机构、临床试验机构、药物发现企业、药物制造企业、医药营销企业及金融机构等相关组织在某一地区高度集中的跨企业生产系统。其中，大学和科研机构提供技术，医药企业负责生产、经营和销售，相关辅助机构提供金融、运输等服务。医药产业集群拥有一般产业集群的共性同时还有自身的特性，主要体现以下几个方面（申菲菲、申俊龙，2013）。

（一）医药产业专业性强、技术要求高

在医药产业集群中，医药企业作为区域中的核心，属于典型的知识与技术密集型产业，能够引发一系列存在紧密联系的相关企业在空间上进行集聚。由于企业间的分工与合作，每个企业都专注于价值链上的某一个环节，医药产业集群呈现出专业化强的特点，对医药从业者的技术要求高。

（二）产业集群网络企业间高度互动

医药产业集群网络中企业间存在着高度互动。首先，从技术研发的角度来看，医药产业集群对基础性医学研究具有高度的依赖性，集群内企业

在垂直维度上与高等学校、科研院所之间的合作十分紧密，技术、人才、信息等的交流频繁。其次，从生产运营的角度来看，医药产业集群高度依赖产业链上下游企业之间的衔接和配合，高度互动性成为医药产业集群竞争力不断提升的基础和前提。

（三）集群企业间的信息需求量大

医药产业集群集聚效应的发挥离不开信息和知识的共享。集群企业在医药研发、创新、生产与销售等方面的信息不仅集中而且丰富。集聚效应使得信息传播的速度更快，知识外溢效应更加明显，集群企业间的信息需求量大。

（四）技术创新是医药产业集群的核心竞争力

医药产业作为典型的知识与技术密集型产业，集群内企业间频繁的技术交流促进了创新行为的频繁发生。技术创新有力推动了医药产业的结构升级，为提高经济增长效率提供了支持和保障。

三、商丘市医药产业集群的发展现状

（一）商丘市医药产业集群的数据分析

笔者通过天眼查网站，以医药为关键词，以医药制造业为产业选项，以商丘市为地区选项进行高级搜索，剔除掉已经吊销或撤销的企业，共收集到商丘市医药产业 147 家企业的相关数据，具体见附录。

1. 商丘市医药产业集群的基本状况

从表 5-4 中可以看出，商丘市医药产业体现出大量产业资本要素在一定时空范围内集聚的体征，这成为产生规模经济效益和范围经济效益的根源。医药企业地理空间上的接近有利于企业间正式和非正式交流的发生，促进了知识的外溢和扩散，促进了创新（邹樵等，2011）。通过医药产业集群，众多医药企业在功能上实现专业化分工，在空间上进行柔性集聚，组合成完整的价值链，这有利于提升医药产业的整体竞争力，推动商丘市经济繁荣和社会持续发展。

表 5 – 4　　　　商丘市医药企业成立时间和数量分布（1999～2020 年）

项目	1999年	2000年	2001年	2002年	2003年	2004年	2005年	2006年	2007年	2008年	2009年
企业数量（家）	1	1	4	3	2	4	2	3	5	4	5
百分比（%）	0.7	0.7	2.7	2.0	1.4	2.7	1.4	2.0	3.4	2.7	3.4
累计百分比（%）	0.7	1.4	4.1	6.1	7.5	10.2	11.6	13.6	17.0	19.7	23.1
成立时间	2010年	2011年	2012年	2013年	2014年	2015年	2016年	2017年	2018年	2019年	2020年
企业数量（家）	2	2	2	2	1	9	23	16	23	11	22
百分比（%）	1.4	1.4	1.4	1.4	0.7	6.1	15.6	10.9	15.6	7.5	14.9
累计百分比（%）	24.5	25.9	27.3	28.7	29.4	35.5	51.1	62.0	77.6	85.1	100.0

资料来源：根据天眼查官网（https：//www.tianyancha.com）查询，查询日期：2021 年 8 月 3 日。

从图 5 – 4 中可以看出，自 1999 年上海现代哈森（商丘）药业有限公司成立以来，商丘市医药产业获得飞速发展，产业基础不断壮大。特别是从 2015 年以来，医药企业数量每年都以两位数的数量增加，体现出一定程度的集聚效应，尤其在梁园区产业集聚区和柘城县产业集聚区，医药企业呈现出明显的集聚效应，吸引了越来越多的医药企业就地建厂，充分利用产业集聚带来的各种利好关系，实现企业跨越式发展。

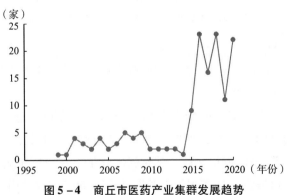

图 5 – 4　商丘市医药产业集群发展趋势

资料来源：根据天眼查官网（https：//www.tianyancha.com）查询，查询日期：2021 年 8 月 3 日。

2. 商丘市医药产业集群的地区分布

商丘市医药产业集群的地区分布如表5－5所示。

表5－5　　　　　　　　商丘市医药产业集群地区分布

项目	梁园区	永城市	睢阳区	柘城县	虞城县	夏邑县	睢县	示范区	民权县	宁陵县	总计
企业数量（家）	24	24	19	19	18	16	9	9	7	2	147
百分比（%）	16.3	16.3	12.9	12.9	12.2	10.9	6.1	6.1	4.8	1.5	100.0

资料来源：根据天眼查官网（https：//www.tianyancha.com）查询，查询日期：2021年8月3日。

从表5－5中可以看出，商丘市医药企业的地区分布呈现出一定的产业集群特点。其中，梁园区和永城市入驻医药企业各24家，分别占比为16.3%。睢阳区和柘城县入驻医药企业各19家，占比12.9%。虞城县入驻医药企业18家，占比10.9%。睢县和示范区入驻医药企业各9家，占比6.1%。民权县入驻医药企业7家，占比4.8%。宁陵县产业集聚区入驻医药企业2家，占比1.5%。

3. 商丘市医药产业集群的组织结构

商丘市医药产业涉及部门较多，具有较高的专业化水平，不仅包括制剂制造、饮片加工和中成药制造，还扩展到生物、生化制品的制造和卫生材料及医药用品制造，并与医药检测、物流、研发等相关支撑机构，形成了一个相对完整的集群。商丘市医药产业集群组织结构较为完善，围绕医药企业，初步形成了由支持机构、辅助性企业和相关行业、配套企业组成的医药产业体系，如图5－5所示。

（二）商丘市医药产业集群的产业链情况

商丘市医药产业具有较好基础，在医药制造等领域具有较强竞争力，初步形成了以化学原料药、生物技术药物、现代中药、医疗器械、健康服务、动物药业等为主体的多领域共同发展、较为完整的产业链，如图5－5所示。主导产品为医药中间体、兽用疫苗、原料药、医药器械、医药物流及精准医疗服务，现有美兰生物、洋森药业、哈森制药、国药物流、华润医药、华原干细胞等重点企业，初步形成了集医药研发、生产、包装、仓

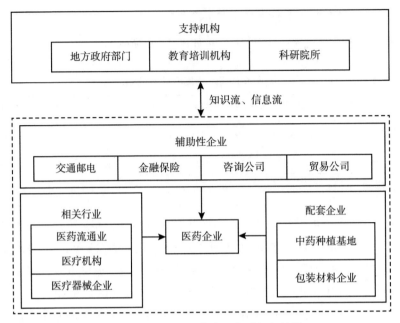

图 5-5　商丘市医药产业集群组织结构

储、物流为一体的完整医药产业链条，建有中国医药工业研究总院河南分院、河南省抗真菌药物工程技术研究中心等一批研发机构。商丘市拥有哈森药业、华商药业、洋森药业、美兰生物、华原干细胞、兴恒医疗、华美医疗等企业。

经过多年的积累，商丘市医药产业已经形成一定的产业规模，现已形成了从医药生产到医药流通的完整产业链。近年来，商丘市进一步延伸医药产业链，依托梁园区和柘城县医药产业基础，加大对不同类型医药生产企业的招商引资力度，扩大医药产业规模，着力打造医药产业集群。其中，梁园产业集聚区正积极打造以生物医药为主，体育健康为辅的省内重要的生物医药及健康产业基地，推动生物医药重点向高性能医疗械、医药物流、生命健康服务等领域延伸。洋森制药整合白云山医药物流项目，国健、雅康等医疗耗材及康复器械制造，以华原干细胞为龙头的研发、服务检测等医疗服务项目，莱茵生物、安踏、舒华扩产能等一批重大项目正在有序推进。柘城县产业集聚区立足兽用疫苗，进一步扩大原料药、医药中间体、中西药的产业，实时拓展兽药，实现短期内提升商丘医药产业知名度和影响力，提高医药产业附加值，打造具有区域影响力的医药产业集群。

与此同时，永城市产业集聚区和虞城县产业集聚区也正积极拓展生物医药产业。永城市产业集聚区立足自身化工发展优势，积极发展医药化工产业，并向医药中间体、原料药、医药制剂等领域拓展。虞城县产业集聚区以华美医疗科技（河南）有限公司、商丘爱己爱牧动物药业有限公司、中药材种植基地等为依托，规划建设华美医疗健康产业园。

（三）商丘市医药产业服务体系建设情况

商丘市正在积极构建资源集聚的枢纽经济服务体系，为商丘市枢纽经济发展提供产业支撑。在医药产业服务体系建设方面，积极打造医药产业集群项目、医药生产企业引进项目、医药物流中心、医药物流企业引进和培育项目。例如，在构建专业医药物流服务体系方面，依托梁园区和柘城县医药产业基础，引进和培育专业医药物流企业，鼓励其在梁园区和柘城县打造公共服务型医药物流中心，扩大现有医药物流中心规模，近期开展面向商丘市及周边地区的医药配送业务，远期开展面向全国的医药配送业务。

以梁园区医药物流为例，梁园区位于商丘主城区西部，是商丘主城区下辖三大区之一。梁园区经过多年的发展，初步形成了以医药为主的健康产业、以高端食品为主的农副产品加工业和以商贸物流为主的现代服务业。其中，医药产业独具特色，配套形成了一批龙头医药物流企业，打造了一批医药配送中心。其中比较有代表性的包括新先锋医药公司医药配送中心、华杰医药物流公司医药配送中心、国药控股商丘物流公司医药配送中心和商丘一顺医药物流公司医药配送中心。越来越多的医药物流配送中心的建立为商丘市医药产业的集聚和扩散效应的发挥、提升商丘市医药企业的核心能力提供了有力的物流支撑。

（四）商丘市医药产业集群的提升路径

"十四五"期间，商丘市将立足现有产业发展基础，把握生物技术、生命科学和信息技术融合发展新趋势，聚焦细胞医学、医药制造、医疗器械、体育健康四大领域，以企业培育、机构引进、平台建设、产业集聚、政策集成为着力点，集聚资源、突出重点、发挥优势、补齐短板，引导产业链、价值链向中高端延伸，推动生命健康产业高质量发展。加快建设"梁园区医药制造产业园、虞城县医疗器械产业园、夏邑现代中药产业园、柘城动物药业产业园"等一批特色鲜明、配套完备、绿色生态的生命健康产业园，打造全省重要的生物医药中高端研发生产基地、生命健康服务新业态发展集聚地、体育健康产业发展新高地。

商丘市在医药产业集群发展的过程中，坚持技术创新、协作配套、基地发展，全面提升国药集团、上海哈森医药、华润医药等骨干企业的创新能力和产品质量管理能力，突出发展医疗保健器械、疫苗及诊断试剂、化学药、医疗保健品等，配套发展动物疫苗、饲料添加剂等生物农业产品，完善医药生产、医药装备、医药物流、健康服务产业链条，打造河南省重要的医药产业基地。下一步，商丘市医药产业集群将重点围绕以下几个方面进行提升。

1. 化学药

鼓励创新药物研发，抢占高端市场。依托中国医药工业研究总院河南分院在化学制药领域的产业基础，联合高等院校、科研院所和哈森药业等龙头企业研发能力，坚持"高效、低耗、清洁、环保"的原则，有选择、分层次地发展化学创新药、原料药和制剂产品。通过自主研制、国际合作、合资等多种途径，寻求产品创新，开发新的制剂品种和释药系统，对具有完全自主知识产权的创新药物研发给予引导和重点支持。

2. 中药

建立中药研发创新体系。依托周边中药材资源，以现有科研人才、科技实力为基础，联合全省高校、科研院所、医院和企业等多方面研究力量，建立支撑我市中药产业发展的研发创新体系。在综合考评的基础上，建立中药活性筛选和药理学研究中心、中药制剂工程研究中心，加强中药提取、分离、纯化等产业化关键技术研究，发展疗效确切、质量可控、使用安全的中药新产品。

3. 生物制药

大力发展生物技术药物，鼓励哈森、雅康等企业积极跟踪国际生物技术发展趋势，优先发展治疗性基因工程药品和用于疾病预防的基因工程疫苗，完成重组人肿瘤坏死因子三期临床并投入生产。培育新一代基因工程产品，加快发展以酶工程和发酵工程为主体的生化医药中间体，利用现代生物技术提高生化药物的分离、纯化工艺水平，提高产品档次，扩大生产规模。

4. 医疗器械

依托柏斯科技、善时生物药械公司等，发展优势品种与特色门类，集中打造国际国内著名品牌。积极引导和支持企业之间开展联合重组，实现优势互补，不断壮大企业规模和经济实力。不断鼓励企业参与对外经济技术合作，加强引进消化吸收再创新的能力，从产品质量、性能、售后服务等多方面满足国内外用户的需求。增强外向型产品比重，在推进品牌战略的同时，把新型、优质的医疗器械产品整机、部件和医用电子模块推向国际市场。

5. 医药流通

建立健全促进医药产业发展的市场网络体系。大力发展医药商业龙头企业，鼓励建设全国性、区域性和专业性的医药物流园区和配送中心。大力发展电子商务、连锁经营、物流配送等现代流通业态，构建跨地区信息资源网络体系、零售连锁网以及与现代物流配送要求相适应的信息化系统，打造区域医药流通中心。

四、商丘市医药产业集群发展中存在的问题

（一）政府主导性导致集群发展动力不足，医药产业链条尚不完善

商丘市医药产业集群具有明显的政府主导性特征。医药企业进入政府建设的产业集聚区不仅可以获取成本优势和外在经济性，更可以获取政策方面的租金收益，如企业能获取减税、低息贷款等优惠政策。一方面，通过医药产业集群，政府能通过产业集群创建产业集聚区，提升地方经济的发展。另一方面，企业进驻产业集聚区，可以获得政策优惠与政府相关部门的扶持，这为企业的发展创造更有利的位势。然而，政府主导性产业集群也有其不利的方面，它将导致产业集群仅停滞在公司的集中方面，产业链上分工与协作的宽度和深度上明显不足。由于企业的各自为政，知识的加工与创造会由于集中于企业层面而无法有效转移和共享，知识的外溢效

应得不到充分实现。

笔者通过对商丘市部分医药企业的现场调查发现，商丘市医药产业链条尚不完善，还需要在弱项环节开展强链补链延链工作。尤其是补足生物药、化学药、医疗器械产业链环节的缺陷，包括引进培育生物药领域靶点发现环节的研发机构，抗体制备及优化环节的抗体检测平台，临床前试验环节的动物模型平台，化学药领域的食管癌、胰腺癌抗肿瘤药物企业，医疗器械领域的工业设计、软件、机械制造企业。同时，强化医疗配套服务能力，增加具备医药行业危废处理资质的企业数量，服务好全市面广量大的医药企业。

产业集聚区的建设是在政府引导下的企业聚集行为，政府引导对于推动医药公司的集中发挥着实效功能，起到了很好的促进作用。医药企业的初始分散性和医药产业发展的路径依赖又决定了要实现医药产业集群离不开政府的引导和推动。但是，如果不能从市场出发，从医药公司内部提升集群协作的积极性，只是单方面依靠政府的努力推进，医药产业集群将难以由产业集聚向品牌集群转变，难以产生显著的溢出效应。品牌集群是产业集群中的高级形态，依托众多具有知名度和竞争力的品牌企业在区域空间内聚集，发挥规模经济和外溢效应，在带动区域经济及相关产业发展中发挥积极作用。

（二）企业关联度不高，集群溢出效应发挥不充分

尽管商丘市医药产业集群集中了国药、哈森、洋森等国内知名医药公司，然而所有公司间几乎处于相同产业带上，公司在产业集聚区进行集中只是为了通过共享资源进而缩减经营成本。产业集群中医药企业之间很少存在垂直层面的产权关系以及水平层面的供销体系。医药产业集群内所有公司各自独立发展，专业化分工与协作不明显，主导企业或者大规模骨干公司对部分公司与部分产业的联系度、推动性较弱。笔者通过对梁园区产业集聚区部分医药企业的实地调研发现，商丘医药产业集群中的合作配套不健全，不管是中小企业与中小企业之间，还是中小企业以及大企业之间都未能实现高度灵活的、基于信任的合作机制，这势必会影响产业集群中企业间的沟通和协调，影响到集群中隐性知识的识别及其溢出效应的发挥。

（三）医药企业自身规模小，创新力不足

通过产业集群增加地区竞争优势方面，我们可以将医药产业集群分成小成本医药产业集群和创新型医药产业集群两种（王丽君，2018）。在小成本医药产业集群中，企业与企业之间、企业和相关机构之间很少共享知识和信息，只进行简单的沟通和交流，主要依靠降低运营成本来应对激烈的市场竞争。而在创新型医药企业集群中，企业采取通过自主创新的方式向顾客提供高质量的产品和服务来取得竞争优势。小成本医药产业集群属于产业集群的初期阶段。当医药产业集群发展到一定阶段以后，必将由小成本医药产业集群向创新型医药产业集群转变和升级。而商丘医药企业因为缺乏专项技术骨干与科技研发优势，多数企业不是医药研发设计的主体，导致在部分关键性技术上不能实现有效突破，创新力不足。这直接影响到商丘医药企业难以向高附加值、高技术、深加工医药产品领域延伸，造成医药产品更新换代速度缓慢，跟不上市场要求的发展步伐。

五、商丘市医药产业集群发展的对策措施

（一）政府层面

商丘医药产业集群的成长离不开政府在产业政策方面的倾斜和优惠。首先，商丘市政府应加大对医药产业基础设施的投资力度，满足医药产业集群成长的硬件需求。其次，政府应制定政策吸引更多的医药人才和资金，促进医药企业集群内外部的物流和信息流。再次，政府应加大对医药方面的教育资金投入，提高教育质量，培养大批医药产品开发方面的各层次人才。同时，政府应积极与国际接轨，制定符合国际市场要求的产品质量和技术标准体系。最后，政府应积极组织和筹备相关活动扩大对商丘市医药产业的特色产品的宣传，提高商丘市医药产品的知名度（张恩文，2019）。具体措施如下：

1. 设立统一的专门管理机构

商丘医药产业发展已经形成完整的产业化链条，涉及从药材种植到医药产品的生产，再到医药产品的销售。但从管理体制上看，目前医药产业

还存在条块分割的现象，药材种植和医药工业分属于两个不同的专业管理机构。这不利于医药产业化链条的统一规划、管理和协调。因此，商丘医药产业集群应设立统一的管理专门机构实行归口管理，把药材种植和药品生产集中到一个机构部门下面，以便在规划、管理、协调、资金和政策支持等方面进行统筹协调，重点发展。

2. 建立规范化的医药监管体系

要推动商丘医药产业的快速发展，建立和完善规范化的医药监管体系是重要的保障。医药监管体系包括医药行业的技术标准体系、质量监测体系、质量认证体系和市场服务体系等共同组成。商丘医药产业集群要根据国家对医药质量标准建设的总体要求，在通用性质量标准的基础上制定符合商丘医药产业集群特点的生产操作规程，建立具有国际水准的医药质量标准体系。

3. 构筑多渠道的资金保障机制

医药产业作为我国的战略性新兴产业，具有高技术、高投入、高风险、高产出等特征特点。要突出和发挥医药产业的核心作用，政府应该加大对医药产业的资金支持力度，建立多渠道的资金保障机制，加速医药现代化进程。第一，政府应以科研项目的形式支持科研机构开展医药方面的科学研究，并给予经费支持；第二，政府应鼓励企业和科研机构、高等院校共建研发中心，围绕医药方面的科研难题开展产学研合作，攻坚克难；第三，政府应设立医药发展专项资金，建立多元化、社会化的融资保障机制，为民营企业、药材种植户开辟多种融资渠道，包括政府资助、银行贷款、融资、上市等，保障医药企业的顺利经营。

(二) 企业层面

1. 以市场为导向、积极创建具有地方特色的医药品牌

商丘市医药产业要主动对接市场，强化品牌经营，积极创建具有地方特色的医药品牌。药材种植和生产企业应针对现有市场需求，在保证药材资源可持续利用的基础上，进行药材的深加工和精细加工，增加药材附加值，提高药材产值和收入（魏利斌，2019）。药品生产和加工企业应改进医

药传统剂型，构建医药监管体系，提高医药产品质量水平，创立一批具有一定品牌知名度的名牌企业和产品，创建一批具有地方特色的医药品牌。

2. 积极开展产学研合作，加大科研投入，提升创新能力

开发医药新产品必须依靠科技进步（李晓民，2015）。商丘市医药企业应积极进行科技创新，加强与高等院校和科研机构的产学研合作，加大对医药产品研发的科研投入力度，努力提高医药产品的档次和科技含量。医药企业要积极吸引国内外的医药科技力量参与商丘医药产业的集群化建设，加大对医药产业高新技术的研发、引进和产业化的支持力度，努力建设立足商丘、面向全国的开放式科研一体化平台，大幅度提高商丘市医药产业的科技创新水平。

3. 搭建多方位人才支撑体系，提供智力支持和人才保障

人才是医药产业发展的关键和支撑。商丘市医药产业的发展急需具备现代化医药理念的专业技术人才和具备标准化生产操作模式的医药管理人才。要建立健全人才培养、人才选聘和人才引进机制，采取"送出去，请进来"的人才管理模式（雷震，2011）。第一，医药企业要选拔优秀的技术和管理人员，送到国内外的知名医学高等院校继续深造，不断更新知识。第二，医药企业要积极选派人员到已经实施标准化生产运作的医药生产基地和医药企业进行脱岗锻炼和学习，培养一批高素质的本地人才。第三，医药企业要多方位地引进国内外的优秀医药专业人才，不断为商丘市医药产业的发展输送新的知识技能和人才储备，不断更新商丘市医药领域的知识库和人才库。

4. 依托网络技术开展网络营销，探索商务应用新模式

目前国内已经有不少医药类行业网站，如医药信息网、医药招商网、药品网、医药企业网等。商丘医药企业应积极和这些网站开展合作，通过电子商务探索网络营销新手段。为此，要做好以下工作：第一，进行商丘医药企业的形象宣传。利用影响力强、信息量丰富的行业网站，把商丘医药企业的优势和特色向国内外进行宣传，扩大商丘医药企业的品牌知名度。第二，开展医药产品的推广和销售。利用网站提供的产品价格、性能等信息，使客户能方便、快捷地进行网上采购，节省双方的交易成本和时

间，加快产品销售量。第三，针对客户需求进行网上订单分类，以满足不同客户的差异化需求，使产品开发更接近市场，提高产品销售量。第四，开拓国际市场，使商丘市医药企业通过网络与国外客户进行直接沟通，进一步开拓国际市场。

第三节　特色产业集群之三：五金工量具

河南商丘坐拥4个国家级"金字"招牌——"中国钢卷尺城""国家五金工量具质量检测中心""国家工量具高新技术产业化基地""国家级科技企业孵化器"，同时又拥有"河南省五金工量具出口基地""河南省十快产业集聚区""河南省二星级产业集聚区""河南省知名品牌创建示范产业集聚区"等诸多省级荣誉，这一切皆起因于"钢卷尺"这一五金工量具特色产业的发展。

一、商丘五金工量具产业发展历程

商丘五金工量具产业发展大致经历起步发展阶段、规模发展阶段、转型发展阶段和创新发展阶段，详细情况见表5-6所示。

表5-6　　　　　　　　　商丘五金工量具产业发展演进历程

发展阶段	年份	发展历程
起步发展	1978	发现商机，钢卷尺产业萌芽
	1992	中州卷尺厂诞生
规模发展	1996	进军义乌国际商贸城
	1998	商丘钢卷尺首次走出国门
	1999	初步形成五金工量具产业群
转型发展	2006	中国计量协会授予"中国钢卷尺城"
	2013	河南省政府授予"河南省五金工量具出口基地"
	2014	科技部授予"商丘国家精密工量具产业化基地"
	2015	建立"国家五金工量具质量检测中心"

续表

发展阶段	年份	发展历程
创新发展	2017	建立"中国五金工量具产业生态城"
		科技部授予"国家工量具高新技术产业化基地"
		河南省工信厅授予"河南省特色装备制造产业园区"
		河南省科技厅授予"河南省高新技术特色产业基地"
		河南省政府授予"河南省十快产业集聚区"
		河南省政府授予"河南省二星级产业集聚区"
		河南省政府授予"河南省知名品牌创建示范产业集聚区"

（一）起步发展阶段（1978～1992年）

古城商丘，历史悠久，但改革开放之前的商丘仍然贫穷落后。1978年，党的十一届三中全会胜利召开，制定改革开放的发展之路，为中国的发展指明了方向。在商丘当地，一些国营卷尺厂把边角下料和残次品丢入垃圾堆里，以捡拾这些废弃品为生的6位农民，他们发现从废品中捡拾回来的残次尺条，解开后测量功能仍在，仍然可以再次变卖，这6位农民也因此很快脱贫致富。残次尺条的商机事件迅速传开，引发了商丘人思想理念的快速转变，也由此催生出商丘钢卷尺生产作坊的萌芽和迅速成长。于是，虞城县稍岗村部分家庭自发形成了以家庭为单位生产、制作和加工钢卷尺的庭院式作坊。

随着钢卷尺生产制作的逐渐扩大，庭院式作坊越来越多，生产制作技术也越来越成熟。1992年，商丘第一家钢卷尺厂——中州卷尺厂在虞城诞生，一批乡里"能人"也办起了钢卷尺工厂。中州卷尺厂的诞生拉开了钢卷尺的生产制作从庭院式作坊到机械化制造的转型，商丘的钢卷尺产业正式起步。

（二）规模发展阶段（1993～2000年）

1993年，部分工厂开始引入生产设备进行半机械化生产。1995年，通过自行研制和引入整套生产设备，部分工厂实现了自动化生产，技术设施达到当时同行业国际先进水平。为了进一步扩大钢卷尺产业规模，他们创新多种销售模式。第一代闯市场的商丘虞城工量具人，坚持"做市场从做人开始，做商品从做人品开始"的理念，以"量天下的钢卷尺，闯天下的虞城人"为口号，靠着勤劳和家乡的优质产品，靠着敢想敢干、不怕吃苦的精神背着尺条闯市场。1996 年，商丘虞城工量具人以"手提肩扛"的方式把家乡生产的钢卷尺带进了义乌国际商贸城，迅速占领了义乌五金工量具市场主阵地。1997 年，虞城钢卷尺生产已初具规模。

1998 年 3 月 23 日，中州卷尺厂正式在商丘注册成立，同年成立虞城县钢卷尺协会，办理钢卷尺注册商标 29 个①，推出"江华""红叶""万山红"等一批知名品牌。同年，虞城钢卷尺第一次走出国门。

1999 ~ 2000 年，钢卷尺企业开始走多元化和规模化经营之路，产品从单一钢卷尺拓展到集油漆、塑料、模具、小五金等以钢卷尺业态为核心的综合五金工量具产业群。

（三）转型发展阶段（2001 ~ 2015 年）

21 世纪的前 15 年，商丘五金工量具产业开始步入从粗放型向精细型转变的转型发展阶段。2006 年 7 月 11 日，中国计量协会正式把"中国钢卷尺城"的称号授予河南省商丘市虞城。

2007 年，钢卷尺企业借着优惠政策，凭着对市场的把握和个人胆识，抓住先机，迅速抢占国内和国际两个市场，各占领了义乌和国际五金工量具市场50%以上份额②。钢卷尺的出口国家数量、出口总量和创汇能力逐年提升，在全国同行业中具有举足轻重的地位，产品远销俄罗斯、法国、德国、意大利、中东等 60 多个国家和地区。2013 年，商丘五金工量具占据国际市场80%以上份额③，被河南省政府确定为"河南省五金工量具出口基地"。2014 年，商丘虞城被科技部批准为"商丘国家精密工量具产业

---

① 张毅力，慎志远 . 河南虞城：小小钢卷尺为何能丈量全世界？［EB/OL］. 人民网，https：//news. dahe. cn/2019/11 – 30/563217. html，2019 – 11 – 30.

②③ 刘建谠 . 虞城"闯客"变"创客"，多渠道拓展五金工量具市场——从截卖尺条到丈量天下［N］. 商丘日报，2015 – 11 – 11（B01）.

化基地"，是继"中国钢卷尺城"称号之后的又一块金字招牌。国家级钢卷尺及五金工量具检测检验中心又被选定在商丘这块土地上，2015 年检测检验中心在商丘市虞城建立。

（四）创新发展阶段（2016 年至今）

2016 年，郑徐高铁通车运营，商丘进入高铁时代。为提升产业集聚效应，2016 年 6 月河南省政府批准商丘虞城设立省级高新技术产业开发区。截至 2016 年底，以五金工量具为主的商丘装备制造业已经形成了较为完善的产业链条，从钢带加工，到尺条、尺带、尺盒、小五金、电镀、包装，再到模具设计加工、机械装备制造等，都有专门的生产厂家。

商丘五金工量具产业规模很大，但随着市场需求的变化和市场竞争的日益加剧，五金工量具产业发展遇到了发展瓶颈，科技含量、产品档次、品牌效应等都在制约着进一步做大做强，产品更新换代和产业转型升级迫在眉睫。因此，商丘市开始筹建中国五金工量具产业生态城，计划由中国科学院按照国际第五代工业园标准进行规划设计。中国五金工量具产业生态城于 2017 年初全面开工建设，规划占地 2.7 平方千米，分为工作科研区、生活休闲区、商贸物流区、生产区、科技孵化区 5 个功能区，成为承载中国五金工量具的研发、检测、生产和销售的主要基地。

2017 年，商丘五金工量具产业已形成完整的产业链条。相继被科技部认定为"国家工量具高新技术产业化基地"，被河南省工信厅认定为"河南省特色装备制造产业园区（工量具）"，被河南省科技厅认定为"河南省高新技术特色产业基地（精密工量具）"，同时也成为"河南省十快产业集聚区""河南省二星级产业集聚区""河南省知名品牌创建示范产业集聚区"等。

2018 年，商丘以综合交通枢纽之优势入选全国 100 个大型高铁枢纽站，2019 年商丘东站启动运营，商丘"米字型"铁路枢纽形成。商丘全域、县、乡、村四级公路总里程达 2 万多千米，"四纵四横"高速公路格局渐次形成，公路密度位居河南全省第一位。特别是快速推进的"三环九放射"完成后，将构建 40～60 分钟无收费交通经济圈。"引江济淮"工程进展顺利，豫东地区通往华东及长三角地区的内河航运水上运输通道正在打通。河南第四大民用机市场——商丘观堂机市场已经开始施工建设。至此，以高铁、普铁、高速公路、商丘机场、内河航运等为标志的综合交通大枢纽格局渐次形成，商丘的交通枢纽地位日渐凸显，是仅次于郑州的河南省第二个综合交通枢纽，商丘枢纽经济发展渐成大势。

经过 40 多年的发展，依托优越的交通枢纽地理优势，商丘虞城已形成了五金钢卷尺生产、加工、研发、销售、物流等完善的产业链条，"中国钢卷尺城"名副其实。

二、商丘五金工量具产业发展现状

（一）产业主体数量增加

自 2016 年商丘五金工量具产业进行创新发展阶段以来，产业集聚效应明显提升。特别是河南省政府批准设立商丘虞城高新技术产业开发区以后，新增企业和存续企业数量增加明显，2016 年就有 40 多家规模以上五金工量具企业入驻高新区。[①] 2017 年，商丘虞城五金工量具产业已形成完整的产业链，规模以上企业 356 家，个体工商户企业近 3 000 家。[②] 到 2019 年，五金工量具制造业及配套企业已经发展到 600 多家。[③]

根据天眼查统计数据，截至 2021 年底，商丘钢卷尺企业近 2 000 家，规模以上企业 583 家，个体工商户 4 800 多家。[④] 而在 2012 年时，在商丘虞城产业集聚区内，拥有各类钢卷尺加工及配套类企业 600 多家，相当于 2021 年的 30%。600 多家企业中仅有 391 家五金工量具企业，其中钢卷尺企业 316 家，占比高达 80.82%；有进出口经营权的企业 124 家，占比为 31.71%；相关配套企业仅有 75 家，占比为 19.18%。2016～2021 年，商丘每年平均新增 66 家五金工量具企业。截至 2021 年 12 月 31 日，商丘五金工量具企业存续时间 5～10 年的有 162 家，占比 65%；存续时间 10～15 年的有 65 家，占比 26%；存续时间 15～20 年的有 17 家，占比 7%；存续

---

①② 张永恒. 虞城高新区：建设中国五金工量具产业生态城［N］. 河南日报，2017-08-04（16）.

③ 刘建谠. 虞城县打造工量具制造产业链供应链［EB/OL］. 商丘网，http：//www.sqrb.com.cn/sqnews/2020-07/08/content_2696883.htm#pl，2020-07-08.

④ 根据天眼查官网（http：//www.tianyancha.com），截止日期：2021 年 12 月 31 日。

时间超过 20 年的仅有 5 家，占比 2%。①

（二）产业链条较为完整

以五金工量具为主的商丘装备制造业，无论从纵向的产业价值链还是从纵向的配套服务链来看，均已经形成了较为完整的产业链条体系。

从纵向的产业价值链来看，商丘五金工量具产业从前端的物料来源和钢带的粗加工，到中间环节的尺条、尺带、尺盒、小五金和电镀等流程以及后端的包装、模具的设计加工和机械装备制造等，几乎都有专门的生产厂家，五金工量具的产品链条和价值链条均较为完备。

从横向的配套服务链来看，五金工量具产业前期的研发设计、产品包装、物流运输、金融服务、保险服务以及商检通关等配套服务，均可在商丘保税物流中心完成。商丘保税物流中心是河南省第三家保税物流中心，也是豫鲁苏皖四省接合部唯一一家保税物流中心，对扩大对外开放、承接国内外产业转移、培育特色优势产业和战略性新兴产业、发展国际物流和加工贸易转型升级等起到强力的推动作用。

（三）产业规模效益明显

自转型发展以来至今，商丘五金工量具产业已经形成了百亿级产业集群，产业规模和竞争力在国内首屈一指。

从产能和市场份额方面来看（见图 5-6）：商丘五金工量具企业在成功抢占义乌市场后，2006 年五金工量具在义乌市场上的份额就达到了50%，2012 年市场份额占比已高达 80% 以上。商丘 316 家钢卷尺企业年产钢卷尺 10 亿只、五金工具 8 000 万套。② 2015 年，商丘五金工量具企业年产钢带 10 万吨、钢卷尺 12 亿只、五金工具 1.5 亿只，其中，钢卷尺产量在国内占据 85% 的市场份额，居全国首位。③ 2016 年，钢卷尺产量突破 12 亿

① 根据天眼查官网（http://www.tianyancha.com），截止日期：2021 年 12 月 31 日。
② 丽亚，英敏. 商丘虞城县被省政府确定为河南省五金工量具出口基地［EB/OL］.商广网，http://sqtv.net/news/bencandy.php? fid =47&id =19141，2013 -01 -10.
③ 祁博. 辉煌"十二五"商丘市新型工业化稳步推进——砥砺前行风正劲［N］.河南日报，2015 -12 -18（B1）.

只，五金工具产量近 3 亿只，其他五金制件产品达到 1 亿多只。① 2017 年，钢卷尺产量达到 15 亿只，五金工具为 3 亿多只，产销总量和市场份额稳居全国第一。②

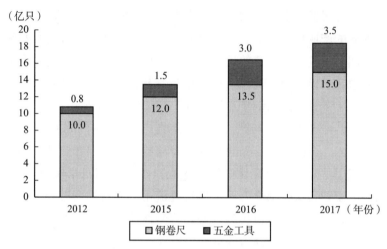

图 5 - 6　2012 ~ 2017 年商丘五金工量具产业产能情况

资料来源：作者根据天眼查官网（http：//www. tianyancha. com）查询，查询日期：2021 年 12 月 31 日。

从业务收入和产值方面来看（见图 5 - 7）：商丘五金工量具在 2012 年实现产值 60 亿元，2016 年商丘装备制造产业实现主营业务收入 140 亿元，而 2017 年主营业务收入则提升了 21. 43%，达到 170 亿元。2018 年，商丘装备制造业实现产值 220 亿元，占当年全工业生产总值的 30%。2019 年，260 家规模以上装备制造业企业实现主营业务收入 1 200 亿元，600 家五金工量具制造业及配套企业实现产值 217 亿元。2021 年，商丘五金工量具产业群共实现产值近 300 亿元。③

---

① 张永恒. 虞城高新区："五金工量具"走向世界［N］. 河南日报，2017 - 09 - 27（16）.

② 刘建谠，高会鹏. 一把钢卷尺"流浪地球"［N］. 商丘日报，2019 - 06 - 11 "壮丽 70 年·奋斗新时代"专栏.

③ 根据天眼查官网（http：//www. tianyancha. com），截止日期：2021 年 12 月 31 日。

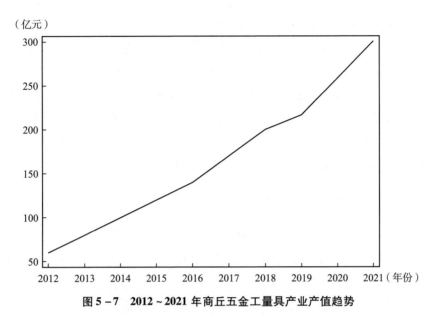

（亿元）

图 5 - 7　2012 ~ 2021 年商丘五金工量具产业产值趋势

资料来源：作者根据天眼查官网（http：//www. tianyancha）查询，查询日期：2021 年 12 月 31 日。

（四）自主品牌信誉远扬

经过多年的发展，商丘五金工量具企业通过引进和改造新技术、自主研发等方式，成功申报了多项专利和注册了多个商标，获利了多项国内和国际认证，自主品牌信誉远扬。

截至 2020 年底，商丘五金工量具产业企业共引进新技术 56 项，改造传统工艺 58 项，自主研发钢卷尺新产品 60 个，申报专科 22 项，国外注册商标 5 个。[1] 40 家工量具企业通过国际质量管理体系（ISO9000）认证，3 家企业取得欧洲生产过程环保标准（EMAS）认证，10 家企业建立了自己的产品研发中心。[2] 河南亚东量具有限公司是首个同时获得欧洲联盟 ROHS 强制性标准和欧洲经济委员会 EEC 标准的双重认证公司，全面打开了欧洲市场。河南江华工量具有限公司通过了欧盟国家专家评审团的评估验

①②　虞城推进五金工量具产业高质量发展［EB/OL］. 商丘网，https：//baijiahao. baidu. com/s？id = 1704610959504284740&wfr = spider&for = pc，2021 - 07 - 07.

收，成为我国同行业唯一一家产品质量及管理获得国际最高资格认证——欧共体 MID 产品质量认证的企业。[①] 在商丘虞城产业集聚区内的 600 多家五金工量具企业，有 4 家河南省重点产业集群龙头企业和 7 家河南省高成长型民营企业，有 73 家企业拥有自主品牌。其中，有 5 个国外注册商标，9 个中国著名品牌，15 个河南省国际知名品牌，26 个河南省著名商标，14 个河南省名牌产品。一些自主品牌，如"海博""鳄鱼""大洋""华联""亚东"等品牌的五金工量具产品已经打入国外市场，享誉海内外。

（五）出口创汇能力提升

商丘五金工量具企业的出口创汇能力逐年提升。拥有进出口经营权的五金工量具企业积极开拓国际市场，把自主生产的钢卷尺、五金工具等产品远销海外。中国贸易报数据显示，2019 年底，商丘钢卷尺产销总量占全国的 85%，出口占比为 60%，出口创汇能力进一步提升。

早在 2007 年，商丘五金工量具企业就凭借出口政策优势和精准的市场判断，在抢占义乌商贸城后，抓住先机迅速开辟国际五金工量具市场，当年市场份额就达到全国五金工量具出口总量的 50%，2009 年这一占比提升到 60% 以上，钢卷尺产品的出口创汇已经达到全国创汇总量的 40%。[②] 到了 2012 年，有进出口经营权的五金工量具企业有 124 家，产品远销俄罗斯、法国、德国、意大利、中东和东南亚等 60 多个国家和地区，商丘五金工量具占据 80% 以上的国际市场份额，[③] 也因此在 2013 年被河南省政府确定为"河南省五金工量具出口基地"，在 2014 年被科技部批准为"商丘国家精密工量具产业化基地"，并于 2015 年建立了国家级钢卷尺及五金工量具检测检验中心和 2016 年批准设立省级高新技术产业开发区。2016 年，入驻高新区的 40 多家规模以上五金工量具企业生产的智能语音量具、数显

---

① 刘建谠. 创新引领谋发展 开放带动增活力［EB/OL］. 商丘网，http：//www. sqrb. com. cn/sqnews/2017 – 10/12/content_2527973. htm，2017 – 10 – 12.

② 刘建谠. 虞城"闯客"变"创客"，多渠道拓展五金工量具市场——从截卖尺条到丈量天下［N］. 商丘日报，2015 – 11 – 11（B01）.

③ 丽亚，英敏. 商丘虞城县被省政府确定为河南省五金工量具出口基地［EB/OL］. 商广网，http：//sqtv. net/news/bencandy. php？fid = 47&id = 19141，2013 – 01 – 10.

量具、电子测距仪、激光测距仪等高精尖产品达到 1 000 多万只，产品畅销全国并远销欧美、中东、东南亚等 70 多个国家和地区。①

2018～2019 年，商丘五金工量具产业的出口份额持续稳定在全国出口份额的 60% 左右，到 2021 年底，出口创汇高达 4 000 万美元。就具体企业而言，只做钢卷尺产品的河南省邦特工量具有限公司，秉承"小而美，做精品"的产品理念，瞄准欧美高端市场，产品远销欧盟 40 多个国家和地区，外贸销售额占全部销售额的比例高达 90%，虽然产品售价比同类产品高 1 倍，但业绩却节节攀升。同样只生产钢卷尺产品的河南麒麟工量具有限公司生产单一产品，直盯国际市场，生产的钢卷尺 100% 出口，销往俄罗斯、巴西等 20 多个国家和地区。②

三、商丘五金工量具产业集聚效应

商丘五金工量具的产业集聚效应主要体现在产业企业集聚效应、配套生产集聚效应、配套服务集聚效应和人力资本集聚效应四个方面。

（一）产业企业集聚效应

全球金融危机之前，虽然商丘五金工量具产业发展迅速，但每年新增企业数量均为个位数，到 2008 年存续的规模以上企业数量仅有 38 家，到 2016 年进入创新发展阶段时也仅有 40 家企业实现规模经营。根据天眼查统计数据（见图 5-8），自 2016 年商丘五金工量具产业进入创新发展阶段以后，产业体系逐步完善，对产业企业的虹吸效应和集聚效应明显提升。2017 年规模以上企业数量迅速增加到 356 家，个体工商户 3 000 多家。2018～2021 年存续的规模以上五金工量具企业数量分别为 376 家、442 家、519 家和 583 家，年平均增长率为 63.76%。2016～2021 年商丘五金工量具产业新增企业数量分别为 47 家、64 家、54 家、77 家、84 家和 72 家，每年平均新增 66 家。此外，从事与五金工量具企业相关业务的个体工商户

---

① 张永恒.虞城高新区："五金工量具"走向世界 [N].河南日报，2017-09-27（16）.
② 刘建谠.虞城钢卷尺漂洋过海"丈量"世界 [EB/OL].商丘网，http：//www.sqrb.com.cn/sqnews/2021-01/07/content_2722638.htm，2021-01-07.

也从 2017 年的 3 000 家迅速增长到 2021 年的 4 800 多家，个体工商户年均增长率 15%。自 2016 年进入创新发展阶段以来，无论是从规模以上企业存续数量来看，还是从新增企业数量来看，规模以上存续企业数量年均 63.76% 的增长率和年均 66 家的新增企业数量，以及年均 15% 的个体工商户的增长率，均表明商丘五金工量具产业的企业集聚效应明显提升。

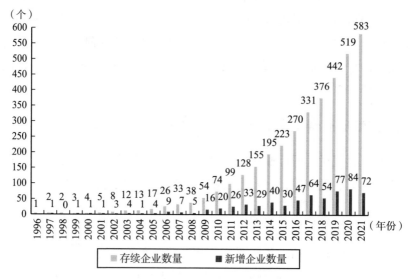

图 5-8　商丘五金工量具企业年度存续和新增状况

资料来源：作者根据天眼查官网（http：//www.tianyancha.com）查询，查询日期：2021 年 12 月 31 日。

（二）配套生产集聚效应

五金工量具生产环节众多，前端有钢带的生产和粗加工过程，之后会有尺条、尺带、五金工具以及电镀等的生产加工环节。在商丘市委市政府的政策引导下和五金工量具生产链条分化过程中，以强链、延链、补链为重点，把科技含量不高的小型模具、小五金配件、钢卷尺绳等配件产品的生产，按照订单模式分包给区内专业化生产企业。商丘本地有的，尽量把相关生产业务分包到本地企业；商丘本地没有的，通过提供标准厂房等优惠措施引进配套小企业进驻，在区内实现全产业链的生产和供应。通过产业集群内部互动、互联和纵横向的专业化分工合作，多点发力，整合资源，优化配置，促进五金工量具产业的协调和配套，实现企业间抱团式发展。

绿色发展是制造业的底色，电镀是装备制造特别是五金工量具产业发展的重要环节。为从根本上解决制约以五金工量具为主的装备制造产业发展瓶颈，填补产业链短板，推动集约化、清洁化生产，商丘市于 2017 年开始筹建电镀生态园，并于 2018 年建成投入运营。该项目是河南省第二家正式获批也是豫东唯一一家电镀中心项目，对提升金属表面处理品质、增强产业核心竞争力、推动清洁化生产等方面起到重要的推动作用，解决了五金工量具产业在环保方面的发展瓶颈。电镀生态园镀种齐全，包括镀金、镀银、铝氧化、镀铜、镀锌、镀镍、镀铬等。以前产业集聚区内五金工量具企业外包的电镀项目都纷纷撤回进生态园区内，而且还承接全国各地的电镀订单。苏州合适科技发展有限公司首批入驻园区。

2019 年，电镀生态园区已签约和入驻包括中航光电、海尔、宇通等国内知名企业在内的 50 家企业。[1] 截至 2021 年底，商丘高新区钢带年产量已达 15 万吨，生态园区内全自动智能电镀生产线已达 40 条。其中，全自动龙门生产线 10 条，全自动垂直生产线 10 条，连续镀生产线 1 条，滚镀生产线 7 条，其他智能化电镀生产线 12 条。[2]

（三）配套服务集聚效应

五金工量具产业的良性运营和发展不仅需要众多的企业集聚和良好的生产配套，还需要优质的服务配套。商丘五金工量具产业引发的"前端制造、产品加工、表面电镀处理"的产业链条联动格局基本形成，研发设计、产品包装、物流运输、金融服务、保险服务以及商检通关等配套服务也需要集聚，而这一切均可在商丘高新技术产业开发区和商丘保税物流中心完成。

在商丘高新技术产业开发区和商丘保税物流中心的引领、带动、辐射和服务下，商丘五金工量具产业的配套服务也得到了快速发展。现有国家

---

① 刘建谠. "管委会 + 公司" 促新旧动能转换 ［EB/OL］. 商丘网，http：//www.sqrb. com.cn/sqnews/2020 - 08 - 05/content_2701153. htm? from = singlemessage，2020 - 08 - 05.

② 虞城县电镀生态园"镀"亮装备制造业　促进经济高质量发展 ［N］. 人民日报，2021 - 08 - 10（17）.

钢卷尺及五金工具产品质量监督检验中心、国家级科技企业孵化器、国家级中小企业示范服务平台等要素平台，建成了电子商务产业园和跨境电商产业园。① 两区有高新技术企业 6 家，省级工程研发中心 7 家，42 家企业研发中心，76 项国家专利、40 多款国家专利技术产品。比如海博工具（商丘）有限公司的"手推式远距离测量仪""语音智能电子量具""激光测距仪""红外线测距仪"等产品被国家授予专利产品；河南省东方标准工业有限公司研发的"钢卷尺组装机"获得国家发明专利，已被广泛应用于钢卷尺生产企业；商丘市建波工量具有限公司的"电子镭射钢卷尺"被授予河南省科技成果奖等。这些均可以为五金工量具企业提供检测、技术、创新、物联、金融、财务、法律、人才等全方位的优质配套服务。

此外，根据商丘五金一量具市场的实际状况，河南邮政公司于 2018 年 5 月主动介入跨境电商上下游各环节，通过提供邮政国际小包等综合性物流服务，打造邮政跨境产业园与跨境平台、跨境卖家及地方生产企业的密切关系，助推商丘五金工量具企业跨境业务发展，促进商丘供给侧结构性改革和地方产业转型发展。商丘电镀生态园的正式运营中所产生的污水处理、重金属废水治理、技术改造等方面的配套项目引进，能使电镀废水通过"空中管廊"分类收集进入污水处理站分质处理，智能化中央控制室全程在线实时监测废水状态并记录备份。

（四）人力资本集聚效应

商丘五金工量具产业已经成为商丘吸引优秀人才返乡创业、拉动本地人员就业的新标杆，钢卷尺产业业已成为商丘"大众创业、万众创新"的主战场。

1. 优惠政策吸引下大量优秀人才返乡创业就业

为推进人才强调战略，打造商丘享誉盛名的中国五金工量具之城，商丘市委市政府筹建了电子商务产业园、跨境电商产业园、返乡务工人员创业园、大学生创业园等，吸引了众多的大学生和优秀青年返乡创业就业，涌现出大量的农村网店和优卡特等电商平台。市委市政府还积极开展创业青年实

---

① 张永恒. 虞城高新区："五金工量具"走向世界 [N]. 河南日报，2017－09－27（16）.

用技能、金融知识、创业指导及维权等培训，为青年创业者开通绿色通道，专门设立针对创业青年的"创业无息贷款"，解决青年创业初期的融资难问题。

2. "以企带户"实现"以工带农"的就业模式

商丘五金工量具具备较为完整的产业链条体系，生产企业除自主生产外，把零部件的生产、加工以及物流包装等配套服务进行外包给当地居民，整体呈现出"企业带大户、大户办作坊、作坊带小户"的产业集群，这种形式的产业集群方式实现了"农民工人化、农户作坊化、企业产业化"，拉动了大量人员就业，提高了商丘就业水平。

四、商丘五金工量具产业辐射效应

商丘五金工量具产业在国内外优势明显，市场地位凸显。对各种资源要素不仅有强大的虹吸效应和集聚效应，而且辐射效应也相当显著。商丘五金工量具的产业辐射效应主要体现在产业空间溢出效应、业务合作辐射效应和研究开发联动效应三个方面。

（一）产业空间溢出效应

商丘五金工量具产业的优势明显，在装备制造业特别是五金工量具行业中的市场地位优势显著。从空间溢出效应来看，商丘五金工量具产品辐射到义乌国际五金商贸城、临沂五金商贸城、广东商贸五金城、湖南邵东、云南昆明、山西太原等国内出名的五金工量具批发市场，几大五金工量具批发市场绝大部分的营销额由商丘五金工量具企业提供。

商丘保税物流中心地处豫鲁苏皖接合区，在五金工量具产业中有较为完善的配套服务条件和措施，并逐步扩大对外开放，积极发展国际物流和加工贸易，辐射豫鲁苏皖周边区域，引领和带动着豫鲁苏皖周边区域外向型经济的快速发展。

（二）业务合作辐射效应

五金工量具产业生产环节众多、产业链条繁杂。商丘五金工量具企业把某一个或几个具体的生产环节外包给中小企业，还是采用订单生产模式，还是把电镀、包装、仓储、物流等服务外包，还是相关部门提供的金融保险、商检通关等配套服务，通过这种专业分工、服务外包、订单生产等多种方式的双方或多方合作机制，在专注自主生产、提质增资的同时，也使中小企业"走出去、引进来"，紧密的协作关系实现了双方或多方的合作共赢。

（三）研究开发联动效应

创新是企业发展的灵魂。商丘五金工量具企业在专注于专业化发展的同时，还积极对接高等院校、研发机构和行业协会。通过联合研发、校企合作和政企合作等多种合作方式，加强对基础理论和关键技术的研究开发，着重解决企业发展的重大瓶颈难题。比如，通过与商丘师范学院企业家学院对接，不仅可以通过培训增强企业相关知识和能力，也可以联合研究相关理论、合作开发关键技术，实现校企合作共赢。

五、商丘五金工量具产业支持政策

为促进五金工量具产业高质量发展，商丘市出台了从制度建设、机制措施建立到观念态度转变等一系列的相关支持政策，比如项目联审联批制度、项目落实工作机制、营商环境配套措施等，努力打造一流的营商环境。

（一）项目联审联批制度

对于招商引资成功的项目，特别是对于能够推动商丘经济快速发展的重点洽谈项目和重点建设项目，为了最大限度地缩短投资客商的项目投资时间，及时出台并加快实施项目"联审联批制度"，即把与项目审批相关的职能部门决策人员聚集起来，共同商谈项目相关事项，真抓实干、务实工作，采取"及时报、及时批、及时办、及时干"的工作方式，集中统一研究问题、解决问题、落实项目。

（二）项目落实工作机制

对于通过"联审联批制度"确定下来的项目，项目落实过程中要遵循"五个一、两不接触"的工作机制。"五个一、两不接触"工作机制是指一名领导牵头、一套班子联系、一个部门负责、一套方案实施和一条龙服务。具体实施过程中，要求项目手续办理由具体服务单位全程代办，项目客商不与审批单位直接接触，征地过程中也不与被征地农民直接接触。

（三）营商环境配套措施

为致力全面营造"亲商安商"的良好投资环境，商丘市委市政府出台了《优化营商环境条例》《关于促进非公有制经济健康发展的若干意见》《关于营造企业家健康成长环境　弘扬优秀企业家精神　更好发挥企业家作用的实施意见》，并要求在招商引资过程中全面实施。

（四）深化"放管服"改革

商丘市全面落实《优化营商环境条例》，坚持持续深化"放管服"改革，大力推动简政放权，为市场主体降门槛、去台阶、减手续、添动力，进一步提高办事效率、提升服务能力，让一流营商环境成为商丘新标识。通过"减税降费政策落地""金融支持实体政策进企""大幅压缩行政审批时限"等作为"放管服"改革重点推进，让一流高效的营商环境激发市场活力。

第四节　特色产业集群之四：新能源汽车

一、商丘新能源汽车发展概述

（一）商丘新能源汽车起步晚

商丘新能源汽车起步较晚，商丘新能源汽车企业成立最早的时间是在1999年，为河南淮海精诚工业科技有限公司，主要经营范围是汽车部件及轨道部件的研发销售，商丘的新能源汽车整车制造出现在2015年，河南美力达汽车有限公司成立于2015年，主要经营范围是新能源汽车整车、改装汽车、汽车零部件、汽车动力电池（锂离子电池）的研发、制造、销售与服务。

（二）商丘新能源汽车发展迅速

从表5-7可知，商丘的新能源汽车成立时间主要集中在2018年以后，特别是2021年，商丘新能源汽车公司成立了33家，占总成立公司的46.5%。

表 5-7　　　　　　　　　　商丘新能源汽车公司成立时间表

项目	2013 年	2014 年	2015 年	2016 年	2017 年	2018 年	2019 年	2020 年	2021 年
企业数量（家）	2	0	2	2	1	12	4	12	33
百分比	2.8%	0%	2.8%	2.8%	1.4%	16.9%	5.6%	16.9%	46.5%

注：企业数量为 71 家，因为主要集中在 2013 年以后，所以，1999 年 1 家、2005 年 1 家、2007 年 1 家没有显示出来。

资料来源：作者根据天眼查官网（http：//www.tianyancha.com）查询，查询日期：2021 年 8 月 3 日。

（三）商丘新能源整车制造企业数量较少

从经营范围来看，笔者把商丘新能源汽车划分为新能源汽车整车制造、销售及研发和其他企业，其他企业经营范围主要包括新能源汽车配件生产、销售、分解、回收再利用等。

天眼查数据显示，截至 2021 年 12 月 31 日，汽车企业中，属于新能源整车制造、研发和销售的企业有 10 家，占比 14%，而新能源汽车上游和下游的企业数量为 61 家，占比 86%。

（四）商丘新能源汽车产业链分布情况

由图 5-9 可知，新能源乘用车上游包含锂矿、电解液、正负极材料、电解液、隔膜、正负极材料和其他金属等生产环节；中游包含电池、电控、电机、热管理、轻量化、电路系统和半导体元件等环节，下游为销售实体店和网上销售平台。

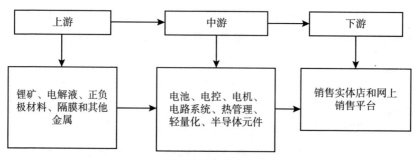

图 5-9　商丘新能源汽车产业链分布

二、商丘新能源汽车产业集聚情况

（一）从地理位置看，新能源汽车企业主要集中在集聚区

从表5－8可知，商丘的新能源汽车注册地主要集中在民权县、夏邑县、示范区和宁陵县，相对比较集中，而且大部分集中在产业集聚区，如商丘市区主要集中在商丘市示范区，永城县主要集中在永城产业集聚区，夏邑县的新能源公司主要集中在夏邑产业集聚区等。企业集聚效应特征明显。

表5－8　　　　　　　商丘市新能源汽车产业集群地区分布情况

项目	睢阳区	梁园区	示范区	民权县	睢县县	柘城县	宁陵县	虞城县	夏邑县	永城县	总计
数量（个）	2	5	8	15	6	6	8	4	14	3	88
占比（%）	2.8	7.0	11.3	21.1	8.5	8.5	11.3	5.6	19.7	4.2	100

资料来源：作者根据天眼查官网（http：//www.tianyancha.com）查询，查询日期：2021年8月3日。

（二）从时间先后来看，主要是先有新能源汽车制造，而后是相关上下游企业

根据新能源公司的经营范围，属于新能源汽车整车制造的公司只要有10家，他们成立的时间主要集中在2015～2020年，而商丘的新能源汽车上下游企业主要成立于2020年下半年和2021年，商丘的新能源汽车公司主要是先有整车制造，而后相关上、下游企业开始向整车制造业靠拢，服务于整车制造业，产业集聚特征明显。

三、商丘新能源汽车辐射效应

（一）辐射区域概况

商丘地处内陆腹地，是豫鲁苏皖结合处，按照国际国内通常惯例，

100～200 千米范围是公认的较为经济的配送半径，国内众多知名电商企业的区域分拨配送中心的辐射半径也在 100～300 千米内。

以商丘市主城区为中心，离商丘 150 公里的主要城市有亳州、淮北市、菏泽市、开封市、周口市、宿州市、徐州市、济宁市等地级市的部分地区。

（二）辐射区域经济社会状况

按照商丘市的地理区位，结合商丘市 150 千米所覆盖各城市的情况，商丘周边地区的总人口为 6 015 万人（见表 5 - 9），各地区生产总值总和为 2.7 万亿元，人均 GDP 为 4.6 万元，2020 年全国人均 GDP 为 7.2 万元，商丘及周边区域经济还有很大的增长空间。商丘的辐射范围还有进一步的增长空间。

表 5 - 9　　　　　　　商丘市周边主要城市经济社会指标统计

城市	常住人口（万人）	GDP（亿元）	人均 GDP（万元）
商丘市	781	2 925	3.7
亳州市	499	1 806	3.6
淮北市	197	1 119	5.7
菏泽市	879	2 045	2.3
开封市	482	2 371	4.9
周口市	902	3 267	3.6
宿州市	532	2 045	3.8
徐州市	908	7 319	8.1
济宁市	835	4 494	5.4
合计	6 015	27 391	4.6

资料来源：作者根据第七次人口普查（http://www.stats.gov.cn）查询，查询日期：2021 年 8 月 3 日。

四、商丘市具备做大做强新能源汽车的环境条件

（一）特殊的地理位置

商丘市东望安徽淮北、江苏徐州，西接河南开封，南近河南周口、安

徽亳州、北临山东菏泽、位置较好，四通八达，商丘东临黄海、西扼中原、北接齐鲁、南襟江淮，是新亚欧大陆桥上的重要城市，国家促进中部崛起的"两纵两横"经济带的四大交汇城市之一。

（二）铁路具有较强的辐射能力

国家铁路大动脉陇海铁路、京九铁路、郑徐高铁、商合杭高铁交汇在商丘市区，在未来还会有郑商永城际铁路、雄商高铁，它们在全国铁路网与高铁网中发挥着举足轻重的战略作用。连霍高速、济广高速、310国道、105国道等国家交通主干道交汇处，2017年2月3日，《国务院关于印发"十三五"现代综合交通运输体系发展规划的通知》将商丘定位为全国性综合交通枢纽。商丘铁路枢纽成为继郑州之后河南省的第二大铁路枢纽，商丘市四通八达，也是国家"一带一路"、"八纵八横"高铁网络和区域流通节点城市。

（三）公路具有较强的辐射能力

以商丘中心城区为重要枢纽，建成"三环九放射"的市域交通网络骨架，其中"三环"，是指商丘中心城区的快速物流环、商丘中心城区高速环以及连接民权、睢县、柘城、宁陵、永城、夏邑、虞城组团之间的市域公路环；"九放射"是指以中心城区为中心向九个方向辐射的复合型交通走廊，包括商丘—睢县、商丘—民权、商丘—曹县、商丘—单县、商丘—徐州、商丘—夏邑—永城、商丘—亳州、商丘—鹿邑、商丘—柘城快速通道。

九条放射的复合型交通走廊由铁路、高速公路、国省道等交通设施构成：商丘—睢县快速通道由邢商永铁路、商登高速、G343等交通设施构成；商丘—民权快速通道由郑徐高铁、郑开商城际铁路、陇海铁路、连霍高速、G310等交通设施构成；商丘—曹县快速通道由京雄商高铁、京九铁路、济广高速、S209等交通设施构成；商丘—单县快速通道由南商济铁路、商济高速、G105等交通设施构成；商丘—徐州快速通道由郑徐高铁、陇海铁路、商砀高速、G310等交通设施构成；商丘—夏邑—永城快速通道由邢商永铁路、连霍高速、G343、S317等交通设施构成；商丘—亳州快速通道由商合杭高铁、京九铁路、G105 等交通设施构成；商丘—鹿邑快速通道由 S209 等交通设施构成；商丘至柘城快速通道由南商济铁路、商周高速、S207、S206 等交通设施构成。

（四）物流服务辐射能力逐步增强

商丘有豫东物流产业集聚区，该集聚区是全省首批确定的 180 个产业集聚区之一，也是商丘市 11 个产业集聚区中唯一的一个物流集聚区和市级集聚区，是商丘"四区两枢一基地一中心"发展定位中的两个枢纽之一。豫东物流产业集聚区的发展对于提高商丘市的公路运输能力具有十分重要的意义。

（五）本地经济发展规模在不断扩大

商丘市统计局 2021 年数据显示，2020 年全年全市生产总值 2 925.33 亿元，比上年下降 0.8%。其中，第一产业增加值为 515.56 亿元，增长 3.0%；第二产业增加值为 1 106.87 亿元，下降 4.0%；第三产业增加值为 1 302.90 亿元，增长 1.2%。第三产业增加值占生产总值的比重为 44.5%，比上年提高 0.2 个百分点。全年城镇新增就业人员 6.61 万人，城镇失业人员再就业 1.98 万人，就业困难人员再就业 0.71 万人。年末城镇登记失业率为 4.36%。新增农村劳动力转移就业 7.8 万人，年末农村劳动力转移就业总量 252.4 万人。全年居民消费价格比上年上涨 2.5%。商品零售价格上涨 2.0%。农业生产资料价格上涨 2.2%。[①]

全年规模以上工业中，纺织业增加值比上年增长 8.4%，皮革、皮毛、羽毛及其制品和制鞋业增长 15.5%，化学原料和化学制品制造业增长 21.4%，医药制造业增长 10.5%，非金属矿物制品业增长 12.0%，黑色金属冶炼和压延加工业增长 14.0%，有色金属冶炼和压延加工业增长 35.8%，专用设备制造业增长 17.7%，计算机、通信和其他电子设备制造业增长 9.2%。[②]

---

①② 资料来源：作者根据商丘市统计局官网（http：//tjj. shangqiu. gov. cn）查询，查询日期：2021 年 8 月 3 日。

限额以上批发和零售业商品零售额中，服装、鞋帽、针纺织品类零售额比上年增长 13.7%，家具类增长 1.1%，书报杂志类增长 5.5%，建筑及装潢材料类增长 21.7%，机电产品及设备类增长 6.5%，汽车类增长 1.4%。①

五、新能源汽车发展过程中面临的问题

(一) 续航里程短

众所周知，新能源汽车目前最大的问题是"里程焦虑"②。根据工信部《免征购置税目录》，2018～2020 年纯电动乘用车的平均续航里程不到 400 千米，分别为 315 千米、365 千米和 397 千米，远远不能满足人们的长途出行需求。

(二) 价格贵

与 10 万~20 万元区间的燃油车相比，同级别纯电动车的价格平均高约 4 万元（考虑购置税后）。因此，对于绝大部分没有新能源汽车牌照需求的消费者来说，纯电动车相比同级燃油车的吸引力不大。

(三) 没有全国知名品牌在商丘落户

2020 新能源乘用车销量前十名的车企分别为上汽通用五菱、比亚迪汽车、特斯拉、长城汽车、广汽新能源、上汽集团、北汽新能源、蔚来汽车、奇瑞汽车、理想汽车，新能源乘用车销量前十名的车型分别为特斯拉 Model 3、五菱宏光 Mini EV、广汽埃安 S、奇瑞 eQ1、长城欧拉黑猫、蔚来 ES6、比亚迪秦 EV、五菱宝骏 E100、华晨宝马 5 系 L PHEV、理想 ONE。截至目前，还没有强有力的品牌落户商丘。

---

① 资料来源：作者根据商丘市统计局官网（http：//tjj. shangqiu. gov. cn）查询，查询日期：2021 年 8 月 3 日。

② 张弛，陆基雄. 我国新能源汽车产品现状与展望 [J]. 时代汽车，2021 (14)：4.

第五节 特色产业集群之五：制冷设备

根据我国国民经济行业分类标准（GB/T 4754—2017），商丘制冷设备产业主要包含通用设备制造业中"商业用制冷空调设备制造 3464"、电气机械和器材制造业中"家用制冷电器具制造 3851"和"家用空气调节器制造 3852"以及汽车制造业中"挂车制造 3660"等制冷项目。商丘制冷设备产业已经成为地方经济发展中的一支重要力量，在经济社会发展中发挥着重要作用。目前，商丘制冷设备产业主要集中在民权县高新技术产业开发区，这里集聚了商丘绝大多数的主要制冷设备生产企业。

制冷设备产业作为供应商较多、产业链较长的工业项目，区位优势、交通优势以及产业集群优势对促进其发展具有积极作用。本节内容主要结合枢纽经济分析商丘制冷设备产业的发展情况。

一、制冷设备产业发展现状

（一）制冷设备产业发展历程

商丘制冷设备产业集群聚集地——民权高新技术产业开发区最早在 2008 年叫南华工业园区，2009 年民权县规划申报产业集聚区，2010 年通过招商引资方式引入国内知名制冷企业香雪海，香雪海作为民权县产业集聚区引进的第一家制冷企业入驻之后便迅速形成了集聚效应，万宝、澳柯玛等龙头制冷企业及其制冷配套企业纷纷进驻民权产业集聚区，形成了具有众多整机装备企业和制冷配套企业的制冷设备产业链，逐步奠定了产业集聚区制冷产业主导地位。

2012 年，中国轻工业联合会、中国家用电器协会正式授予民权县"中国制冷设备产业基地·民权"荣誉称号。[①] 民权跻身全国五大制冷产业基地，被批准为国家火炬民权制冷特色产业基地、全国制冷设备产业知名品

---

① 樊祥胜. 民权：打造"中国冷谷"[J]. 行政科学论坛，2016，15（3）：25 – 28.

牌创建示范区、全国产业集群区域品牌建设试点、国家级出口制冷机电产品质量安全示范区，制冷设备获批国家生态原产地产品保护。① 2021 年民权高新技术产业开发区已聚集制冷企业为 112 家。其中，制冷整机装备企业为 47 家，制冷配件企业为 65 家，聚集了全国知名制冷品牌企业为 22 家。② 民权县制冷产业指数已成为全国制冷产品价格的"晴雨表"。

民权高新技术产业开发区相继被批准为"国家火炬民权制冷设备特色产业基地""国家级出口制冷机电产品质量安全示范区""全国产业集群区域品牌建设试点单位""全国制冷设备知名品牌创建示范区"，先后被评为河南省"十强""十快""十先""三星级"产业集聚区。

近年来，民权县持续发力制冷产业，以制冷设备研发制造为特色制冷的产业集群优势逐渐显现。2021 年区内企业河南澳柯玛电器实现产量 45.53 万台，主营业务收入 3.32 亿元，实现了逆势增长③。

民权县还加强与科研院校的深度合作，成立了中科院制冷专业院士专家工作站，建成了国家级冷冻冷藏设备质量检验中心，可以对空调、热泵、冰箱、陈列柜等 58 类制冷产品 628 项参数进行检验检测，检测范围覆盖河南省，辐射西部地区乃至东北地区。

民权高新区以争创国家级高新区、打造"中国冷谷"为目标，围绕全产业链，持续延链补链强链，不断壮大产业集群集聚规模，突出产业转型升级，提高核心竞争力。以民权高新区为载体的"中国冷谷"已建成通车里程 160 千米的"六纵十二横"路网，建成区面积达 13.4 平方千米，先后建成投用了国家级冷冻冷藏设备质量监督检验中心、保税物流中心（B型）、中国海关民权办事处、行政服务中心以及河南机电学院民权制冷学院、梦蝶综合展示中心等公共服务设施，高新区内生产生活设施和功能进一步完善，承载力显著增强④。另外，民权高新区先后连续成功举办了六届

① 逐梦扬帆　跨越发展　豫东明珠　再谱新篇　凝心聚力重实干　砥砺奋进看民权——民权县全面推进高质量发展纪实 [N]. 河南日报，2019 - 09 - 10 (24).

② 冷谷不冷——来自民权县域经济高质量发展的调查 [N]. 河南日报，2021 - 11 - 29.

③ 商丘民权：入驻"冷产业"200 多家　年产量 2 200 万台 [EB/OL]. 大象网，https://www.hntv.tv/rhh - 0589761536/article/1/1438068285699211265，2021 - 09 - 15.

④ 商丘"中国冷谷"民权华丽迈向制冷行业中高端 [EB/OL]. 大河网，https://baijiahao.baidu.com/s? id = 1714643516242903546&wfr = spider&for = pc，2021 - 10 - 26.

民权制冷设备博览会，与各地商会、行业协会等专业组织广泛建立联系。

2021 年中国轻工业联合会在全国轻工业科技创新与产业发展大会上，商丘市民权高新区被授予"轻工业产业集群管理服务先进单位"荣誉称号①，大大提升了民权的知名度和影响力，同时也增强了商丘制冷产业的聚集效应和辐射效应。

（二）制冷设备产业品牌战略

商丘制冷设备产业实施品牌产品培育发展规划，鼓励企业以名牌产品为龙头，以资本为纽带，促进产业集聚，做大做强制冷产业。民权县政府对取得河南省品牌产品和驰（著）名商标的企业一次性给予 5 万元的奖励，鼓励企业争创河南省品牌和中国区域品牌，发挥品牌的集聚和辐射效应。

目前，民权高新技术产业开发区共有中国名牌产品 3 家，河南省名牌产品 2 家，市长质量奖 3 家，县长质量奖 5 家，省质量诚信 A 级以上企业5 家，中国驰名商标 3 个，河南省著名商标 10 余个，拥有"冰熊""万宝""澳柯玛""香雪海""华美""松川""科美瑞"等多个国内制冷品牌。

（三）制冷设备产业科技创新

1. 科技创新平台建设

民权高新技术产业开发区坚持"科技是第一生产力"的发展理念，大力实施科技创新工程，自主创新能力不断提升。2018 年，民权高新区省级以上研发中心 12 个，省级博士后研发基地 5 个，国家级创新创业孵化载体（科技企业孵化器）1 家，建有国家火炬民权制冷设备特色产业基地，国家级科技型中小企业 11 家，省级科技型中小企业 50 家，"河南省科技小巨人"企业 4 家，"省级创新型试点企业" 4 家。②

民权高新技术产业开发区内 30 多家制冷企业分别与郑州大学、河南大学、天津大学、上海大学、重庆大学等高校建立校企合作模式。2020 年高

---

① 商丘"中国冷谷"民权华丽迈向制冷行业中高端 ［EB/OL］. 大河网，https：//baijiahao. baidu. com/s？ id＝1714643516242903546&wfr＝spider&for＝pc，2021 – 10 – 26.

② 民权：国家高新技术企业又添新丁 ［N］. 商丘日报，2018 – 12 – 14 （3）.

新区科技研发投入 5.8 亿元；区内近三年拥有国家发明专利 57 项、实用新型专利 1 584 项、外观专利 2 000 余项。目前，高新技术对传统制冷产业优化升级已发挥明显的科技带动和辐射作用。

2. 科技创新重点领域

民权高新技术产业开发区坚持以智能制造为主攻方向，全力推动制冷产业高质量集群发展，以发展应用智能装备和产品为切入点，大力培育新型制造模式。2019 年，民权已拥有高新技术企业 22 家，高新技术企业和工程中心数量在全市县区中分别位居第一、第二名；拥有省级智能工厂 2 家、省级智能车间 1 家、省级智能车间试点示范 1 家；实施绿色化改造的企业 35 家，实施智能化改造的企业 105 家，实施技术改造的企业 26 家。①

民权高新技术产业开发区坚持以创新驱动完善产业链条，丰富制冷产品门类，不断壮大百亿级制冷装备产业集群，逐步实现"四个转变，两大突破"②。"四个转变"即由家用商用制冷向工业科研制冷转变，由单一制冷家电制造向全方位智能家电转变，由量的扩充向提质增效转变，由"民权制造"向"民权创造"转变。着力实现的"两个突破"，第一是制冷机组生产实现突破，由过去生产小型压缩机，向生产大型制冷机组、移动机组拓展。第二是冷链物流产品实现突破，向长延伸，生产海运、陆运冷藏制冷集装箱；向小延伸，生产 1 吨以下的小型冰鲜、保温配运车，甚至有专用茶叶柜，满足个性化需求。

2020 年区内特种柜、异型柜产量 253.6 万台，同比增速 15%；智能家电国内市场占有率 11.2%；民权高新技术产业开发区内冷藏车企业均实现大型集装箱生产并积极开展各具特色的科技创新，通盛达生产的国内第一辆移动 CT 专用车及已交付使用，松川专用车的储能方舱获得国家 13 项专利，澳柯玛专用车与北斗系统实现无缝对接，可进行远程定位操控。

3. 科技创新帮扶政策

为更好地助推制冷产业科技创新，逐步实现制冷设备由"民权制造"向"民权创造"转变，推动制冷特色产业的高质量发展，民权县出台了《中共

---

① 民权"三大改造"促进制造业转型升级 [N]. 商丘日报，2019 – 12 – 3 (1).
② 转型升级　制冷产业动力十足 [N]. 商丘日报，2022 – 9 – 9 (T3).

民权县委 民权县人民政府关于深化科技体制改革推进创新驱动发展的意见》文件。在培育高科技、高成长性企业，增强产业发展带动能力、行业辐射力工作中，在项目资金、人才以及其他生产要素保障上给予倾斜扶持。

为提高民权高新技术产业开发区进驻企业科技含量，提升开发区项目质量，出台了《民权县招商引资项目联审联批会议工作机制》文件，树立科学、理性、绿色、效益的理念，重点瞄准上市企业和准上市企业、高端制造业、高新技术产业、新业态项目，培育、引进具有核心竞争力的高新技术制冷企业。

二、制冷设备产业集聚效应

商丘是国家"一带一路"和中部崛起"两纵两横"产业带区域流通节点城市之一，是国务院确定的"八纵八横"高铁网络中的重要节点城市，京九与陇海铁路、310 国道和 105 国道、连霍与济广高速在商丘交会，构成了黄金"十字"交通网络。作为全国六大路网性枢纽之一、全国特大型铁路枢纽城市，商丘充分挖掘交通枢纽对资金、人才、技术和信息等多种生产要素的集聚扩散功能，努力变交通枢纽为枢纽经济，加快推进枢纽经济实现商丘又好又快跨越式发展。

为大力发展枢纽经济，商丘市编制了中国第一部城市枢纽经济规划——《商丘市枢纽经济发展规划》①。《商丘市枢纽经济发展规划》共 10 个部分，涵盖了商丘枢纽经济发展内涵、定位与目标等五个方面的内容，围绕大交通构建大枢纽，围绕大枢纽布局大物流，围绕大物流发展大产业，在商丘枢纽经济发展过程中，商丘制冷设备产业集聚效应明显。

（一）制冷设备企业集聚现状

商丘制冷设备产业聚集效应明显，制冷产业不仅在民权高新技术开发区内众多，而且围绕产业开发区制冷产业链的制冷企业分布在商丘众多县区。截至

---

① 河南举行商丘市"加快综合交通枢纽建设，积极发展枢纽经济"发布会 ［EB/OL］. 中华人民共和国国务院新闻办公室，http：//www. scio. gov. cn/xwfbh/gssxwfbh/xwfbh/henan/document/1614061/1614061. htm? from = groupmessage，2017 – 12 –21.

2021 年底，根据中国商业查询平台——天眼查查询所得的相关数据显示：商丘制冷设备生产企业呈现明显聚集现状，不仅制冷设备企业存续数量年年增加，而且制冷企业存续年限较长，具体情况如图 5－10~图 5－12 所示。

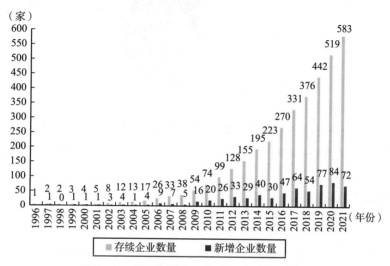

图 5－10　商丘制冷企业年度存续和新增状况

资料来源：作者根据天眼查官网（http：//www.tianyancha.com）查询，查询日期：2021 年 12 月 31 日。

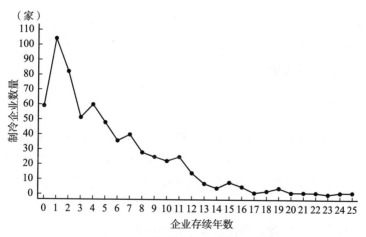

图 5－11　商丘制冷企业存续年数关系

资料来源：作者根据天眼查官网（http：//www.tianyancha.com）查询，查询日期：2021 年 12 月 31 日。

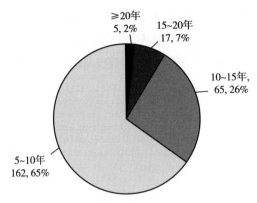

图 5 – 12   不同存续年数下的制冷企业数量和比例

资料来源：作者根据天眼查官网（http://www.tianyancha.com）查询，查询日期：2021 年 12 月 31 日。

（二）原材料与人员聚集

商丘制冷设备产业集聚众多整机装备、配件制冷企业，企业生产制冷产品所需的 160 多个零部件基本实现全配套。民权高新技术产业开发区制冷设备企业的众多工作人员以本土居民为主。例如：2021 年，香雪海电器集团里 60% ~ 70% 的工人是民权籍人员。万宝民权公司中高层管理人员 24 人（75% 为外地干部，25% 为本地干部）；管理岗人员 61 人（95% 为民权本地的具有大专以上学历的毕业生）。另外，由于产业集群的集聚效应，在人口普查中，民权县常住人口是增加的，这也证明了民权制冷设备行业发展对人口的吸纳凝聚作用[1]。

（三）生产技术要素集聚

民权高新技术产业开发区拥有全省唯一、全国第四家国家级冷冻冷藏设备检测中心，成立了中科院制冷专业院士专家工作站、河南省制冷产业联盟，建设了北京大学中国持续发展研究中心河南（民权）研究基地，并与浙江大学合作共建了双创综合体。同时，重点建设河南机电职业学院民权制冷技术学院，免费培训技术人才和专业人才。

---

[1] 冷谷不冷——来自民权县域经济高质量发展的调查［N］. 河南日报，2021 – 11 – 29（3）.

民权县 2017～2021 年引进的 165 个项目中，制冷相关产业占了 80%，已实现科技成果转化项目 374 项，近 3 年取得国家发明专利 57 项、实用新型专利 1 584 项、外观专利 2 000 余项。

三、制冷产业辐射效应

"十四五"期间，商丘市被定位为国家骨干冷链物流基地承载城市，为商丘市枢纽经济发展带来更大机遇。商丘制冷设备产业应当抓住机遇，实施冷链物流与制冷设备产业融合发展战略，发挥制冷设备产业辐射作用。

围绕《商丘市枢纽经济发展规划》中培育枢纽经济产业集群的相关规划，坚持以节能、绿色环保为理念，以掌握关键核心技术支撑产业链延伸和价值链提升。目前，商丘制冷产业已经形成以价值链为纽带的全制冷产业链。民权高新技术产业开发区以有序承接产业转移为依托，实现全产业链一体化交联和升级，形成以制冷技术为龙头、上下游产业链完善的全新制冷设备特色产业基地，制冷设备产业的产业链及销售网络不仅辐射国内，而且包括海外多个国家和地区。

第六节 特色产业集群之六：纺织服装

一、引言

纺织服装制鞋产业是商丘市第一大主导产业，是传统支柱产业和重要的民生产业，在美化人民生活、增强文化自信、拉动内需增长、促进社会就业、稳定经济运行等方面发挥着越来越重要的作用。经过多年发展，商丘市纺织服装制鞋产业已基本形成"纺纱—织布—印染—服装加工"产业链，产业覆盖化纤生产、棉纺、毛纺、化纤纺、织布、印染、水洗、印花、休闲服装、运动装、针织服装、绒布、毛毯、家纺、箱包、织袜、花边等多个领域，产业链条逐步完善。河南省内第一家印染布局试点单位"夏邑县生态印染科技产业园"项目计划于今年建成投产，将有效连接起纺纱、织布、成衣等各个环节,显著提升产品附加值,商丘商丘市纺织服装制鞋企业提供新的发展机遇。

近年来,商丘市委、市政府高度重视枢纽经济的建设,积极营造良好的城市文明环境,打造现代化立体综合交通枢纽体系,提质增效枢纽经济发展水平。目前,商丘依托区位优势与交通优势,发挥枢纽经济发展特色,聚集全国要素资源、辐射全国商贸物流枢纽。纺织服装制鞋产业作为商丘市3大市域千亿级产业集群之一,以商丘枢纽经济发展为契机,依托夏邑县、虞城县、睢阳区、睢县等县区,已形成原料、化纤维、棉纺织、染整、服装一条龙的纺织产业链体系。

二、商丘市纺织服装制鞋产业发展总体状况

商丘市依托纺织服装制鞋所需的丰富生产要素资源,充分发挥交通区位优势,积极承接产业转移,扩大招商规模,对相关产业进行强链补链,商丘市纺织服装及制鞋产业得到了迅速发展。目前,商丘市已经培育形成了千亿产业集群,已成为商丘市重要的主导产业。然而,随着新冠疫情在全球的影响,商丘市纺织服装及制鞋产业受到全球市场需求持续低迷、国内经济下行压力加大的影响,也遭到了巨大的冲击。纺织服装制鞋产业作为商丘的主导产业,主要呈现以下特征。

(一)产业规模不断增长

商丘市纺织服装及制鞋产业经过多年发展,产业结构持续优化,规模效益不断提升,已经基本形成门类较为齐全的产业体系。截至2021年底,商丘市规模以上纺织服装及制鞋企业发展到331家,其中服装服饰企业153家、纺织企业83家,制鞋企业95家,拥有纱锭规模达450万锭,年产各类服装近8亿件、绒布3 000多万米、高中档牛仔面料1 000万米、纱布500万米。2021年规模以上工业企业纺织业增加值同比增长0.9%、服装服饰业增长2.6%、皮革及制鞋业增长0.6%。①

---

① 商丘市纺织服装产业发展情况及发展思路〔R〕.商丘:商丘市发改委,2022.

（二）产业链条日趋完善

目前，商丘市纺织服装产业已基本形成"纺纱—织布—印染—服装加工"产业链，产业覆盖化纤生产、织布、针织服装、绒布、毛毯、水洗、印花、家纺、箱包、织袜、花边、棉纺、毛纺、化纤纺、印染、休闲服装、运动装等多个领域，产业链条逐步完善。随着河南省第一家印染布局试点单位"夏邑县生态印染科技产业园"项目的开工建设，将有效连接起纺纱、织布、成衣等各个环节，显著提升产品附加值，为商丘市纺织服装企业提供新的发展机遇。

（三）产业集群加快发展

随着商丘市夏邑县、睢阳区、虞城县、睢县等产业集聚区快速发展，商丘市纺织服装及制鞋产业逐步形成规模效应，产业聚集与辐射能力以及发展水平得到大幅度提升。

夏邑县产业集聚区，通过有效开展"万人助万企"活动，积极优化营商环境，着力创建"中原纺织服装加工基地"，打造"中国纺织名城"。2021年，规模以上纺织服装企业120余家，入驻世界第一缝纫线的大洋纱线、江北最大织布企业华鹏纺织、河南纺织标杆企业永安纺织、河南中老年服装第一品牌庄妍服饰等纺织服装龙头企业40余家，拥有赛琪服饰、巴拉巴拉、法国"迪卡侬"、罗莱家纺等多个知名品牌。恒天永安100万锭智能化纤纺项目和恒天华商非织造布产业园项目相继落户夏邑。[①] 夏邑县先后荣获"河南省服装产业基地""河南知名纺织产业集聚区""河南服装承接转移优秀县"。永安纺织、杰瑞服饰、大洋纱线、华鹏纺织等一批龙头企业通过研发创新、设备改造、市场拓展、品牌创建等多种途径和方式率先实现转型。

睢阳区产业集聚区，努力打造"中国知名针织内衣服装加工基地"。2021年，全区针织服装及相关配套生产企业达632家，实现营业收入达155亿元，占全区工业总产值的30%，利润总额达15.8亿元，为长江以北

---

① 商丘市产业集聚区发展报告［R］. 商丘：商丘市发改委，2022.

四大针织童装内衣生产基地之一、豫鲁苏皖针织童装内衣集散地，被纺织工业联合会授予"中国针织服装名城"。① 随着商丘古城开发利用，睢阳区大力实施针织童装企业"出古城，进园区"工作，截至目前，已入驻园区有186家，全区现有纱锭50万锭，年产各类纱线约10万吨，织布能力10万吨，服装加工6亿件。②

虞城县产业集聚区有乔治白服饰、汉贝迪服饰、华宝制衣、汇丰棉业、利斯特棉业等纺织、服饰加工企业80多家，其中规模以上企业36家，从业人数达2万多人，纺纱规模达到160万锭，年生产各类服装3 500万（件套），毛毯600万件，鞋，帽500万双，袜子800万双，年产值140亿元，利税3.5亿元。③

睢县产业集聚区着力打造中原制鞋产业基地（见表5-10）。努力建设"中原制鞋产业基地"，打造"中原鞋都"。依托安踏、广硕集团等知名上市企业入驻布局，睢县引进三台制鞋产业园、足力健、雄安制鞋产业园等一批制鞋及鞋业配套项目。2021年睢县制鞋及配件企业60多家，产能近3亿双，本地配套能力达到80%，努力打造"中原鞋都"。睢县产业集聚区在国家工商总局成功注册"中原鞋都"商标，被河南省皮革行业协会授予"中原制鞋产业基地"称号。先后落地安踏集团、广硕集团、豪德盛集团、源龙集团、仰光集团等制鞋及配套企业近百家，全县制鞋产业年产值突破50亿元，其中出口品牌占80%以上。④

表5-10   商丘市涉及纺织服装制鞋的产业集聚区及其主导产业与重点领域

产业集聚区名称	主导产业	纺织服装制鞋产业重点领域
夏邑县产业集聚区	主导产业：纺织服装、装备制造。新兴产业：医药制造	纺织服装重点围绕毛纺特种纱、精纺纱加工、品牌服装服饰生产等领域
商丘睢阳产业集聚区	主导产业：纺织服装、新材料	纺织服装重点围绕品牌针织服饰和高档服装等领域

①②④ 商丘市纺织服装产业发展情况及发展思路［R］.商丘：商丘市发改委，2022.
③ 商丘市产业集聚区发展报告［R］.商丘：商丘市发改委，2022.

产业集聚区名称	主导产业	纺织服装制鞋产业重点领域
虞城县产业集聚区	主导产业：装备制造、纺织服装、食品加工。 新兴产业：医药制造	纺织服装重点围绕纺织服装加工生产等领域
睢县产业集聚区	主导产业：纺织服装（制鞋）、电子信息	纺织服装（制鞋）重点围绕制鞋产业链、品牌鞋类等领域

注：根据《商丘市产业集聚区发展报告》整理而得。

（四）产业装备水平显著提升

商丘市以技术改造为基本路径，推动产业数字化转型和智能化重塑，开创了纺织服装行业高质量发展新局面。乔治白服饰实施了柔性智能裁剪生产项目，实现了为客户"量体裁衣"；夏邑恒天永安项目采用了全流程智能化成套棉纺设备，其中80%是最新技术，20%是订制技术，万锭用工量由原来的200人，减少到现在的20人，可实现细纱车间夜班无人值守，真正做到夜班无人工厂。[①] 2021年在全省智能化观摩点评活动中，商丘市荣获黄淮四市小组第一名，恒天永安和健锋帽业两家企业被评为市级智能化改造优秀企业，为商丘市纺织服装产业转型升级发挥了示范带动作用。

三、商丘市纺织服装制鞋产业集聚效应

作为国内纺织服装制鞋大市，商丘市依托交通区位优势和丰富的劳动力资源，促进了纺织服装制鞋产业的区域性集聚，产生了巨大的产业辐射空间，吸引了众多纺织服装制鞋品牌企业入驻商丘布局。商丘市内纺织服装制鞋产业分布广泛，夏邑县、睢阳区、虞城县、睢县等产业集聚区以纺织服装制鞋为主导产业，集聚效应明显，形成了一批特色服装加工生产基地。目前，商丘市纺织服装产业已基本形成"纺纱—织布—印染—服装加工"产业链，产业覆盖多个领域，产业链条逐步完善。

---

① 商丘市产业集聚区发展报告 ［R］. 商丘：商丘市发改委，2022.

（一）依靠区位优势，紧抓发展机遇

商丘地处中原腹地，北接齐鲁，南据江淮，西扼中原，东临沿海，商丘市已成为全国性的重要的物资集散地和商贸中心，是河南实施"东引西进"战略的桥头堡，承接沿海地区产业转移具有独特的区位优势。交通区位优势使产业特色更加突出。依托各县区产业集聚区为载体平台，积极推进中原经济区承接产业转移示范市建设，规划建设特色产业集聚区，培育发展食品加工、纺织服装、装备制造、现代物流等 12 个千亿级和百亿级产业集群，打造特色产业基地，积极推进智能制造、智慧制造、绿色制造的发展平台，助推产业转型升级。

（二）依靠资源优势，集聚产业链条

依赖交通便捷优势和丰富的资源优势，集聚了有特色的服装产业群，形成了完整的产业链条。商丘市终端纺织品消费市场潜力巨大，服装家纺行业快速增长，一批特色产业集群主要集中在夏邑县、睢阳区、虞城、睢县等地。

商丘市夏邑县产业集聚区的主导产业是纺织服装，近年来，在原有产业链条的基础上，引进了棉纺纱、化纤纺、绒布、染色、印花、水洗、后整理、羽绒服、休闲服装、运动装、牛仔裤、针织服装、箱包、家纺、拉链等多类纺织服装企业落户，延伸了纺织服装产业链条，已形成较为完善的产业链条体系。商丘市睢阳区闫集工业区聚集了七彩纺织、小燕子服饰、宏扬内衣、恒琪服饰、绅士服装等一大批纺织服装项目。产业园区招商入驻的一些与纺织相关联的产业，延伸了产业链条，形成规模效益。

（三）依赖政策优势，壮大产业集群

2021 年商丘纺织服装产业迎来了历史性发展机遇。一是国家的政策导向，我国在纺织服装制鞋产业区域布局上作出了重大改变，产业布局正向中西部转移；二是迎合国家纺织服装制鞋产业结构升级，积极创建"先进制造业大省"是河南省近期的重要目标；三是承接产业转移，纺织服装制鞋产业作为劳动密集型产业，正是河南作为中国第一人口大省承接产业转移的天然优势。近年来，河南省政府发布承接产业转移相关行动计划多项，多次明确以"服装服饰"等高成长型制造业为重点，积极培育壮大产业集群，发挥产业倍增效应，带动产业结构升级。

（四）依赖人口优势，汇聚人力资源

商丘是人口大市，人力资源优势明显，而纺织服装制鞋产业是劳动密集型产业，合理利用人口优势，产业发展的人口红利还会持续较长一段时间。目前，有两项措施深挖人力资源潜力：一是推进农村留守妇女就业。商丘市召开农村留守妇女"巧媳妇工程"推进会，建成了 300 个以服装加工为主的"巧媳妇"示范工厂，解决了 15 万留守妇女的就业问题。二是吸引外出务工人员返乡。商丘是劳务输出大市，外出务工人员通过在东部沿海打工的经历，掌握了很多先进技术，随着产业转移，劳动力开始回流，为促进商丘纺织服装制鞋产业发展带回了先进生产力。

四、商丘市纺织服装产业的空间布局

商丘市纺织服装产业历史底蕴深厚、发展基础良好，发展优势明显，具备乘势而上、发展壮大的能力和条件。以产业链完善、产业集群和龙头企业培育为重点，大力实施补链、强链、延链，加快产业集聚协同，强化产业"链主"牵引，营造良好发展生态。根据自然和经济资源分布特征以及环境承载能力，坚持整合集聚与优化提升相结合，着力优化纺织服装行业的空间布局，严格执行国家相关产业政策，有序淘汰落后产能，逐步形成全市印染行业"1＋4"的总体产业布局框架，即一个产业核心区、四个功能辐射区。

（一）一个产业核心区

一个产业核心区是指以夏邑县为核心，全面发展印染行业，形成商丘市机织、针织印染产业基地。夏邑县人民政府在产业集聚区内规划生态纺织片区，用于印染产业集聚发展。商丘市承接产业并非简单"平移"，多是"再造式转移"，后发优势凸显。

（二）四个功能辐射区

综合产业需求、水环境和水资源承载情况、等要素分析，将夏邑县、睢阳区、虞城县、睢县划为功能辐射区。在功能辐射区内禁止新增印染产能，引导现有印染企业和印染需求向产业核心区转移。近期保留现有企业印染产能，远期逐步淘汰。

自 2014 年 4 月 18 日，商丘市政府举办了首届中国·商丘针织童装产品展销会以来，连续六届邀请了中国针织工业协会、省服装协会及国内主要针织童装地市、企业组团参展。2020 年展会突破以往传统展会模式，开创了全新形式的阿里巴巴（商丘）产业带线上线下联动的 O2O（Online To Offline）展会，展出内容从针织童装扩大到纺织品、面辅料、服装服饰、鞋类产品及相关机械。

五、商丘市纺织服装制鞋产业存在问题

（一）产业结构还不够合理，仍在低位运行发展

商丘市大部分企业仍处于产业链低端，整体发展落后于全国水平。部分企业缺乏品牌意识，品牌培育工作需要进一步加强。企业普遍存在科技人才难引进、难留住、难作为，高级管理人才缺乏的问题，严重影响企业的健康发展。同时，劳动力成本急剧上涨，加大了企业成本，加上融资问题，造成部分纺织服装企业开工不足，经营困难。纺织服装企业模仿和跟进现象比较普遍，同质化问题严重。部分企业处于"小作坊"状态，产品以棉纺织初加工产品为主，大部分仍处于产业链中低端，高附加值的产品较少。受以上原因及当前外部经济环境影响，商丘市纺织服装产业对经济发展的拉动作用和财税贡献还不突出。

（二）产品结构单一，市场竞争能力有待提升

商丘市纺织服装制鞋企业生产产品较为单一、产品工艺简单，主要采取"大批量、低价格"的市场竞争模式，抗风险能力较弱。在市场竞争单一化格局下，面向品牌运营商提供服务的企业难以分享价值链中的高附加

值业务，客户资源较为分散，缺少能够将众多品牌商进行集中的优势企业。此外，中小企业比重过高，缺乏龙头企业引领。商丘市规模以上纺织服装企业中，龙头企业少，大部分为中小型企业，生产规模小，集中度低，市场竞争力和抗风险能力较弱。

（三）自主创新积极性不高，高端产品发展不足

商丘市纺织服装企业的创新研发投入不够，大多企业通过引进设备来提升生产技术水平，科技创新能力不足，销路一直较为单一。纺织工业产品的科技含量较低，受市场、资金等问题影响，企业创新热情不高，产业结构调整和提档升级仍然任重道远。服装工业技术创新能力较弱，产品质量、档次、品种与国际先进水平仍存在明显的差距，高端化发展不足，而中低档产品又存在过度竞争问题。

（四）要素制约明显，产业发展比较缓慢

影响纺织服装企业的生产制约因素主要是资金问题，金融机构贷款附加条件增加、贷款数目减额以及续贷问题给企业经营发展带来了不确定的风险。目前纺织服装市场竞争激烈，相当一部分企业的投资意愿降低，新建拓展项目进度缓慢。人力资源不足也是纺织服装产业制约的主要因素，如产品研发、高端管理人才不足也制约了整个产业结构调整和优化升级。

（五）县区承载能力弱，配套设施有待进一步增强

随着产业规模的不断扩大，产业集聚区入驻项目的增多，基础配套设施建设，如设计中心、专业市场、会展中心、物流中心、研发创新等公共服务平台，需要进一步完善和加强，不断提升承载能力，增强产业集聚力。

六、商丘纺织服装制鞋产业发展建议

为抢抓新旧动能转换重大机遇，推动商丘市纺织服装产业在新材料、新技术、新工艺等方面不断创新，加快整个产业转型升级步伐，商丘师范学院豫鲁苏皖接合区经济社会发展研究中心对夏邑县、睢阳区、虞城和睢

县等纺织服装产业进行了调研分析，并详细了解了恒大永安、欣悦纺织等重点企业，在此基础上提出了发挥人才核心作用，围绕市场需求，加强技术研发、创意设计，加快品质提升、品牌打造和智能化转型，提高驾驭市场的核心竞争力的对策建议。

（一）做好产业引导

发展商丘纺织服装制鞋产业应以贯彻落实相关产业规划行动纲领①为出发点，积极建链、补链、强链，高标准做好商丘市纺织服装制鞋产业中长期发展规划，转变纺织服装产业发展定位，从乡土型、传统型向既拥有自己特色与传统且又精致、时尚、现代的纺织服装产业转变。着力深化产业发展变革，完善产业政策，以科技创新为支撑，积极打造重点项目，培育龙头企业。依托现有电子商务发展平台，实现线上线下有机结合，打造商丘纺织服装制鞋产业的特色创新服务平台，实现工业化、信息化"两化"的快速融合，积极提升企业科技创新能力、产品开发能力，增强纺织服装制鞋企业的经营管理水平。

（二）依托技术创新

技术创新是提升纺织服装产业市场竞争力的重要保障，商丘市应积极筹建科学研究、商贸物流与检测的公共服务平台建设，着重培育集政、产、学、研为一体的纺织服装产业研发设计中心。引导企业投资纺织服装制鞋产业的技术创新，规划保障企业投资创新的利益，鼓励相关企业和组织加大资金投入，淘汰落后生产工艺，以现代先进适用技术改造提升传统纺织服装产业，实现高效、清洁、生态发展。积极加强与商丘师范学院、河南省工程学院等高等院校和科研院所的联系，将科技成果及时有效地转化为生产力，使企业真正成为技术开发、科技投入、推广应用的主体。

---

① 如《中国制造 2025》《河南省行动纲要》《河南省推进工业转型升级行动计划》《商丘市"265"产业转型升级规划》。

（三）搞好品牌建设

强化品牌定位，塑造品牌形象，积极培育区域公用品牌，构建品牌营销体系，实施纺织服装品牌战略。建立层级递进的品牌培育与推广机制，实现商丘市从纺织服装生产大市向品牌强市的转变。支持企业发展自主品牌，提高产品附加值，提升企业的国内外市场竞争力。鼓励企业实现从OEM（原产地加工）到ODM（原产地设计生产）再到品牌营销升级，逐步进入市场营销的高利润环节。引导企业与国内大企业集团实施强强联合、战略合作，促进企业做大做强。

（四）夯实人才支撑

立足商丘市纺织服装产业需求，坚持服务大局、按需引进，重点支持引进具有推动纺织服装产业技术革新能力的科技人才和创新团队，推动纺织服装产业在关键技术、生产工艺、产品设计上实现新突破。鼓励企业引进高层次人才，对符合条件并入选"中原英才计划"（育才系列）的高层次人才，按规定给予相应支持。加强本地人才的培养，通过"以老带新"的方式，选择有一定技术基础的年轻人，跟随外来专家学习，加强企业的技术深度。加强高等院校与服装企业加强产教融合，合作建设现代产业学院，大力推行订单式、冠名班技能人才培养。加大劳动力挖掘力度，继续实施"巧媳妇工程"，建设训练有素、专业精干、接续有力的产业工人队伍。

（五）加强政府支持

统筹使用河南省先进制造业专项资金，加大对服装行业的支持力度。支持符合条件的企业享受研发费用加计扣除、固定资产加速折旧等税收优惠政策。落实降低社会保险费率政策，支持企业按规定申请稳定岗位补贴。鼓励企业在贫困地区建设服装工厂、车间，符合带贫企业认定标准的可享受扶贫优惠政策。利用中小企业发展专项基金、科技成果转化引导基金等各类创业投资、产业投资基金，按照市场化方式支持符合基金投向的服装企业。支持符合条件的服装企业挂牌上市。支持符合国家产业政策、成长性好的服装企业拓宽融资渠道，对发行债务融资工具、资产证券化产品以及引进保险资金实现融资且符合省级金融业发展专项奖补资金支持条件的企业，按规定给予奖补。

七、纺织服装制鞋产业未来发展前景

（一）消费将成为产业增长的重要引擎

尽管市场低迷、需求不足，但是服装的总量还是在增长，这种增长不是过去同质化增长，而是个性化、时尚化、性价比的增长，这个增长是服装未来增长的重要组成部分。服装行业是消费型产业，应该回归到消费者本源——围绕消费者需求，为其提供好的产品、好的服务。

（二）消费者将会更加注重服装制鞋品质

商丘市工信局针对服装行业的调查研究表明：2021 年，92% 的消费者在选购服装时的首要考虑因素是品质，更有 91% 的消费者表示，他们愿意为更好的品质服装支付更高的价格。商丘市服装消费需求由量向质提升的趋势将愈发明显，未来的服装最基本的要求是高品质服装。

（三）科技含量高的功能性服装将呈现快速增长

功能性服装是针对功能要求而设计于衣服之上，针对服装的质量和采用的技术要求相对较高。一方面，科技含量高的功能性服装能满足消费者对服装高品质和性价比的要求；另一方面，科技含量高的功能性服装更能彰显消费者个性，提升科技水平也是满足各种定制需求的基础。在户外运动服装领域，防水防风透气的面料、高科技的保暖里料、高水平的密封工艺以及防静电、速干等技术已经应用到了服装上。

（四）个性化、定制化将成为服装的发展趋势

个性化、定制化的产品消费已成为服装消费的主要趋势，这种趋势将对服装生产理念产生重大影响。顾客参与式生产使得生产决定需求的传统

生产方式向消费需求决定生产的方式转变。纺织服装企业在满足消费者的个性化需求的同时，将在一定程度上提高企业的生产效率，使得企业生产的目的性更强，有助于企业减少库存，减少流通中间环节。

（五）线上和线下渠道融合发展将进入新阶段

以手机为核心的信息技术，移动 App、移动支付、定位信息、大数据分析等，一方面是极大地释放消费者，消费者变得更加自由；另一方面是信息对称，使消费者和商家能够互通信息。

第七节　特色产业集群之七：超硬材料及制品

一、超硬材料及制品发展现状

（一）整体发展概况

超硬材料是指硬度特别高的材料，可分为天然以及人造两种，前者主要包括天然的钻石（金刚石）、黑钻石，后者则包括聚合钻石纳米棒（ADNR）、化学气相沉积金刚石（CVDD），以及研究较多的多晶立方氮化硼（PCBN）等。因此，超硬材料适于用来制造加工其他材料的工具，尤其是在加工硬质材料方面具有无可比拟的优越性，占有不可替代的重要地位。

（二）商丘超硬材料发展概述

商丘金刚石起步于 20 世纪 80 年代，1996 年开始有企业注册，从 2016 年起注册数量开始快速增加，由此可以看出，从 2016 年开始，商丘的金刚石企业集聚效应开始逐步显现出来（见表 5 - 11）。

表5-11 商丘市金刚石企业成立时间和数量分布

项目	1996年	1997年	1998年	1999年	2000年	2001年	2002年	2003年	2004年	2005年	2006年	2007年	2008年
企业数量（家）	1	0	0	1	0	0	2	0	7	6	4	0	1
百分比（%）	0.5	0	0	0.5	0	0	1	0	3.5	3	2	0	0.5

项目	2009年	2010年	2011年	2012年	2013年	2014年	2015年	2016年	2017年	2018年	2019年	2020年	2021年
企业数量（家）	3	5	12	7	4	8	4	23	31	21	24	30	4
百分比（%）	1.5	2.7	5.80	3.7	2	4	2	11.8	15.9	10.6	11.8	15.2	2

资料来源：作者根据天眼查官网（www.tianyancha.com）查询，查询日期：2021年8月3日。

（三）商丘金刚石产业链

钻石上游行业竞争十分激烈，供应充足。钻石的中游和下游分别集中在印度和美国。印度钻石切磨加工集中在苏拉特等地，形成了高度集中的加工产业集群。钻石和天然钻石共用印度切磨产业链资源，在印度切磨加工后的成品钻石销往世界各地。根据贝恩咨询的报告，2015~2020年，印度进口全球80%以上的毛坯钻石。培育钻石的消费市场以美国独大。根据贝恩咨询的数据，美国占全球培育钻石消费市场的80%，而中国只占了10%。从利润率的角度来看，整个产业链的上游和下游最有利可图。根据力量钻石2021年招股书显示，培育钻石产业链的上游生产和下游零售的利润率在60%以上，中游加工的利润率不足10%。下游领域主要是磨具，它主要应用于电子信息领域IC、芯片加工、汽车领域发动机加工、空调及冰箱压缩机加工、刀具加工等。锯切工具主要应用于石材工业、建筑工业，钻进工具主要应用于矿山、石油开采，刀具主要应用于车床加工。

二、商丘超硬材料及制品集聚效应

从表 5 - 12 中可以看出，截至 2021 年底，商丘市金刚石企业的地区分布呈现出一定的产业集群特点。其中，示范区和睢县入驻企业各 1 家，占比均为 0.5%。睢阳区入驻企业 3 家，占比 1.5%。虞城县入驻企业 7 家，占比 3.5%。宁陵县入驻企业 2 家，占比 1.0%。柘城县产业集聚区入驻金刚石企业 183 家，占比 92.5%，由表 5 - 12 可知，商丘的金刚石企业主要集中在柘城。

表 5 - 12 商丘是各地区目前存续的企业数量

项目	梁园区	睢阳区	柘城县	虞城县	宁陵县	睢县	示范区
企业数量（家）	1	3	183	7	2	1	1
百分比（%）	0.5	1.5	92.5	3.5	1	0.5	0.5

资料来源：作者根据天眼查官网（http://www.tianyancha.com）查询，查询日期：2021 年 8 月 3 日。

三、柘城县金刚石发展现状

（一）起步阶段

柘城金刚石产业起源于 20 世纪 80 年代中期，发源地是一家国营企业拉丝模厂，该厂培育出了大量的技术工人。但是由于当时特殊的环境，企业经营困难，发不出工资，有技术、有能力的工人纷纷下海创业，其中以当时第一个家庭作坊最为突出，以球磨机磨碎，用水稀释放在塑料桶中，利用物理学原理物体的重量大小在水中悬浮的时间不同，进行沉淀式分级，最后采用最原始的煤火炉进行烧烤式烘干，加工成了金刚石微粉。在榜样的力量下，柘城县以球磨机、塑料桶、煤火炉，进行着金刚石微粉的生产，随着加工技术逐步完善，柘城县从事金刚石微粉加工的小微企业呈现出雨后春笋之势，这也为金刚石产业的进一步发展打下了坚实的基础。

（二）转型阶段

在 1992 年南方谈话后，市场经济观念深入人心，中国大地掀起了经商热潮，公职人员辞职下海，乡镇企业生机勃勃，柘城金刚石产业的规模进一步扩大，参与人数众多，家庭作坊数不胜数。由于很多地区加以仿效，导致金刚石微粉利润微薄，并陷入了无序竞争。众多微小企业破产，家庭作坊陷入困境，利润降低，资金链断裂，面临停产或破产。但是柘城人积极寻找解决办法，并意识到市场经济优胜劣汰的残酷性，以新源超硬材料有限公司的创始人邵大勇为代表的一批人为了走出困境，积极调研市场，考察其他县区的生产经营，意识到必须要在金刚石的产业链上下功夫，进行产品转型升级，提高产品的科技含量，并开始金刚石单晶的探索。

作为金刚石产业的第二代探索者，邵大勇在 2002 年初多方筹措资金注册成立了"柘城新源超硬材料有限公司"，高薪从外地聘请生产金刚石砂轮的技术专家，租用厂房作为生产车间，开始金刚石砂轮生产；鸿翔超硬材料有限公司开始涉足玻璃钻头的生产；华鑫超硬材料有限公司开始金刚石砂轮的生产。一部分家庭作坊式企业为走出困境转型到金刚石制品生产上，成为了柘城金刚石制品生产的第一批企业。

2006 年，柘城县人民政府响应号召，实施工业强县的战略，成立了工业园区，以基础配套设施建设为基础，以软环境建设为保障，以项目建设为载体，以招商引资为切入点，重点围绕有传统优势的金刚石产业，加大招商引资和各项优惠政策的扶持力度，为当时急需发展的金刚石微粉加工企业提供了机会和平台。柘城县委为工业园区提供资金，税收等优惠政策，鼓励金刚石企业的进一步发展，鸿祥超硬、金日金刚石、中原超硬、中裕超硬、金鑫磨料磨具 5 家当时实力较强的企业入驻园区。同时，金刚石制品企业分工更加明确，充分进行优势互补，柘城县新源超硬材料有限公司以生产金刚石砂轮为主，柘城县鸿祥超硬材料有限公司以生产金刚石钻头为主，他们为柘城县金刚石超硬材料产业进一步发展壮大奠定了基础。

（三）快速发展阶段

柘城县的金刚石产业经过长时间的摸索，在各个业务领域形成了龙头公司，并带动众多的中小企业，形成了各自不同的发展模式，并在县政府的积极帮助下，将产品推广到海外，进一步扩大市场。在 2009 年，柘城县把原工业园区提升为产业集聚区，进一步加大招商引资力度，基础设施、企业优惠政策等方面更加完善，并在产业集聚区内建立柘城县超硬材料生产基地，为金刚石产业的进一步腾飞打下了坚实的基础。

四、商丘超硬材料发展中的优势

（一）政策优势

柘城邀请清华大学河南工业大学等院所的专家学者举办"中国·柘城金刚石微粉产业发展研讨会"，明确超硬材料产业发展目标，制订产业链建设方案，编制了《柘城县超硬材料产业发展规划》，成为全国科技进步先进县、河南省高新技术特色产业基地、河南省特色装备制造示范园区、河南省新型工业化示范基地。《河南省人民政府办公厅关于转发河南省 2012 年重点工业产业年度行动计划的通知》把柘城县产业集聚区列入重点打造的三个超硬材料核心区之一。

（二）交通优势

柘城 50 千米之内有京九铁路和陇海铁路、连霍高速和大广高速、济广高速、郑徐高铁等，商周、永登、阳新 3 条高速在柘城呈三角形连接，区位优越，交通便利；三洋铁路的重要组成部分禹亳铁路在柘城建站设点，拉近了与长江经济带的距离。

（三）经济优势

商丘统计局 2021 年数据显示：2020 年全市固定资产投资（不含农户，下同）比上年增长 6.0%。在固定资产投资中，第一产业投资比上年增长 20.9%，第二产业投资增长 4.0%，第三产业投资增长 7.1%。工业投资增长 4.3%，基础设施投资增长 3.6%，民间投资增长 3.8%。

全年全市全体居民人均可支配收入 21 117 元，比上年增长 4.7%。按常住地分，城镇居民人均可支配收入 32 853 元，增长 1.6%；农村居民人均可支配收入 13 605 元，增长 7.4%。按常住地分，城镇居民人均消费支出 19 376 元，增长 6.1%；农村居民人均消费支出 11 388 元，增长 6.4%。[①]

五、超硬材料未来发展趋势

基建和房地产投资规模扩大，金刚石单晶在建材石材领域需求增长较快，我国正处于城镇化快速推进的关键时期，城镇基础设施建设、房地产开发持续推进，城镇社会房屋和基础设施建设投资保持较大规模。随着我国经济发展过程中基础设施建设不断完善，长江经济带、京津冀协同发展、粤港澳大湾区建设等国家发展战略的实施，以及材料科学和现代加工技术的发展，越来越多的难加工材料需要使用超硬材料制品加工，超硬材料制品已经成为现代工业生产过程中不可或缺的工具。由于下游行业潜在市场非常广阔，超硬材料制品的未来发展不受限于某个下游行业的发展周期，具有良好的未来发展预期。

目前，商丘柘城力量钻石实验室培育钻石是该企业发展的主要方向，年产毛坯钻石 50 万克拉以上。人造钻石在柘城县已经实现量产，相关的延伸产业也迅速发展起来。柘城县金刚石超硬材料产业形成了从单晶合成、微粉加工、制品生产到钻石培育的全链条。

[①] 资料来源：作者根据商丘市统计局官网（http：//tjj. shangqiu. gov. cn）查询，查询日期：2021 年 8 月 3 日。

◆ 第六章 ◆

商丘市枢纽经济发展的典型案例

第一节 商丘市农产品批发市场

一、我国农产品批发市场发展的政策梳理

随着城镇化及乡村振兴政策的持续推进，在全面建成小康社会奋斗目标实现之际，我国国民消费水平日益提高，对农产品消费也提出更高的要求。农产品批发市场作为农产品流通的中心环节和核心枢纽发挥着重要作用。《农产品市场管理条例》明确农产品批发市场基础性公共设施地位，党的十九大报告中关于人民美好生活目标的论断、国家"十二五"发展规划中的智慧城市建设、国务院办公厅《关于进一步扩大旅游文化体育健康养老教育培训等领域消费的意见》中有关加大对农产品批发市场、农贸市场、社区菜场、农村物流设施等公益性较强的流通设施支持力度建议的相关论述，都在一定程度上反映了国家对惠民、便民、保障民生的政策支持和重视。

农产品批发市场作为具有惠民便民公益性质的、贯穿城乡和国内外的农产品流通大动脉，始终发挥着农产品流通主渠道、主力军的作用，不仅与城市民生休戚相关，直接影响到城市居民幸福指数，而且事关城市形象，制约城市的现代化进程。改革开放以来，中国农产品批发市场发展经

历了自发萌芽阶段（1978～1984 年）、快速发展阶段（1985～1990 年）、盲目发展阶段（1991～1995 年）、规范发展阶段（1996～2001 年）、质的提升阶段（2002～2008 年）和集团化发展阶段（2009 年至今）。据全国城市农贸中心联合会统计，2019 年农产品批发市场交易总额 5.66 万亿元，交易总量为 9.59 亿吨，整体呈现平稳扩张态势。中共中央、国务院、财政部等多部门多措并举，为推动农产品批发市场的升级发展提供多方面政策保障。

（一）健全农产品市场体系，保障农产品供给能力

农业的主要矛盾由总量不足转变为结构性矛盾，突出表现为阶段性供过于求和供给不足并存，矛盾的主要方面在供给侧。农产品批发市场在农产品供应链中处于核心地位，在保障城市供应和引导农业生产等方面发挥重要作用。同时，农贸市场是农产品市场体系的重要组成部分，完善的农产品批发市场体系是健全商品市场和生产要素市场的前提和保障，在提高农产品流通效率的同时，应使组成农产品批发市场的各种生产要素更好发挥保障作用。

1. 保障农产品供给能力

2012 年《关于加快推进农业科技创新持续增强农产品供给保障能力的若干意见》指出切实保证农产品供应，尤其是"菜篮子"产品供给，抓好"菜篮子"必须建好菜园子、管好菜摊子。免除蔬菜批发和零售环节增值税，开展农产品进项税额核定扣除试点，落实和完善鲜活农产品运输绿色通道政策，清理和降低农产品批发市场、城市社区菜市场、乡镇集贸市场和超市的收费。2013 年《关于进一步加强农产品市场体系建设的指导意见》指出对于使用电子结算的农产品批发市场及批发商，符合税法规定小型微利企业条件的，享受相关企业所得税优惠政策。2016 年印发的《关于落实发展新理念加快农业现代化实现全面小康目标的若干意见》指出健全统一开放、布局合理、竞争有序的现代农产品市场体系，在搞活流通中促进农民增收。2017 年中央一号文件《中共中央、国务院关于深入推进农业供给侧结构性改革加快培育农业农村发展新动能的若干意见》中提出农贸市场是解决农业供给侧结构性矛盾的主要抓手。2019 年财政部税务总局印发《关于继续实行农产品批发市场农贸市场房产税、城镇土地使用税优惠

政策的通知》，为进一步支持农产品流通体系建设，决定继续对农产品批发市场、农贸市场给予自 2019 年 1 月 1 日至 2021 年 12 月 31 日房产税和城镇土地使用税优惠。

2. 健全农产品市场体系，提高市场流通效率

2013 年商务部等 13 个部门发布《关于进一步加强农产品市场体系建设的指导意见》，指出加快制订全国农产品市场发展规划，建立商务、发改、农业、国土、住建等多部门联动的规划协调落实机制。关于进一步加强农产品市场体系建设的指导意见。2010 年国务院印发《关于加大统筹城乡发展力度进一步夯实农业农村发展基础的若干意见》，强调统筹制定全国农贸市场布局规划，支持重点农贸市场建设和升级改造，落实农贸市场用地等扶持政策，发展农产品大市场大流通。发展农业会展经济，支持农产品营销；全面推进双百市场工程和农超对接，重点扶持农产品生产基地与大型连锁超市、学校及大企业等产销对接，减少流通环节，降低流通成本。2013 年国务院办公厅《关于印发降低流通费用提高流通效率综合工作方案的通知》发布，提出农产品批发市场、农贸市场用电、用气、用热与工业同价。农产品批发市场、农贸市场用水，在已按要求简化用水价格分类的地区，执行非居民用水价格；在尚未简化分类的地区，按照工商业用水价格中的较低标准执行。农产品冷链物流的冷库用电与工业用电同价。鼓励类商业用水、用电与工业同价。2013 年印发的《中共中央　国务院关于加快发展现代农业进一步增强农村发展活力的若干意见》进一步指出重点支持重要农产品集散地、优势农产品产地市场建设，培育具有国内外影响力的农产品价格形成和交易中心。建立公益性保障制度，可通过投资入股、产权回购回租、公建配套、减免和补贴费用等多种措施，建立完善农产品流通公益性保障制度，建设一批具有公益性质的流通基础设施，培育一批公益性骨干队伍，构建市场发挥公益性作用的长效机制，加强指导监督，确保市场落实公益性社会责任。

（二）提升农产品批发市场要素支持力度

农产品批发市场实现农产品大市场大流通功能，需要生产要素的支持。2012 年印发《关于加快推进农业科技创新持续增强农产品供给保障能

力的若干意见》指出统筹规划全国农产品流通设施布局，推进全国性、区域性骨干农贸市场建设和改造，重点支持交易场所、电子结算、信息处理、检验检测等设施建设。把农产品批发市场、城市社区菜市场、乡镇集贸市场建设纳入土地利用总体规划和城乡建设规划，研究制定支持农产品加工流通设施建设的用地政策。2013 年国务院办公厅《关于印发深化流通体制改革　加快流通产业发展重点工作部门分工方案的通知》强调依托交通枢纽、生产基地、中心城市和大型商品集散地，构建全国骨流通网络，建设一批辐射带动能力强的商贸中心、专业市场以及全国性和区域性配送中心。2015 年国务院印发《关于加大改革创新力度加快农业现代化建设的若干意见》，提出着力加强设施建设和配套服务，完善全国农产品流通骨干网络，加大重要农产品仓储物流设施建设力度。商务部等 13 个部门《关于进一步加强农产品市场体系建设的指导意见》指出对于专门经营农产品的批发市场、农贸市场使用的房产、土地，按规定享受税收支持政策。对于使用电子结算的农产品批发市场及批发商，符合税法规定小型微利企业条件的，享受相关企业所得税优惠政策；加强宏观信贷政策指导，鼓励银行业金融机构创新开展农产品仓储设施抵押、订单、仓单质押贷款等多种信贷产品和"农产品流通企业 + 农产品批发市场 + 专业大户"等供应链融资模式，拓宽农产品市场抵押担保范围；在土地利用总体规划和城乡规划中统筹安排农产品批发市场用地规模、布局，优先保障符合农产品市场发展规划的市场用地供应。2020 年 5 月，中央作出战略部署，重点支持"两新一重"建设，即"加强新型基础设施建设，加强新型城镇化建设，加强交通、水利等重大工程建设"。农产品批发市场智慧型基础设施是新型基础设施的重要组成部分，又是新型智慧城市建设的重要内容，因此，应充分利用历史机遇，大力改善农贸市场基础设施建设。

（三）创新农产品流通方式，实现农产品加工业转型升级

农产品通过买卖形式实现从农业生产领域到消费领域的转移。农产品批发市场作为农产品流通的主渠道，随着信息时代的到来，需要对传统流通方式进行创新，对农产品批发市场相关设施进行信息化过程，使多元化的农产品流通方式更加适应现实的需要。通过农产品批发市场流通方式的

多元以及相应大数据的支持，消费的过程会指导农产品的生产加工，提高农产品加工转化率和附加值，增强对农民增收的带动能力，促进农产品加工企业优胜劣汰。

（1）创新农产品流通方式方面。2012年《关于加快推进农业科技创新持续增强农产品供给保障能力的若干意见》发布，指出应充分利用现代信息技术手段，发展农产品电子商务等现代交易方式。探索建立生产与消费有效衔接、灵活多样的农产品产销模式，减少流通环节，降低流通成本。大力发展订单农业，推进生产者与批发市场、农贸市场、超市、宾馆饭店、学校和企业食堂等直接对接，支持生产基地、农民专业合作社在城市社区增加直供直销网点，形成稳定的农产品供求关系。扶持供销合作社、农民专业合作社等发展联通城乡市场的双向流通网络。开展"南菜北运""西果东送"现代流通综合试点。开展农村商务信息服务，举办多形式、多层次的农产品展销活动，培育具有全国性和地方特色的农产品展会品牌。2015年中共中央、国务院发布的《关于加大改革创新力度加快农业现代化建设的若干意见》指出清理整顿农产品运销乱收费问题。发展农产品期货交易，开发农产品期货交易新品种，支持电商、物流、商贸、金融等企业参与涉农电子商务平台建设，开展电子商务进农村综合示范。2019年财政部和商务部联合发布《关于推动农商互联完善农产品供应链的通知》，提出发挥中央财政资金对社会资本引导作用，支持农产品供应链体系的薄弱环节和重点领域，各地中央财政资金支持农产品产后商品化处理设施和冷链物流的比例不得低于70%，对确定支持的省（区、市），每个省（区、市）支持2亿元。

（2）农产品加工业转型升级方面。2016年国务院印发《关于落实发展新理念加快农业现代化实现全面小康目标的若干意见》，强调促进农产品初加工、精深加工及综合利用加工协调发展，提高农产品加工转化率和附加值，增强对农民增收的带动能力。加强规划和政策引导，促进主产区农产品加工业加快发展，支持粮食主产区发展粮食深加工，形成一批优势产业集群。开发拥有自主知识产权的技术装备，支持农产品加工设备改造提升，建设农产品加工技术集成基地。培育一批农产品精深加工领军企业和国内外知名品牌。强化环保、能耗、质量、安全等标准作用，促进农产品加工企业优胜劣汰。完善农产品产地初加工补助政策。研究制定促进农产品加工业发展的意见。

(四) 完善农产品市场调控

农产品价格是农产品流通供应链中最为关注的问题，不仅关系农产品流通供应链结点成员的营收，更关系国计民生。农产品批发市场作为农产品价格形成的重要节点，是农产品市场调控的范围，应强化相应主体责任。2013 年印发《中共中央　国务院关于加快发展现代农业进一步增强农村发展活力的若干意见》，指出充分发挥价格对农业生产和农民增收的激励作用，按照生产成本加合理利润的原则，继续提高农产品临时收储。优化大宗农产品储备品种结构和区域布局，完善进口转储制度。健全重要农产品市场监测预警机制，认真执行生猪市场价格调控预案，改善鲜活农产品调控办法。加强和完善农产品信息统计发布制度，建立市场调控效果评估制度。扩大农资产品储备品种。2014 年国务院印发《关于全面深化农村改革加快推进农业现代化的若干意见》，强调综合运用储备吞吐、进出口调节等手段，合理确定不同农产品价格波动调控区间，保障重要农产品市场基本稳定。科学确定重要农产品储备功能和规模，强化地方尤其是主销区的储备责任，优化区域布局和品种结构。完善中央储备粮管理体制，鼓励符合条件的多元市场主体参与大宗农产品政策性收储。

(五) 提升农产品安全

安全、健康成为国民日益关注的民生问题，农产品批发市场作为农产品供应链中不可或缺的一环，在保障农产品质量安全，维护公众健康，促进农业农村经济发展方面发挥着重要作用，建立农产品全过程追溯系统以及落实各方面主体责任，为农产品安全助力。

2013 年，《中共中央　国务院关于加快发展现代农业进一步增强农村发展活力的若干意见》强调加强综合协调联动，落实从田头到餐桌的全程监管责任，加快形成符合国情、科学完善的食品安全体系。健全农产品质量安全和食品安全追溯体系。强化农业生产过程环境监测，严格农业投入品生产经营使用管理。支持农贸市场食品安全检测室（站）建设，补助检验检测费用。2014年国务院印发《关于全面深化农村改革加快推进农业现代化的若干意见》，进一步强调落实地方政府属地管理和生产经营主体责任。支持标准化生产、重点产品风险监测预警、食品追溯体系建设，加大农贸市场质量安全检验检测费用补助力度。2015年印发的《关于加大改革创新力度加快农业现代化建设的若干意见》在前述政策基础上，提出建立全程可追溯、互联共享的农产品质量和食品安全信息平台。健全食品安全监管综合协调制度，强化地方政府法定职责。落实生产经营者主体责任，严惩各类食品安全违法犯罪行为，提高群众安全感和满意度。

2016年印发的《关于落实发展新理念加快农业现代化实现全面小康目标的若干意见》提出加快完善食品安全国家标准，实行严格的农业投入品使用管理制度。推广高效低毒低残留农药，实施兽用抗菌药治理行动。加强基层监管机构能力建设，培育职业化检查员，扩大抽检覆盖面，加强日常检查。强化食品安全责任制，把保障农产品质量和食品安全作为衡量党政领导班子政绩的重要考核指标。2017年国务院印发《关于深入推进农业供给侧结构性改革加快培育农业农村发展新动能的若干意见》，指出坚持质量兴农，实施农业标准化战略，突出优质、安全、绿色导向，健全农产品质量和食品安全标准体系。支持新型农业经营主体申请"三品一标"认证。引导企业争取国际有机农产品认证，加快提升国内绿色、有机农产品认证的权威性和影响力。切实加强产地环境保护和源头治理，推行农业良好生产规范，推广生产记录台账制度，鼓励生产经营主体投保食品安全责任险，抓紧修订农产品质量安全法。

（六）统筹利用两个市场两种资源

农产品批发市场在农产品流通大循环中，不仅有国内资产的农产品，更有来自国际市场的农产品，在交易过程中，充分利用好国内国际两个市场两种资源，为农产品市场自身发展助力，促进农业经济更好发展。2013年印发《中共中央 国务院关于加快发展现代农业进一步增强农村发展活力的若干意见》要求完善农产品进出口税收调控政策，加强进口关税配额管理，健全大宗品种进口报告制度，强化敏感品种进口监测。推动进口来源多元化，规范进出口秩序，打击走私行为。2015年国务院印发《关于加大改革创新力度加快农业现代化建设的若干意见》进一步强调支持优势农产品出口，严格执行棉花滑准税政策。重点加强农产品加工、储运、贸易等环节合作，支持开展境外农业合作开发，推进科技示范园区建设，开展技术培训、科研成果示范、品牌推广等服务。落实到境外从事农业生产所需农用设备和农业投入品出境的扶持政策。2016 年印发《关于落实发展新理念加快农业现代化实现全面小康目标的若干意见》强调加快形成农业对外贸易与国内农业发展相互促进的政策体系，实现补充国内市场需求、促进结构调整、保护国内产业和农民利益的有机统一。确保口粮绝对安全，利用国际资源和市场，优化国内农业结构，缓解资源环境压力。优化重要农产品进口的全球布局，推进进口来源多元化，加快形成互利共赢的稳定经贸关系。健全贸易救济和产业损害补偿机制。加强与"一带一路"沿线国家和地区及周边国家和地区的农业投资、贸易、科技、动植物检疫合作①。

二、农产品批发市场发展的作用

农产品批发市场连接产地与销地，直接关系国计民生，兼具经济性和公益性的特点，对促进农业生产，搞活流通，保障居民消费发挥重要作用，是我国农产品流通的关键环节和主渠道。农产品批发市场经营管理水平在一定程度上反映了地方经济水平、文明程度、民生建设、居民生活质量，是当地发展状况和精神面貌的缩影。

（一）农产品批发市场的经济作用

1. 保障农产品供应

随着我国城市化水平的不断提高以及人口数量的快速增长，我国农产品批发市场也逐渐覆盖了大、中、小城市和农产品集中产区，构筑起贯通全国城乡的农产品流通大动脉。

---

① 中国农产品批发市场行业通鉴（1984~2014）［M］. 北京：中国农业科学技术出版社，2015.

2. 引导农业生产规模化、集约化、标准化、专业化

农产品批发市场是农产品的流通中心、信息发布中心以及价格形成中心，也是农产品供需变动的晴雨表。农产品批发市场的发展，反映出市场对农产品消费需求的变化，农产品生产者根据市场的需求调整生产，不断开发优质品种、控制食品安全，在自由竞争中逐步形成"优质优价"。农产品批发市场将农产品加工、包装、配送、信息等多个环节整合在一起，改变了原先单个商户"各自为战"的局面，在整个农产品流通过程中，促进农业产业结构调整，引导农业生产规模化、集约化、标准化[1]。农产品批发市场汇集大量有关产地分销商和销地消费者大量的供求信息，能够极大程度减少买卖双方的信息搜索成本，促进供求信息的对接。在市场经济体制中，现代农业生产专业化和区域化快速形成和发展，集中产区的不断涌现以及不同产区成熟农产品上市时间、数量和质量等，经纪人和贩运户全盘掌握，及时到各个产区将收获的农产品收购并运输到产区农产品批发市场或者直接运输到销地农产品批发市场，这也进一步促进了农产品生产在各地的专业化发展和区域化的形成。

3. 稳定产销关系

经过几十年的发展，多数农产品批发市场都已经形成了稳定的采购群体，构建起了四通八达的购销网络，为个体农民和经销商销售农产品提供了稳定的渠道，部分大型农产品批发市场与产地批发商签订收购合同，农民按照合同进行生产和销售，解决了农产品买难卖难的问题[2]。此外，一些农产品批发市场开始探索产业链的发展模式，实行"基地 + 市场 + 零售终端"的经营模式，推进产销衔接，减少流通环节，从而降低流通成本，从而进一步稳定产销关系。

把关农产品质量安全已经成为当下全社会关注的热点，农产品批发市场承担着流通过程中食品安全保障的社会责任。农产品批发市场的责任重点体现在质量把关和索证索票上，把关进入市场的产品证件齐全，商户出

---

① 马增俊. 中国农贸市场发展现状及热点问题 [J]. 中国流通经济，2014（9）：8 - 12.

② 马增俊. 农产品市场十年发展与展望 [EB/OL]. http//blog. sina. com. cn/s/blog_60a4266d0 1018fcj. html，2013 - 07 - 30.

具具有政府认可的检验检疫证明，同时市场与基地、政府实施联动，及时沟通反馈信息，从源头加强农产品质量把关。

4. 带动相关产业发展及农民增收

农产品批发市场的发展，在促进农民增收、改善农产品流通环境、带动民间投资、解决就业问题方面发挥了积极作用。同时，农产品批发市场的发展，解决了农产品批发与市场在空间上隔离、在时间上不能有效衔接而过度依赖中间商的情况，农民可以直接进入市场进行交易，从而解决农产品销售问题，通过农产品批发市场的农产品流通方式拓展农产品的流通半径，使农产品批发市场的带动作用进一步扩大。

（二）农产品批发市场的公益作用

农产品批发市场承担着解决"卖难"、稳定产销、保障供应、安全监管、稳定价格、质量监控等重要的公益功能。农产品批发市场内设置免费或者低收费的供农民出售自己农产品的场所将成为普遍行为。农民通过销售农产品获得收入获取生活资料，成为向市场供应的重要力量，进而成为市场大循环中的重要一环，农产品批发市场作为农民销售农产品的重要场所，有力解决了农产品"卖难"的问题。通过市场机制作用，农产品批发市场还起着调节供销平衡的作用，市场价格直接影响居民的幸福指数，而市场价格是由市场供求关系决定的，作为交易的中心，农产品批发市场一手托"供"，一手托"求"，在满足消费者对农产品需求的同时，为农产品供应者提供场所，为保障供求平衡提供有力保障，在整个过程中，市场管理部门会根据市场监管规定对农产品的质量、安全等多方面进行监管，保障从农产品批发市场渠道流入市场的农产品的安全可靠，发挥公益性流通设施在满足消费需求、保障市场稳定、提高应急能力中的重要作用。

三、310 农产品批发市场的历史演变①

商丘农产品中心批发市场（以下简称"310 农产品批发市场"）邻 310

---

① 本部分源于：乔斌，陈继亭. 商丘农产品中心批发市场创建发展之路［R］. 商丘：商丘农产品中心批发市场有限公司，2019. 有部分内容调整。

国道而建，又名 310 农产品批发市场，是一个占地 2 100 亩，总建筑面积 90 余万平方米，拥有 12 大交易区和 6 000 多家商户，年交易量近千万吨，年交易额突破 597 亿元、年交易量接近 1 600 万吨的批发市场。该市场是①豫鲁苏皖四省交界地区规模最大、交易功能最完善的农产品集散中心、交易中心、物流中心和价格形成中心，商丘农产品中心批发市场的农产品价格成为全国农产品价格的风向标。310 农产品批发市场的演变历程大致可分为三个阶段。

（一）1998～2004 年，市场创建及稳步发展阶段

20 世纪 90 年代，商丘市梁园区解放村为满足城市化建设和村办企业发展的需要，依托地处豫鲁苏皖接合部、紧邻市区的区位优势以及 105 国道与 310 国道、陇海铁路与京九铁路交汇处的独特交通优势，大力发展商贸物流业。1998 年初商丘决定建设商丘农产品批发市场，选址在 105 国道与 310 国道交汇处的东南角。1998 年 2 月正式开工建设。为了加强市场管理，市场斥资安装了与农业部信息中心相连的大型电子屏幕，随时为商户提供全国各大专业市场的价格信息，并能够对交易行为实行联合办公和微机作业管理。同时，市场管理制度和客户"家化"服务制度相继被制定，并在此基础上建成了一支专业化的管理队伍。1998 年，市场开始营业，当年有来自全国 20 多个省、市、自治区的 2 000 多户客商入驻经营，在市场集聚交易的农副产品接近 10 000 种，年交易量达 11 亿公斤，在全国同类市场中占第七位，年交易额达 14.6 亿元，实现利润 500 多万元。②

市场 1998 年被农业部指定为"农业部定点市场""农产品信息采集点"和"全国'菜篮子工程'鲜活农产品批发市场"；1999 年 5 月，中国乡镇企业产品展销暨经贸洽谈会在 310 农产品批发市场举行；2002 年被农业部等九部委确定为"农业产业化国家重点龙头企业"；2003 年跻身于全国农副产品批发市场十强之列。

---

① 商丘网. 掌舵全国农副产品商丘价格"风向标"［EB/OL］.（2021.6.21）［2022.11.20］. https：//baijiahao. baidu. com/s？id = 1703125348286931403&wfr = spider&for = pc.

② 乔斌，陈继亭. 商丘农产品中心批发市场创建发展之路［R］. 商丘农产品中心批发市场有限公司，2019.

(二) 2005~2008 年，市场迁址升级及快速发展阶段

随着农村经济的发展，我国农产品市场体系建设已从过去追求数量扩张阶段转变到稳定数量、提升功能、创新方式的新阶段。新的形势对加快农产品批发市场升级改造、完善相关市场功能、增强市场竞争力及推进市场现代化提出了紧迫要求。此时的 310 农产品批发市场由于市场规模较小、体系不健全、基础设施薄弱、配套功能落后及经营环境较差等问题，发展后劲严重不足，不仅制约了市场自身发展和竞争力的提高，而且越来越不适应现代农产品流通体系和城乡经济社会发展的需要。顺应新形势的发展，加快推进市场的升级改造，提升市场功能，是市场发展的必然选择。

在这个时期，国家发改委确定对全国 81 家重点农产品市场使用国债资金进行支持改造，310 农产品批发市场是其中之一。2004 年商丘市出于对光彩大市场重点招商项目和农产品批发市场长远发展的考虑，决定对 310 农产品批发市场进行高速度、高质量、高标准的搬迁拆除和新市场的建设工作，新址定在 105 国道与 310 国道交汇处。迁址的决定对农产品批发市场的发展是挑战更是机遇。

310 农产品批发市场顺应现代农产品批发市场的发展趋势，按照"建设大市场、发展大商贸、搞活大流通和做大做强"的要求，力争建设布局合理、设施先进、功能完善、管理规范、环境优良、运营高效的标准化、信息化、规范化国家级农产品批发市场。规划设计上，采取高起点、高标准、严要求；资金落实上，通过市场自筹、争取国家扶植、银行贷款和政府支持相结合的方式多渠道筹措资金 1.7 亿元；工程建设上，做到优质、高速、安全，创造了"商丘速度"。新市场从 2004 年 4 月初开始建设，建设完成后完成了商户的整体搬迁和拆迁补偿任务。同时，建成了两座面积 5 000 多平方米的冷库工程，以及面积 12 000 平方米的物流配送中心。[①] 在信息化方面，通过组建信息发布系统和电子结算系统，为商户提供了准确的市场行情，实现了全场交易的自动化。到 2004 年 7 月下旬，瓜果、蔬

---

① 江正茂. 商丘：让总书记的关怀成为建设新农村的动力 [EB/OL]. 搜狐新闻转自人民网，http：//news. sohu. com/20060913/n245325531. shtml，2006 - 09 - 13.

菜、粮油、肉食、水产、海鲜、副食、干鲜调料、畜禽、种子等 12 大交易区和物流配送、冷藏保鲜、卫生保洁及税费大厅等一系列配套服务设施的新市场基本建成并投入试运营。

在新市场的持续快速发展中，310 农产品批发市场高度重视信息化建设，并在国家发改委第一批国债资金支持、2006 年、2007 年商务部实施的"双百市场工程"资金支持下，重点加大了市场的信息化建设。信息中心大楼、电子结算系统、信息收集发布系统、指挥调度安全监控系统、农产品质量检验检测和安全追溯系统、客户自助查询服务系统、进门登记监管和无线稽核系统等一系列信息化服务管理设施相继建设并实施，使市场实现了信息透明化、服务全程化、买卖保障化、管理规范化。特别是从 2005年 6 月开始，在全国同行业中第一家使用了电子结算，在蔬菜、瓜果两大交易区实现了全场交易自动化，并运用这一系统，每天实时向国家有关部门报送农产品价格信息，信息化、智慧化建设一直走在全国同类市场的前列，形成了独特的"商丘价格"，并成为全国农产品价格的风向标。

到 2008 年，按照发展大商贸、搞活大流通和提升功能的发展思路，农产品批发市场经历了 10 年的快速发展，建成了一个布局合理、设施先进、功能完善、服务规范、环境优良的大型农产品批发市场。这个时期，市场获得了"农业产业化国家重点龙头企业""农业部定点市场""商务部第一批重点联系市场""双百市场工程""农副产品绿色批发市场""全国农产品综合批发十强市场""经营管理创新双十佳市场"等多项荣誉称号。[①]

（三）2009 年至今市场改制、持续升级及做大做强阶段

2008 年，310 农产品批发市场顺利完成改制任务，市场由国营改为股份制企业，成立了 310 农产品批发市场有限公司。企业改制后，在完善和规范各项企业管理制度，努力提升市场管理水平的同时，按照建设现代农批市场的要求，进一步加大市场的升级改造力度，不断推进市场做大做优做强。

---

① 张亚光．商丘农产品中心批发市场成立十周年庆典隆重举行 [N]．商丘日报，2008 -12 - 15（001）．

1. 市场规模逐步扩展

随着市场的不断发展，交易设施和冷链仓储物流设施越来越满足不了310农产品批发市场的发展需要。从2010年起，310农贸市场先后扩建仓储设施和交易平台1 000亩，市场总占地规模达到了2 100亩；2012年8月，新建400多亩解放村二手车市场；2016年9月，出资1.5亿元将商丘光彩大市场整体收购，从而形成了三大市场由310农产品批发市场统一管理的局面。①

2. 升级改造力度加大

2009年，310农贸市场重点进行了农产品质量安全可追溯系统、安全监控系统、进门登记监管系统及冷藏保鲜库等设施的建设和升级改造。2010年，市场获得了财政部、商务部重点扶持的国家农产品现代流通综合试点（商丘）项目。该项目总投资2.1亿元，主要用于冷链物流系统和交易设施的扩建以及无公害蔬菜基地的建设。② 这对于促进商丘市农产品流通体系的建立和完善，推动农业产业化和农民增收，增强农产品市场龙头企业的带动作用具有重要的意义。截至2017年，市场已拥有各类仓储设施73座，总建筑面积达30万平方米，有效缓解了仓储设施不足的局面，基本满足了商户的需求。③ 另外，市场还积极进行了市场信息化设施的升级换代——整体搬迁电子结算中心、升级改造电子监控中心及智能库建设。

3. 市场活力的不断展现

通过市场改制及不断升级改造，310农产品批发市场活力进一步增强，交易额和交易量逐年递增。截至2017年底，年交易量达900多万吨，位居全国同类市场第4位；年交易额突破370多亿元，位居全国同类市场第8位。现在的310农产品批发市场品种全、销量大、质量优、价格稳、辐射

---

① 乔斌，陈继亭. 商丘农产品中心批发市场创建发展之路［R］. 商丘农产品中心批发市场有限公司，2019.

② 河南省政府. 国家农产品现代流通综合试点（商丘）项目开建［EB/OL］.（2010-12-31）.［2022-10-14］. https：//www. henan. gov. cn/zwgk/system/2010/12/31/010226106. shtml.

③ 中国农村网. 河南商丘农产品中心批发市场：打造国家级农产品批发市场［EB/OL］.（2017.10.17）.［2022.10.14］. http：//journal. crnews. net/ncpsczk/2017n/dssbq/gz/920216_20171017125018. html.

面广、交易方便快捷，实现了农产品买全国卖全国。310农产品批发市场不仅承担着商丘市及周边200千米范围内80%以上城乡居民的鲜活农产品及农副产品的供应，还有效带动了商丘市及周边300千米范围内及全国多地农产品生产基地和农业产业化的发展，直接间接解决城乡人员就业，拉动了物流业、餐饮服务业的发展，促进了农民增收，实现了"兴一个市场，带一批产业，活一方百姓"的良好效果。这一发展阶段的310农产品批发市场更是收获满满：2010年2月，被推选为中国农产品市场协会常务副会长单位；2012年被国家工商总局评为"全国诚信示范市场"；2012年12月、2013年4月先后被商务部确定为"全国农产品流通创新重点联系市场""首批电子结算重点联系市场""首批全国集散地农产品批发重点联系市场"。

从2022年开始，为了更好承载国家物流枢纽功能，扩大商丘国家物流枢纽辐射能级，占地1 600余亩的商丘农产品中心批发市场升级改造项目正在紧张有序推进中。其发展目标是把商丘市农产品批发市场打造成为一个具有大冷链、大仓储、大物流、大流通功能的规范化、信息化、智能化的大型国际农产品物流中心。整个扩建项目计划分三期实施，总投资约26亿元，预计在两年内全部完成。①

四、310农产品批发市场的积聚效应——基于进入车辆的分析

农产品批发市场是区域性农产品交易的重要场所，是城镇居民的"菜篮子"，是一个地区农产品价格的重要风向标。310农产品批发市场是以批发为主的大型农产品批发市场，集聚了来自全国的批发商和农产品，本部分以2020年农产品批发市场的门卫车辆登记为依据，分别基于货主和承运人移动电话号码的地区分布分析了市场经营者的地区来源和货物运输车辆的地区来源。由于中国移动、中国联通和中国电信三大移动运营商在2018年7月1日取消了流量"漫游"费②，移动用户的跨区域流动和居住不再

---

① 中国日报网. 投资约26亿元 商丘农产品中心批发市场扩建升级 [EB/OL]. (2022 – 7 – 19) [2022 – 10 – 15]. https://baijiahao.baidu.com/s? id = 1738747415639237756&wfr = spider&for = pc.

② 网易财经. 三大运营商同时发声：7月1日起取消流量"漫游"费 [EB/OL]. (2018 – 6 – 22) [2021 – 8 – 13]. https://www.163.com/money/article/DKTDSN4700258105.html.

受移动电话号码地区的影响，为了保持手机联系方式的稳定性，国内很多商业经营者选择不换号，所以，本部分对货主和承运人（司机）手机号所在地区进行分析具有一定的合理性。

（一）货主电话所在地区分析

根据门卫登记，收集原始数据 686 条，整理后有效数据为 510 条，我们可以认为对应了 510 个货主，分布在 21 个省份、91 个地级市。从省份来看，河南省的货主最多，占 65%，其次是山东省、河北省和辽宁省（见表 6-1）。

表 6-1   货主的省份分布

项目	河南	山东	河北	辽宁	江苏	北京	黑龙江	浙江	湖南	安徽	广东
数量（个）	333	34	33	28	11	10	7	7	6	5	5
百分比（%）	69.52	7.10	6.89	5.85	2.30	2.09	1.46	1.46	1.25	1.04	1.04

项目	山西	四川	天津	内蒙古	陕西	福建	广西	湖北	吉林	宁夏	上海
数量（个）	5	5	5	4	3	2	2	2	1	1	1
百分比（%）	1.04	1.04	1.04	0.84	0.63	0.42	0.42	0.42	0.21	0.21	0.21

从 91 个地级市来看，货主来源最多的是商丘市，有 302 个；其次是邯郸、北京、菏泽和丹东。从货主在全国的地市分布来看，商丘及其周边城市货主的分布较为密集，其次是东北和华北地区，再就是东南沿海的地市。

（二）承运人电话所在地区分析

假如承运人手机号码所在地区即为承运人本人所在地区，而且承运人是货物所在地的运输车辆，那么这里对承运人手机号所在地区的分析在一定程度上反映了货物的来源。通常情况下，货主都是在本地寻找承运车辆运输货物，货主与承运人的电话应该在一个地区。从承运人的省份分布来看，525 个承运人分布在除了天津、海南和西藏以外的全国大陆 28 个地区

（见图6-1）。除了安徽的承运人数量和货主数量差距较大以外，其他地区二者基本一致。

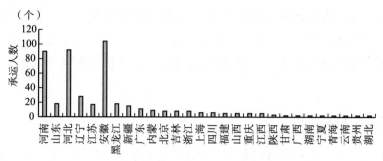

图6-1 承运人省份分布

从承运人的省份分布来看，819个承运人分布在128个城市，商丘市最多，有216个承运人，其次是邯郸、菏泽、聊城等周边城市。

（三）产品产地

根据登记信息1 004条，每个承运人都要登记产品产地，进口产品信息111条，约占7%，来源于美国、西班牙、法国、爱尔兰、阿根廷、智利、越南、毛里求斯等国家。其他登记信息填写不规范，经过筛选整理后获得的排名前20的省份数据如下（见表6-2）。

表6-2 货物来源地及来源次数分布

项目	河北	辽宁	上海	山东	河南	天津	江苏	广西	黑龙江	浙江
货物次数（次）	104	86	74	64	53	35	28	24	21	19
百分比（%）	13.42	11.10	9.55	8.26	6.84	4.52	3.61	3.10	2.71	2.45
排名	1	2	3	4	5	6	7	8	9	10
项目	广东	福建	湖南	内蒙古	云南	四川	吉林	湖北	江西	安徽
货物次数（次）	19	18	15	14	13	12	11	11	6	5
百分比（%）	2.45	2.32	1.94	1.81	1.68	1.55	1.42	1.42	0.77	0.65
排名	11	12	13	14	15	16	17	18	19	20

五、310 农产品批发市场的辐射效应——基于物流中心的车辆分析

农产品批发市场的辐射效应主要表现为产品的辐射范围，这里采用310 农产品批发市场物流中心的物流公司（物流商户）的运输路径站点进行分析。通过现场采集了 109 个车辆的路线，通过兰图绘工具进行分析如下。

（一）辐射范围

根据 109 个车辆路线的节点，去除重复的节点，共统计了 175 个节点，并在地图上进行了标注。最远的节点是吉林省的柳河县，距离为 1 243 千米。根据辐射范围图统计得到的数据可以看出，100 千米辐射范围占总节点数的 65.14%，200 千米辐射范围占总节点数的 82.29%，300 千米辐射范围占总节点数的 89.71%（见表 6-3）。综合分析可以认为，310 农产品批发市场 200 千米辐射范围的说法较为客观。

表 6-3　310 农产品批发市场不同辐射范围包含的物流节点数及其比例

辐射半径（千米）	节点数量（个）	百分比（%）
100	114	65.14
200	144	82.29
300	157	89.71
400	164	93.71
500	170	97.14
500 以上	175	100.00

（二）热力图分析

热力分析是将物流路线的节点标注数据以热力图的方式呈现。热力分析一般分为数值型热力分析和点密度热力分析，这里主要分析物流节点的密度，所以主要采用点密度热力图，针对点分布情况，密度越大，颜色越

深。通过热力分析发现，物流路线节点标注密度最大的深色区域辐射范围超过了200千米。

（三）覆盖省份

根据省份分布来看，310农产品批发市场主要辐射豫鲁皖三个省份，节点占比分别是54%、21%和14%（见表6-4）。

表6-4　　　　　　　　　　　辐射省份的节点数及其占比

省份	节点数量（个）	百分比（%）
河南省	94	54
山东省	37	21
安徽省	25	14
江苏省	8	5
河北省	4	2
其他	7	4
总计	175	100

六、310农产品批发市场发展的建议

经过20多年的发展，通过建设大市场、促进大流通，建设大仓储、促进大物流，310农产品批发市场在市场规模、信息化和智能化等方面取得了长足的进步，逐步成为豫鲁苏皖接合区重要的农产品集散地和物流中心，为商丘枢纽经济的发展发挥了重要的促进作用。但是，在市场发展过程中还存在着一些需要解决的问题，主要表现在以下方面。

（一）促进工业制冷基地与农产品批发市场的有效对接，实现冷链物流设施建设的升级改造

整个310农产品批发市场鲜活农产品冷链运输比例较低，影响了作为区域性农产品物流集散中心的辐射带动能力。借助民权县著名的制冷制造基地优势，充分发挥市县一级协调对接作用，从促进商丘经济内循环角度

探索推动制冷基地和农产品批发市场冷链设施的合作共建模式，提升整个市场冷链物流的规模和技术水平。

（二）以城市规划为契机，实现市场的搬迁和基础设施改造升级，打造智慧农产品批发市场

以政府为主导，充分考虑310农产品批发市场城市菜篮子和民生工程特点，土地审批、建设规划、资本投入等方面重点支持，以"互联网＋"、大数据、区块链等新兴技术，在高水平硬件支持的基础上，实现农产品信息公开透明、产品溯源、市场智能化管理、电子支付、网上销售和智能终端配送等。

（三）以310农产品批发市场为核心，拓展农业产业链

在加强与山东寿光、陕西洛川和眉县、甘肃定西等省外知名农产品产地积极对接的基础上，鼓励周边地区农业产业化企业、种植大户、农民专业合作社与农产品批发市场积极对接，引进开发新的绿色农产品种植技术，结合豫东气候特点和农业资源优势，探索具有地域特色的绿色农产品生产路径和规模化种植模式，拓展和升级产业链，提高农民收入水平，推动商丘的城乡融合发展，为城乡共同富裕贡献力量。

1. 充分发挥商丘枢纽集散中心优势，整合分类规划大型智慧物流中心

认真调研分析310农产品批发市场、光彩市场、中原佳海、豫东食品城等专业市场物流发展现状和存在的问题，结合国内知名物流企业，集中整合，实现技术提升和智能化改造，打造豫鲁苏皖接合区大型智慧物流中心。

2. 加大专业人才培养和引进力度，形成专业市场管理、商贸物流管理等领域的人才积聚高地

与商丘师范学院、商丘学院、商丘工学院、商丘职业技术学院市场营销、物流管理等专业相结合，对口打造适合商丘农产品市场发展的特色专业。积极引进国内知名农产品批发市场管理人才，在校企合作基础上实现人才互通，联合培养和产教融合。

第二节　商丘市保税物流中心

一、保税物流的形成背景及其作用

（一）形成背景

加入世贸组织以来，随着经济的全球化、贸易的自由化以及中国经济的快速发展，中国的外向型经济取得了举世瞩目的成就。据海关统计，中国货物进出口总额由 1978 年的 20 640 百万美元增长到 2020 年的 4 646 257.39 百万美元，占世界贸易总额的比重由 1978 年的不到 1% 升至 2020 年的近 13%（见图 6-2，见附表 A1），2020 年尽管中国面临严峻的国内外形势，货物进出口总值仍然比 2019 年增长近 2%（见附表 A1），成为全球唯一实现正增长的经济体。中国经济在国际经济中的地位愈加凸显。然而海关监管资源增长有限，我国的外向型经济相关的保税物流效率遇到了瓶颈期。

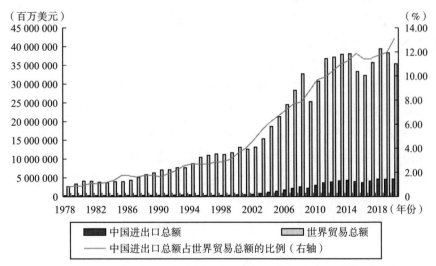

图 6-2　1978~2020 年中国进出口数据占世界贸易总额的比例

资料来源：中国进出口总额数据来源中国海关总署，其中 1978 年为外贸业务统计数，1980 年起为海关进出口统计数。世界贸易总额数据根据世界贸易组织网站按产品组进出口商品的年度数据加总而成。

在 20 世纪初，中国凭借丰富的自然资源、低廉的劳动力以及各项对外优惠政策，一跃成为全球制造业中心。据海关统计，2005 年中国进出口加工贸易企业的进出口额占到进出口总额的一半以上。[①] 进出口加工贸易企业为了提高利润率，将产品零部件的生产分包给不同的境内企业，虽然最终产品主要用于出口，但是上一环节和下一环节的企业都在境内，其贸易会被认定为国内贸易，相关企业不能享受出口退税以及进口料件免缴关税、增值税的税收优惠政策，由此催生出"香港一日游"业务，一定程度上加大了对外贸易的物流成本。

中国作为国际经济体系中的主导国家以及世界获取原材料、进行生产加工的全球制造业中心，为解决保税物流效率方面的瓶颈问题、降低对外贸易的物流成本，迫切需要再将国内的区域物流与国际物流对接起来进行管理与技术层面的创新，以提升本土企业的国际竞争力，加强国际经贸合作。为此中央及地方相关政府部门陆续出台了符合现代国际物流业发展要求的文件和政策。考虑到我国东、中、西部地区对外贸易呈现的急剧不平衡（东部地区地理位置优越、产业基础良好，对外贸易势头迅猛，而中西部地区对外贸易潜力有待发掘），以及国际贸易竞争的加剧，各大港口为了争取更多的资源和优惠政策，逐渐向内陆经济腹地辐射，中部地区迎来了国际贸易发展的机遇。

为满足保税物流形式对对外贸易发展的实际需要，中国海关总署积极探索、主动适应，1880 年开始设立保税仓库，到改革开放后，根据外向型经济发展的现实需要，在借鉴国际先进经验的基础上，中国海关又陆续修订并颁布了对来（进）料加工、保税仓库、出口加工区、保税物流园区、保税港区、综合保税、跨境工业区、保税仓库、保税物流中心以及出口监管仓等相关的规定及办法，逐渐形成了五个层次、九种模式的现代海关监管体系（见表 6 - 5）。

---

① 资料来源：中国海关总署。

表 6－5 中国海关监管体系

海关监管区	海关特殊监管区域[a]（国务院事权）	保税区（1990 年）[b]
		出口加工区（2000 年）[c]
		跨境工业区（2003 年）[d]
		保税物流园区（2004 年）[e]
		保税港区（2005 年）[f]
		综合保税区（2006 年）[g]
	保税监管场所（海关事权）	保税仓库（1880 年）
		出口监管仓（1988 年）[h]
		保税物流中心（A 型和 B 型）（2003 年）
	免税商店	—
	海关监管作业场所	—
	其他有海关监管业务的场所和地点	—

注：a. 海关特殊监管区域是经由国务院批准，在中华人民共和国境内设立的，以保税为基本功能的，由海关实施封闭监管的特定经济区域，其类型经历了从最初的保税区，到出口加工区、保税物流园区、跨境工业区，再到保税港区和综合保税区的不断发展和完善，截至 2020 年 12 月底，中国现有海关特殊监管区域 160 个。其中，保税港区 2 个，综合保税区 147 个，保税区 9 个，出口加工区 1 个，珠澳跨境工业区（珠海园区）1 个。

b. 中国兴建保税区最早开始于 1987 年，国家正式认可的中国第一个保税区是 1990 年设立的上海外高桥保税区。

c. 2000 年 9 月 6 日设立全国首家出口加工区——昆山出口加工区。

d. 中华人民共和国财政部：跨境工业区简介，2003 年国务院批准设立珠澳跨境工业区。

e. 上海外高桥保税物流园区是国务院特批的全国第一家保税物流园区，于 2004 年 4 月 15 日通过海关总署联合验收小组验收。

f. 中国第一个保税港区是 2005 年 6 月 22 日国务院批复设立的上海洋山保税港区。

g. 2006 年中国第一个综合保税区在苏州工业园区诞生，2007 年 8 月 28 日通过验收，苏州工业园综合保税区。

h. 1988 年，深证出现了中国第一家出口监管仓。

资料来源：根据《中华人民共和国海关法》（2017 年修订版）、《中华人民共和国海关监管区管理暂行办法》（2018 年修订版）、财政部《海关特殊监管区域简介》、《中华人民共和国海关对保税物流园区的管理办法》附则、《中华人民共和国海关对保税仓库及所存放货物的管理规定》（2018 修订版）、《中华人民共和国海关对保税物流中心（A 型）的暂行管理办法》（2018 年修订版）、《中华人民共和国海关对保税物流中心（B 型）的暂行管理办法》（2018 修订版）整理。

其中的保税物流中心①是指封闭的海关监管区，是具备口岸功能的保税监管场所，是在传统的保税区、保税物流园区以及区港联动保税物流形式上的创新。我国的保税物流中心主要分为 A、B 两种类型。A 型保税物流中心，是指经海关批准，由中国境内企业法人经营、专门从事保税仓储物流业务的海关监管场所②。B 型保税物流中心，是指经海关批准，由中国境内一家企业法人经营，多家企业进入并从事保税仓储物流业务的海关集中监管场所③。我国的保税物流中心主要是 B 型，因为这种公共服务平台能够很好地发挥带动和聚集效应。国内首家保税物流中心是 2004 年 5 月 11 日经中国海关总署批准设立的苏州工业园区保税物流中心（B 型）试点。自 2004 年 8 月起，中国扩大了保税物流中心（B 型）试点的范围，并且发布了《关于保税区与港区联动发展有关税收问题的通知》以及《保税物流中心（B 型）税收管理办法》等文件，对其税收优惠政策进一步明确，加快了保税物流中心（B 型）建设的步伐，截至 2020 年 12 月底，全国共有保税物流中心（B 型）94 个，其中河南 5 个（详情见附表 2）。

（二）主要作用

根据《中华人民共和国海关对保税物流中心（B 型）的暂行管理办法》的规定，保税物流中心（B 型）内企业可以开展以下业务：一是保税存储进出口货物及其他未办结海关手续货物；二是对所存货物开展流通性简单加工和增值服务；三是全球采购和国际分拨、配送，转口贸易和国际中转；四是经海关批准的其他国际物流业务。通过这些业务的开展，保税中心可以发挥保税仓储、国际物流配送、简单加工和增值服务、检验检测、进出口贸易和转口贸易、商品展示、物流信息处理、口岸以及出口退税等功能。基于法国经济学家佩鲁的区域经济增长极理论，经济增加是从一个或多个区域中心逐渐向其周边进行传导的。设立保税物流中心对于区

---

① 保税监管场所和海关特殊监管区域都属于海关监管区，两者功能相似，但又有区别。
② 《中华人民共和国海关对保税物流中心（A 型）的暂行管理办法》。
③ 海关总署：《中华人民共和国海关对保税物流中心（B 型）的暂行管理办法》。

域经济发展的作用主要表现在以下方面。

1. 生产要素的积聚和辐射作用

保税物流中心作为对外的窗口，将有效发挥积聚效应，主要体现在保税物流中心的建设和运营会带来大量的外来资本、人力、先进技术等生产要素的积聚，同时保税物流中心可通过优惠的税收政策和相对宽松的法律环境吸引大量外贸企业、物流企业、优势产业的大企业入驻，此外，借助保税物流中心的结转功能，吸引与当地产业有关的上下游产业在当地积聚，促进当地产业链的延伸。保税物流中心集"保税"和"物流"于一体，以保税为主，当地及周边企业在家门口就能实现出口退税，不仅能降低物流成本，还可以节约时间、降低交易成本，提高资金使用效率，使保税物流中心对周边地区具有明显的辐射带动作用，主要体现在保税物流中心可以作为其周边地区招商引资的名片，吸引外来资本、先进技术及相关产业向中心周边地区转移，打造全产业链模式的发展，有助于区域经济的整体化发展。

2. 促进区域技术创新能力的提升

保税物流中心的设立需要一定的条件，要具有符合条件的计算机管理系统、隔离措施、监管设备和办理业务需要的其他设备，这有助于推动保税物流中心及相关企业进行技术设备创新或先进技术设备引进。此外，保税物流中心作为对外的窗口，其业务模式、服务体系、功能需要对接国际新规则、新标准，国外先进的技术及管理理念会迫使保税物流中心所在区域的企业进行技术、设备和功能的层面的研发和创新，同时也会推动政府等管理部门进行制度的创新。

3. 促进地区进一步地对外开放

我国东中西部地区经济发展极不平衡，其中重要的一个因素就是对外开放程度的差异。东部沿海地区凭借区位优势、政策优惠优先对外开放，有效促进了区域经济的发展。中西部内陆地区可借鉴东部沿海地区，通过设立保税物流中心，成为内陆无水港，作为进一步对外开放的窗口，将内部市场和外部市场连接起来，同时凭借中心所在区域的劳动力成本的优势、税收政策的优惠以及相对宽松的法律环境，大力发展对外贸易、国际物流，有助于服务中心所在区域外向型经济进一步发展。

二、商丘保税物流的发展历程、组织结构和业务功能

河南地处中原，交通便利，京广、京九、陇海铁路，京珠、连霍高速穿省而过，是起到承东启西、连接南北的"中原城市群"。河南凭借内陆保税区区位优势，紧抓国务院关于支持河南省加快建设中原经济区的战略部署，申请设立了 5 个保税物流中心，将发展外向型经济和建设现代物流产业作为推动经济发展的新引擎，目前正在运营的保税物流中心有三个。一是 2010 年 12 月 8 日通过验收的、位于郑州经济技术开发区的河南保税物流中心，2011 年 5 月 11 日正式封关运行；二是 2014 年 10 月 24 日通过验收正式揭牌的、位于孟州市产业集聚区的河南德众保税物流中心；三是 2016 年 1 月 15 日获批、位于河南省商丘市虞城县产业集聚区工业大道北侧的河南商丘保税物流中心，2017 年 10 月 30 日正式封关运营。河南省内保税物流中心的建立结束了河南没有港口码头的时代，有助于促进河南外向型经济发展水平和中原经济区的建设。

（一）发展历程

商丘位于豫鲁苏皖四省接合部，京九、陇海铁路，郑徐、商合杭、京九高铁，连霍、济广高速，310 国道、105 国道等九条国家交通大动脉呈"米"字形交汇于此，区位优势明显，商丘被河南省政府确定为区域性物流中心城市，是中原经济区"东部门户"，也是河南省距出海口最近的市。作为重要的物资集散地和商贸中心，在此建立的保税物流中心是商丘市贯彻落实国家、省战略部署的具体行动，是完善河南省口岸布局的有效举措，也是商丘市大力发展外向型经济的迫切需要。

河南商丘保税物流中心（B 型）是在商丘公用型保税仓库的业务基础上升级而成的，中心于 2016 年 1 月 15 日获海关总署、财政部、税务总局、外汇管理局四部委批复设立，2016 年 8 月 18 日经由郑州海关、河南省财政厅、河南省国税局和外汇管理局河南省分局组成的联合预验收组的综合评审顺利通过预验收，2017 年 10 月 30 日正式封关运营，成为豫鲁苏皖四

省接合部的稀缺资源。该中心包含规划布局有物流作业区、海关监管查验区、交易办公区和配套服务区，建设保税仓库、联检中心、集装箱堆场、保税综合办公大厦等区域。中心具体位置在河南省商丘市虞城县产业集聚区内。虞城县位于商丘东部，交通便利，是区域性公路、铁路联运的重要交通枢纽，也是河南省政府确定的首批对外开放重点县，先后引进了海博工具、大洋量具、汇丰棉业、恒鑫纺织、科迪食品、金若兰皮具等一批进出口企业，形成了进出口业务遍布全球的五金机电、纺织服装、食品加工三大支柱产业。虞城县也是全国最大的钢卷尺产销基地。依托商丘虞城便利的区域交通、雄厚的产业基础、优惠的地方招商政策和廉价的仓储成本，在此设立的商丘保税物流中心，是以虞城为中心半径 200 千米内唯一的"内陆港"，被虞城县作为重点工作项目列入"十三五"规划，也被认定为全国棉花交易市场指定交割库，这有助于商丘及周边地区扩大对外开放、促进招商引资、承接沿海产业转移、发展国际物流、推动加工贸易转型升级。

（二）组织结构

河南商丘保税物流中心（B 型）的投资建设及运营由商丘市益达保税物流有限公司（见图 6 - 3）负责，实行"平台＋业务公司"的运营模式。其中，商丘市益达保税物流有限公司作为商丘市保税物流中心对外经营的平台公司，负责为各业务公司提供公共协调、行政后勤、资产管理、投融资等服务；其下属商丘百丰仓储服务有限公司负责承办陆海空和进出口货物的国际运输代理业务、仓储、装卸等；河南百丰国际货运代理有限公司负责提供保税中心的进出口货物报关报检业务；河南东大门跨境电商运营有限公司负责保税物流中心跨境电商项目的运营管理；其关联公司商丘市发投供应链管理有限公司负责供应链业务及相关配套服务、国际货运代理、代理进出口业务及围绕核心企业开展的业务等工作。

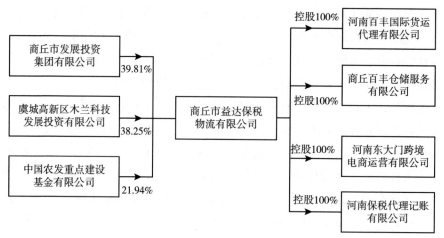

图 6 - 3　商丘保税物流中心组织结构

资料来源：根据天眼查数据整理，https：//www.tianyancha.com/company/890537070？tree_full = true。

（三）业务功能

1. 保税仓储

保税仓储功能是指可保税存放各种贸易方式的进口商品和已申报出口商品[①]。中心采用智能化仓储运营管理，使用自动化智能 OMS 系统、WMS 系统、AGV 智能搬运车，提高仓储作业效率，降低人员成本。进口货物入保税物流中心，即可享受国家的保税政策，暂缓交税。中心可为因国际经济走势推测、采购计划安排或其他因素导致一次进口大量货物，但暂时不投入生产或尚未找到下游买家的企业，提供进口货物入保税中心服务，等到使用时或找到买家后再报关，让其享受保税政策，缓解企业的税款资金压力。

2. 出口退税

境内货物进入保税物流中心视同出口，可实现出口退税，无须等到货物实际离境，提前退税，加快资金周转，降低企业运营成本。中心的出口

---

① 商丘保税物流中心可存储以下货物：国内出口货物；转口货物和国际中转货物；外商暂存货物；加工贸易进出口货物；供应国际航行船舶和航空器的物料、维修用零部件；供维修外国产品所进口寄售的零配件；未办结海关手续的一般贸易进口货物。

退税适用以下五种情况：（1）等船期。货物生产完毕，在船期未至时可先放置保税物流中心，实现提前退税。（2）抢时间。出口关税率提高或出口退税率降低的情况产生之前，将货物放置保税物流中心。（3）核手册。手册成品出口至中心以核销手册，货物存储于中心期间等待出口商机。（4）国内采购。国内生产企业制造的设备、物资、物料先行出口至中心内，实现出口退税，国内买家进口（可用手册、免表或一般贸易进口方式进口报关），降低采购成本。（5）结转"一日游"业务。对于上游企业，货物进保税物流中心视同出口，可以立即退税，而下游企业只需从保税物流中心进口货物，向海关以"加工贸易手册"方式申报进口，就能享受进口料件免缴关税、增值税的待遇，大大缩短了退税周期，加快资金流转。

3. 简单加工增值服务

简单加工增值服务是指对货物进行分级分类、分拆分拣、分装、计量、组合包装、打膜、加刷唛码、刷贴标志、改换包装、拼装等辅助性简单作业。进口企业可在中心内进行简单分级加工，从而延缓交税；出口企业可把组装、包装、打膜、贴标等工序由原来的国内移至保税物流中心，实现提前退税，减少资金压力。

4. 进出口贸易和转口贸易

中心内企业可与境外自由开展进出口贸易和转口贸易①。中心可作为国际中转站。

5. 国际物流配送

中心内的货物可自由配送给境内、境外企业，也可与国内其他海关监管特定区域间进行流转。全程海关监管，只需办理转关手续，无须交税。

6. 物流信息处理和咨询服务

中心具备完备的物流信息网络软硬件设施，专业的业务团队，把港口的区域优势、功能优势和政策优势，延伸到商丘保税物流中心，使之成为内陆无水港，以满足发展国际物流的需求。

---

① 转口贸易是指国际贸易中进出口货物的买卖通过第三国转手进行的贸易。

7. 口岸功能

口岸是国际往来的门户，是对外贸易货物、进出境人员、行李物品、邮件包裹进出的地点。商丘保税物流中心相当于内陆港口，具备口岸功能[①]。企业直接在保税物流中心海关报关，境内货物进入保税物流中心视同出口，可以享受出口退税政策，并在进入物流中心环节退税，实现内陆地区保税物流中心与港口的联动。

8. 跨境电子商务

商丘是国务院第四批跨境电商零售进口试点城市，商丘保税物流中心对接 20 余家跨境电商服务企业，应用跨境电子商务多种进口模式，通过 B2B、B2C、O2O、B2B2C 的贸易方式，整合全球资源，针对妇婴幼、青年、中老年等不同的消费群体，组织进口质优价廉、安全放心的母婴用品、儿童玩具、日化用品、护肤品、食品饮料、进口红酒、保健品等商品来满足豫鲁苏皖四省接合部人口的差异化消费需求。中心通过跨境电商、展示贸易，打造"一带一路"跨境进口商品直销体验中心，建设电子商务服务平台、电子商务交易平台及线下产品展示体验，实现进出口企业商品的展销一体化。客户可同步体验线上下单、线下购物、快递到家，不出国门即可享受"全球购"。

9. 开展非保税辅助业务

中心由一家公司经营、多家公司进驻、面向全球招商，从事进出口业务的外向型经济功能型服务平台。同时开展以下非保税辅助业务：（1）内贸仓储、普通货物存放；（2）内贸货物分拣、分拨，简单加工；（3）代理报关、报检、目的港快速清关等通关业务；（4）货代业务、一般物流配送服务。

三、商丘市保税物流中心的地位

商丘市保税物流中心 2017 年 10 月 30 日封关运营，2018 年 2 月开始有进口业务，进口 231 万元，3 月开始有进出口业务，其中进口 1 121 万元，

[①] 其中口岸管理权包括通行许可权、口岸行政权、关税自主权、检查权、检验检疫权等。

出口 1 670 万元。截至 2021 年 6 月，商丘保税物流中心进出口总额在全国保税物流中心进出口总量中的比重排名由 2018 年的第 26 位上升到 2021 年的第 10 位，出口从 2018 年的第 16 位上升到 2021 年的第 4 位，进口在全国保税物流中心中的地位存在较大波动（见图 6 - 4），但根据全国 2021 年正在运营的 84 个保税物流中心的数据来看，进出口总额和出口位居全国前列，进口位居中间靠上的水平。[①]

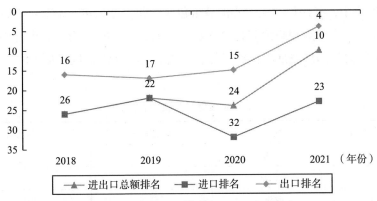

图 6 - 4　商丘市保税物流中心进出口排名

注：这里的 2021 年排名是根据 1 ~ 6 月进出口数据计算。
资料来源：根据海关总署网站统计月报数据计算排名。

　　根据海关总署统计月报中的特定地区进出口总值数据，2021 年 1 ~ 6 月进出口总额排名，商丘保税物流中心位居全国第 10 位，前 9 位分别是天津经济技术开发区保税物流中心、深圳机场保税物流中心、义乌保税物流中心、东莞清溪保税物流中心、厦门火炬（翔安）保税物流中心、江苏新沂保税物流中心、成都铁路保税物流中心、重庆铁路保税物流中心和北京亦庄保税物流中心，这 9 个中心除了西部地区的重庆和成都以外，其他地区均位于东部地区。商丘保税物流进出口额位居中部地区第一位，甚至超过了很多发达地区的保税物流中心。对于出口来说，截至 2021 年 1 ~ 6 月，商丘保税物流中心的出口总额位居全国第 4 位，仅次

---

① 资料来源：海关总署网站统计月报中 2018 ~ 2021 年特定地区进出口总值数据。

于深圳机场保税物流中心、成都铁路保税物流中心和唐山港京唐港区保税物流中心。

从地区分布来看，全国保税物流中心主要分布在东部地区，西部地区主要集中在四川（6个）和重庆（3个）。河南省保税物流中心3个①，数量上居于中间水平。

根据2018年的《淮河生态经济带发展规划》，在"一带三区"的空间布局中，商丘市与其他9个城市同属于北部的淮海经济区。在淮海经济区10个城市中，有保税物流中心的城市包括徐州、连云港、商丘和菏泽，另外，徐州、连云港和临沂有综合保税区（见表6-6）。可见，商丘在淮海经济区外向型经济发展中仅次于徐州、连云港和临沂，位居第4位。

表6-6　　　　　　　　淮海经济区保税物流中心情况

排名	城市	保税物流中心	综合保税区
1	徐州	有	有
2	连云港	有	有
3	临沂	无	有
4	商丘	有	无
4	菏泽	有	无
5	济宁	在建	无
6	宿迁	无	无
6	宿州	无	无
6	淮北	无	无
6	枣庄	无	无

资料来源：截至2021年6月，根据海关总署统计月报中特定数据中进出口总值查询淮海经济区各个城市中保税物流中心和综合保税区情况得到。

---

① 河南民权保税物流中心（B型）于2020年10月9日通过由郑州海关、财政部河南监管局、国家税务总局河南省税务局、国家外汇管理局河南省分局组织的联合验收。河南德众保税物流中心成立于2012年，位于河南孟州市产业集聚区，主要是利用河南"洛三济焦"经济板块的优势，带动外向型经济的发展。

四、商丘保税物流中心的主要业务

（一）一般业务

2018~2020 年，商丘保税物流中心保税贸易总额快速增长，从 2018 年的 4.98 亿元增加到 2020 年的 49.02 亿元。其中，一线业务总额从 2018 年的 3.22 亿元增加到了 2020 年的 23.07 亿元，二线业务从 2018 年的 1.76 亿元增加到了 2020 年的 25.95 亿元（见图 6－5）。

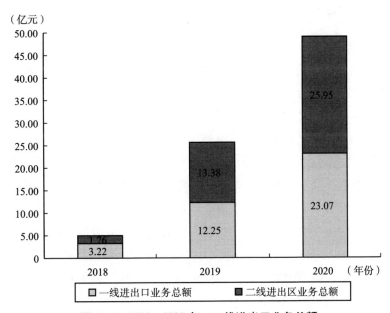

图 6－5 2018~2020 年一二线进出口业务总额

资料来源：商丘保税物流中心内部统计资料。

从具体保税贸易产品来看，品类主要包括机械设备、棉花、红酒、羊皮、人发、阿拉伯男女袍等，业务量也逐年增长（见表 6－7）。由于 2021 年数据是半年度数据，所以可以看出，2021 年全年业务要好于 2019 年。

表6-7　　　　　　　　　主要产品进出口总额　　　　　　单位：万美元

年份	机械设备	棉花	红酒	羊皮	车床	人发	调味品	阿拉伯男女袍
2019	7.75							
2020	1 902.63	1 680.11	324.27	721.67	7 932.52	2 087.89	2 638.92	549.23
2021	615.57	823.84	431.71	417.8		1 719.57	1 191.65	342.74

资料来源：商丘保税物流中心内部统计资料，2021年是1~6月数据。

（二）跨境电子商务业务

2019年12月27日，保税物流中心注册成立了河南东大门跨境电商运营有限公司。2020年1月17日，商务部等六部委将商丘市列为跨境进口零售试点城市。随后，公司通过跨境电商、园区产业服务业务，充分发挥了商丘保税物流中心功能，开通了跨境电子商务保税零售进口业务模式（"1210"模式）①，开发了跨境电商中小微模式系统平台，实现了海关总署与微信、支付宝系统的对接，从需支付企业主动申报支付单变为海关总署从支付企业抓取支付单，降低了中小微企业在商丘做业务的门槛，吸引了上海、深圳等二十余家跨境电商企业在此走单②。

目前，河南东大门跨境电商运营有限公司的业务包括"保税备货"和"集货直邮"（见图6-6），保税进出口更适合成熟化的热销商品，直邮进出口更适合新产品的市场进入，企业可以根据自身产品的特点选择相应的业务。

---

① 根据海关总署《关于增列海关监管方式代码的公告》，"1210"模式适用于境内个人或电子商务企业在经海关认可的电子商务平台实现跨境交易，并通过海关特殊监管区域或保税监管场所进出的电子商务零售进出境商品。"1210"监管方式用于进口时仅限经批准开展跨境贸易电子商务进口试点的海关特殊监管区域和保税物流中心（B型）。
② 中国网. 商丘保税物流中心跻身全国第一方阵［EB/OL］.（2021.5.12）［2021.08.04］. http：//henan. china. com. cn/2021-05/12/content_41558237. htm.

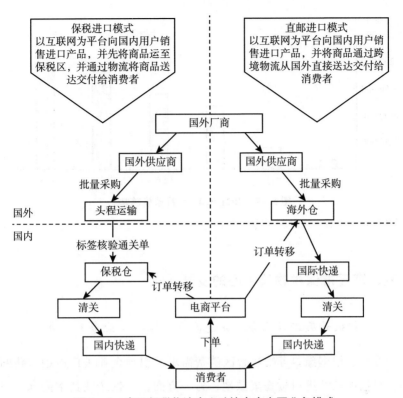

图 6-6　商丘保税物流中心跨境电商主要业务模式

2020 年，河南东大门跨境电商运营有限公司已完成 34 832 单跨境电商进口零售业务，总货值 2 304.38 万元人民币，发货 47.47 万件，缴税190.33 万元。2021 年 1～6 月，完成 69.57 万单跨境电商进口零售业务，总货值 1.09 亿元人民币，发货 138.09 万件，缴税 708.47 万元，半年时间已经超过 2020 年全年总量。① 具体来说，2021 年 1～6 月，河南东大门跨境电商运营有限公司销售单量从 16 350 单增加到 2021 年 6 月份的 199 079单，实现了快速发展（见图 6-7）。

---

① 资料来源：商丘保税物流中心内部统计资料。

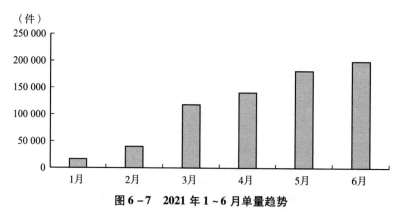

图 6－7　2021 年 1～6 月单量趋势

资料来源：商丘保税物流中心内部统计资料。

五、商丘市保税物流中心的发展建议

（一）积极开展进口业务，促进各项"保税"业务齐头并进

一方面，根据豫鲁苏皖接合区消费需求，引导企业进口适销对路的消费品，打造区域性进口货物集散地；另一方面，根据企业技术需求，引导企业进口前沿技术产品，消化吸收，提升自主创新能力，促进商丘经济的高质量发展。

（二）积极谋划保税物流中心向综合保税区的升级

2018 年 6 月 25 日，商丘市政府办公室印发了《关于推进河南商丘保税物流中心加快发展的意见》，提出通过优化招商环境、加大招商引资力度，引进大型外贸企业和跨境电商企业作为龙头，带动整个产业链的升级，为保税物流中心的升级打下坚实的基础。目前，根据综合保税区设立的三个条件：一是要符合国家战略规划；二是已有海关特殊监管区域及保税监管场所转型升级需要；三是大型项目入住需要。从目前来看，第一，商丘市可以充分利用《国务院关于大力实施促进中部地区崛起的若干意见》（2012）、《中原城市群发展规划》（2016）以及《淮河生态经济带发展规划》（2018）等国家发展战略中关于商丘的重要地位，指出商丘发展外向型经济的重要性；第二，商丘现有的保税物流中心在全国保税物流中心中的地位已经能够支撑第二个条件；第三，谋划引进大型项目入住，带动区域外向型产业链的升级和发展。

（三）突出区位优势，打造中心"品牌"

商丘市的枢纽经济地位是保税物流中心赖以发展的基础。当前，通道与枢纽相结合，按照现代产业基于物流供应链组织方式变革，沿着通道、枢纽做产业布局，将为经济后发地区发展带来新的功能和机遇①。所以，商丘市应该通过整合五金量具、超硬材料等有明显外向型优势和特色的产业，以及有进口需求的产业，在国家政策框架下采取优惠措施，把业务吸引到物流中心。同时，通过业务拓展和业务合作，与河南省内外企业、产业园区、物流园区积极对接业务，提升保税物流中心的业务量和品牌知名度，形成保税物流带动外向型产业、外向型产业带动区域开放发展的良好局面。

第三节　商丘市高铁建设、枢纽经济与城市发展

众所周知，高铁建设在打造商丘"枢纽经济"中占有重要地位，"枢纽经济"不能简单等同于"过道经济"，而更应侧重于产业经济的联系与互动。商丘"高铁偏好者"群体以商务公务人士、大学生和旅行者群体为主，对商丘物流以及物质要素流动在实质上并未产生直接影响，但间接地促进了信息流动、现代服务业、金融与资本的集聚，进而对制造业升级产生积极影响。商丘东站、民权北站与永城北站通过高铁项目规划实现了土地扩张和"高铁造城"，也推进了新一轮城镇化进程。围绕高铁"一小时经济圈"的概念宣传，与"营商环境""招商引资"等制度环境因素形成

---

① 汪鸣．物流通道与枢纽结合　推动枢纽经济发展［J］．中国远洋海运，2018（11）：44 - 45.

了耦合，加速推动了商丘区域中心城市建设。人口集聚将增加不确定性风险，"高铁造城"与城市规划以及产业集聚均要遵循人口流动趋势与城镇演化的自发规律，以避免"理性自负"。

一、"以人为本"：理顺高铁、人口与城市的关系

作为枢纽城市，商丘市非常关注高铁建设，连续多年在政府工作报告中进行重点谋划和部署。2019年6月，商丘市政府工作报告提出要"加快综合交通枢纽设施建设。积极配合商合杭高铁建设，确保年底前试运行；积极推动京雄商高铁和三洋铁路早日动工建设；按期完成高铁动车所、商丘站南站房、商丘东站站房各项建设任务；积极谋划商丘到新郑机场、商丘到周口等城际铁路规划建设的前期工作"。2020年5月，商丘市政府工作报告中提出要"加快完善重大基础设施。加强综合交通枢纽建设。积极推动京港高铁雄商段、三洋铁路商丘段早日开工建设，力争开工建设商丘动车运用所和铁路物流基地"。2021年7月商丘市政府工作报告中的"2021年重点工作"中，高铁建设占据重要内容：一是"推动京港高铁雄商段年内开工建设"；二是"组织开展商丘至周口、商丘至濮阳、商丘至淮北等高速铁路规划建设前期工作，确保进入国家'十四五'专项规划"；三是"加快高铁商务区建设""抓好高铁经济"。

商丘市政府连续三年的政府工作报告中都将高铁建设列为当年的重点工作，高铁建设成为商丘枢纽经济的重要抓手。同时，商丘高铁也在现代交通枢纽设施中自成体系，不仅改变人们的出行方式，而且对城镇化具有巨大推动作用。因此，必须"以人为本"，用系统论的方法来分析商丘的城市规划、枢纽经济与高铁建设的互动关系。

（一）高铁与商丘人口的变化趋势

高铁建设已经成为商丘乃至中原城市群一体化建设的主要推动力。商丘通过高铁发挥区域中心城市的龙头与辐射作用，从长期看，这还依赖高铁对商丘枢纽经济的提升功能。我国城镇化在快速发展过程中也积累了不少问题，其中关键的就是忽视了"人的因素"。城市的发展高度依赖于人口流向，而高铁建设与城镇化的高度融入又导致了"人口—物流—产业"

相互关系的复杂化。

为此，应针对商丘人口变化趋势作出前瞻性的统筹规划。首先，商丘是个"人口大市"。第七次人口普查显示：商丘人口达到 782 万人，位居郑州、南阳、周口之后，排在全省第四位①。其次，商丘还是个"二元城市"。商丘常住人口中居住在城镇的人口为 361.02 万人，占 46.19%；居住在乡村的人口为 420.66 万人，占 53.81%；城乡差距较为明显。最后，商丘还是个"流动城市"。商丘"人户分离"的人口较多，全市有 144.7 万人；其中市辖区内"人户分离"人口为 26.94 万人，流动人口为 117.75 万人。与 2010 年相比，商丘的流动人口增加 85.5 万人，增长 1.65 倍，其中大多数是农村外出务工人员②。

城市基础设施建设为人口迁移流动既创造了条件也提供了动力。随着高铁建设加快，商丘人口流动趋势更加明显，流动人口规模进一步扩大，这对城市规划与城市治理提出了更高的要求。从高铁对商丘人口流动与分布的影响因素入手，探索商丘作为区域中心城市在人口与产业要素中的集聚与辐射效应，对于"十四五"期间商丘枢纽经济的整体规划而言，具有重要的参考价值和现实意义。同时，这也对城镇化过程中各种"摊大饼"式的冒进与无序竞争现象具有反思意义和纠偏的作用。

（二）高铁对商丘人口流动的影响

河南省大部分城市实现了高铁全部贯通，中原城市群的人口流动的速率明显加快。一般来讲，高铁的时速达到 240 千米以上，乘坐高铁至少要比普通列车节省一半的时间，也因此产生了乘坐高铁的特殊群体。商丘高铁早在 2016 年就已经开通，已经形成"徐兰"和"京港"高铁枢纽，由此诞生了"高铁偏好者"，主要有商业旅行、公务旅行、旅游出行和高校师生四类人群。

（1）商业旅行群体。主要是以经营者为主体，他们的时间成本比较高，

---

① 河南省政府官网．商丘市常住人口 781.68 万人　排名居全省第四［EB/OL］. https：//www. henan. gov. cn/2021/05 - 21/2149545. html.

② 河南省政府官网：商丘市第七次全国人口普查显示十年间全市人口发展呈现六大特点［EB/OL］. https：//www. henan. gov. cn/2021/10 - 14/2326611. html.

宁愿多负担车票费用也要节省时间提高效率，是"高铁偏好者"。商丘与郑州之间距离 200 公里，乘坐高铁比自驾不仅更经济也更快捷；换言之，高铁在很大程度上替代了自驾的出行方式，进而改变了出行的消费习惯。

（2）公务旅行群体。主要是以行政事业单位人员为主体，他们的差旅出行选择方式很大程度上取决于财务管理中的"差旅报销"政策。公务旅行的目的地和流向与商务人群的高铁流向基本一致，区别在于公务旅行更集中在郑州。商丘高铁成为郑州的"米字型高铁"的构成部分，形成了河南省高铁客流人群的"东部集散"中心。

（3）旅游出行群体。旅游出行群体主要是以普通的大众游客为主体，他们在旅游行程设计中，"时间表"往往成为关键考量因素，因此节假日客流量较大。商丘永城根据高铁站来规划景区，进而设置不同的游客接驳方式，取得显著的收益。黄河流域生态保护和高质量发展的战略实施以来，在黄河文化强省战略的支撑下，形成了"西安—洛阳—郑州—开封—商丘"重要的旅游线路，这不仅将黄河流域的"古都带"贯穿起来，而且对新郑与巩义的河洛文化资源、荥阳的黄河文化资源、兰考的红色文化资源、商丘的华商文化资源的开发利用起到了显著的积极影响。

（4）高校师生群体。高校师生群体主要是以高校为主体的群体，目前高等院校的学生以乘坐高铁为一种"时尚消费"方式。这部分大客流当然也集中在寒暑假期间。商丘高等院校有商丘师范学院、商丘工学院、商丘学院、商丘职业技术学院、商丘医学高等专科学校、永城职业技术学院 6 所，已经构成了"商丘高校群落"，在校生人数接近 15 万人。根据商丘师范学院课题组抽样统计，商丘高校学生平均每年高铁乘坐次数为 2.4 次，普通列车为 2.3 次；而且距离越远越倾向乘坐高铁，女性比男性更具有"高铁偏好"。显然，这部分人群规模大，出行时间集中在假期因而"潮汐"特征显著[①]。

从单日客流量看，2017 年春运期间，商丘高铁日发送旅客突破 1 万人次，而同期普通列车发送旅客 3.5 万人次[②]，普高比例达到 3.5∶1。从年

---

① 课题组对 500 名在校生按照年级、性别、城乡、独生与非独生子女进行分组抽样调研，得出以上结论。

② 商丘高铁日发送旅客突破 1 万人次［N］. 京九晚报，2017 - 02 - 16.

度客流量看，2017 年的郑徐高铁"开通一周年"之际，商丘火车站累计发送旅客 732 万人次，其中高铁旅客 271 万人次[①]，普高比为 2.7∶1。2019年，由于"商合杭"高铁开通，商丘火车站的客运总量 2019 年计划突破1 200 万人次，接近洛阳火车站 1 291 万人次，位居河南省第三位[②]。

我们过去往往抽象地认为高铁助推了城市一体化并加速了人口流动；而高铁在提速的同时，也有可能会分化和固化原有的社会阶层，因而应将潜在的"高铁人口"纳入交通治理规划，充分释放"高铁红利"。

（三）高铁对商丘人口分布的影响

从长期来看，高铁将通过加速人口流动而改变城乡人口分布状况。人口分布不同于人口流动，是一个更为缓慢的变量。人口流动在较长时间内才得以沉淀并显现分布变化，这对高铁建设与城市规划而言，其重要性是不言自明的。高铁对商丘城乡人口分布的影响因素主要有以下几个方面。

（1）"高铁出行"对人口居住动机的影响。从理论上讲，高铁能够通过改变人们的出行时间与成本从而影响居住地选择，进而改变了人口迁徙的动机与意愿。另外，高铁促使人们活动半径扩大之后，有可能形成新的集聚区域。然而在实际观测中，我市这样的案例并不普遍。商丘到郑州之间"双重城市"日常往返群体大多是铁路职工，一部分是"配偶在郑"的异地家庭，只有少数人是依靠高铁实现"双城生活"，因而不具有典型的分析意义。

（2）"高铁新城"对人口迁徙集聚的影响。高铁站附近"商圈"与地产开发造成了大量人口集聚。类似郑州地铁，商丘高铁已经成为影响房地产价格的重要因素；高铁规划区的房地产开发商也以"毗邻高铁""一小时商圈"等用语进行营销策划。这也说明：高铁对人口分布的影响不仅是通过出行方式，还可以通过对未来城市的发展空间与预期来改变人口分布。我们在 2019 年抽样比较了高铁站附近的商品房价格，发现邻近房价在高铁开通前后的增幅分别为商丘站 17%、商丘东站 8%、徐州东站 23%、

---

① 郑徐高铁开通一周年，商丘站累计发送旅客 732 万人次［N］. 商丘日报，2017 - 09 - 12.
② 旅客发送量，商丘站冲刺河南第二［N］. 大河报，2019 - 07 - 18.

兰考南站19%、永城北站22%①，确实超过同一城镇的其他地段。

（3）"高铁设站"对于区域规划的影响。除了商丘高铁站与原有火车站合二为一之外，河南省很多城市都是利用"高铁设站"的机会实现了城乡土地置换。可见，高铁不仅通过"要素流动"，还通过城市经济规模扩张改变人口分布。

河南省高铁站附近迁入的制造企业比较少，倒是学校与商业形成了较快的集聚现象。另外，城市治理的政策性因素例如户籍政策、人才引进政策、生育政策、高等教育政策等都会影响人口分布。人口分布的影响因素是复杂多样的。人口分布与流动趋势对于商丘打造"枢纽经济"和"一小时经济圈"来说有着重要的参考价值：商丘应通过产业规划与城市规划的相互协同，激活产业与人口的互动机制，促进"郑徐都市圈—商丘区域中心城市—县域小城镇"之间的协调发展；而其中的产业因素则是一项核心抓手。

二、释放"高铁红利"打造"高铁产业"

当前，许多文献认为高铁对"要素流动"具有直接的促进作用。而事实上，"高铁货运"在物流规模上是不经济的，但是"高铁红利"却是实实在在的，这是因为高铁加快了商务人员、科研人员、高校教师、工程师、会计师、律师、金融业、媒体工作者等"高铁偏好"群体的流动速率，促进了信息服务、科技服务、金融服务等"生产性服务业"的发展，能够提升营商环境，培育产业竞争力。

（一）高铁与商丘的物流运输

早在2016年底，河南省发布的《"十三五"现代服务业发展规划》就提出要"支持省际交界市布局发展现代物流、商贸流通等产业，加快建设一批跨区域物流中心和新型交易市场"。然而，现实中高铁对货运物流的作用机理非常复杂。

---

① 资料来自商丘师范学院经管学院大学生双创比赛项目：《商丘房地产市场调研》，指导教师：徐可。

众所周知，质量越大惯性越强；载重和速度的冲突导致铁路货运无法突破 250km/h 的极限，铁路货物的优势距离为 400～800 千米。但同时，高铁因"客货分流"而极大地增加了铁路货运的运力，"高普分流""客货分流"对铁路物流的节点布局至关重要。

当前，商丘、徐州、南阳、武汉都是铁路货运转运和编组中心，这些物流布局又不可避免地受到各地"高铁站"建设项目的影响。商丘高铁东站目前开通了"高铁零担物流"业务，但规模并不大，尚处在起步尝试阶段；另外，还有部分诸如京东仓储自成体系的物流系统正在考虑利用高铁组成"多式联运"的途径。但整体而言，高铁对于商丘"要素流动"的主要影响在于人口流动而非货物流动。"高铁红利"主要是通过"两业融合"进而促进技术、金融、数据等生产要素的集聚与辐射。"两业融合"即将现代化的生产性服务业（例如信息技术、金融服务、涉外商务等）融入传统制造业，借此引领传统制造业的转型升级。现代服务业能够加快引领生产要素尤其是科技与人力资源要素的城际流通进而提升信息服务与科技服务的整体水平，这显然是有赖于高铁基础设施建设和"高端人口"的流动。2020 年 9 月 10 日，国家发改委等联合印发了《推动物流业制造业深度融合创新发展实施方案》，其重点在于"协同联动""跨界融合"，统筹推动物流业降本增效和制造业转型升级。高铁虽然并不直接承运物流业务，但是高铁专线腾出了大量铁路运力，增加了物流编组的能力；同时，高铁通过"高铁偏好"提升了出行服务的消费升级，对于现代服务业具有长期的激励作用，这也必将对物流服务业产生潜在的影响。

（二）商丘的高铁快运

如前所述，我国高铁主要以客运业务为主，高铁货运尚处于起步发展阶段。我国目前 95% 左右的国内快件通过公路和航空运输完成，而铁路运输份额不足 5%[①]。

《国家综合立体交通网规划纲要》和《交通强国建设纲要》等政策文

---

① 我国高铁快递（运）或将迎来规模化发展新阶段　快递物流情报站 [EB/OL]. https：//www. sohu. com/a/465085328_99965411.

件提出：到 2035 年要基本形成"国内 1 天送达、周边国家 2 天送达、全球主要城市 3 天送达"的"全球 123 快货物流圈"。这需要构建一张由高速铁路、高速公路、民航组成的快速网，实现不同运输方式间多式联运的无缝衔接，以达到快速、精准、高效的快递运输服务。同时，相较于其他运输方式，铁路运输具有运能大和单位排放少等特点，是物流业绿色化转型发展的必然选择。

商丘具有发展高铁快递产业的基础条件。商丘铁路现有大批货场、仓库等场地资源，且大多靠近周边的物流中心，可总体降低高铁运输的集散和分拣成本。随着我国快递业务迅猛增长，商丘高铁快运也迎来发展机遇期。2020 年我国铁路货运量再创历史新高，其中高铁快运业务量同比增长40%，并且不断推陈出新①："高铁 + 电商"与"高铁极速达"业务已经在一些城市推广，高铁冷链产品已经出现，铁路部门利用冷链快运箱推出"冷鲜达"和医药冷链"定温达""定时达"等特殊物流服务。与此同时，城际货物快运班列也在一些城市之间开行。这种货运快列的时速能够达到120 千米，虽然不及高铁，但是相较于目前我国普通铁路货运列车平均 80~90 千米的时速则显得更加方便快捷。

商丘应抓住时机构建以集散中心、营业网点为主的"高铁快运"网络架构，制定"门到门"全程物流标准化作业流程。随着商丘高铁网络的拓展，高铁快递运业务有望进一步促进"公转铁"。商丘作为枢纽中心发展高铁快运具有强大优势：在中长距离运输中，运距超过 450 千米时采用多式联运可以明显节约运输成本。中长距离的干线运输更加符合快递企业对运输成本最小化的需求。尤其是商丘的电子商务产业能够带动高铁快运业务的快速增长，促进以公路为主的运输组织方式通过高铁快运进行优化调整，以适应新形势下产业发展的新要求。

（三）高铁与商丘的产业升级

商丘应优先发展"高铁红利"所直接产生影响的生产性服务业，尤其是信息技术与金融服务，以此作为产业转型升级的抓手。2018 年底，商丘

---

① 丁桂花. 新格局带来新要求，高铁物流步入新阶段 [N]. 中国水运报，2021 – 06 – 16.

被国家发改委和交通运输部确定为"商贸服务型国家物流枢纽承载城市"。"商贸服务"主要是商品仓储、干支联运、分拨配送等物流服务，以及金融、结算、供应链管理等增值服务。

显然，高铁对"增值服务"更具有提升功能。2021年商丘政府工作报告中提出加快包括"金融中心""会展中心""科技研发""总部经济"等"现代服务业集聚区建设"。为此，商丘还应主动向"生产服务"转型，利用高铁与城际交通联结而形成的"一体化"机遇，承接郑州国家中心城市与东部沿海城市"总部经济"的"知识外溢""信息外溢"和"技术外溢"。

基于以上分析，高铁促进商丘产业升级的技术路径在于：

（1）培育高铁产业链条。围绕郑州高铁和城轨、地铁等基础设施建设而衍生的主要产业链，例如盾构装备、数控机床、重型装备机器人、智能传感器、智能物流与仓储装备等重点产业的产业链，利用商丘市资源禀赋进行"补链固链强链"。

（2）推动智能化生产。研究表明，高铁开通能够加速沿线企业的技术扩散与模仿式创新[①]。为此，应针对"高铁轴线"上的商丘制冷设备、服装产业、煤化工等优势产业的技术改造现状，在规模化生产中实施"设备换芯、生产换线、机器换人"为主的智能化改造。同时还要发挥商丘高校群落的知识溢出效应，形成豫鲁苏皖交接地区的"高铁科技流"，促进技术人员的交流与沟通。

（3）促进农业"多链同构"。商丘与信阳是"黄淮四市"的"头部城市"，2021年商丘政府工作报告明确提出要"组织开展商丘至周口、商丘至濮阳、商丘至淮北等高速铁路规划建设前期工作，确保进入国家'十四五'专项规划。"为此应瞄准这一重大利好消息，支持黄淮地区的粮食与农产品产业链与服务链的"多链同构"，利用"高铁红利"促进当地农产品加工的信息化和自动化的技术改造[②]。

（4）提升内陆开放层次。商丘高铁枢纽与郑欧铁路、虞城国际物流保

---

① 余永泽等. 高铁开通是否加速了技术创新外溢——来自中国230个地级市的证据 [J]. 财经科学，2020（7）.

② 王亚飞等. 高铁开通促进了农业全要素生产率增长吗？——来自长三角地区准自然实验的经验证据 [J]. 统计研究，2020（5）.

税区等形成开放型的综合交通体系，极大提升了内陆开放层次。[①] 为此，应加快商丘制造业国际产能合作；另一方面应扩大商丘市种子、灌溉技术、农产品加工的技术优势，促进"农业要素"向欧亚内陆国家出口，利用高铁优势将商丘市的农产品贸易转向农业服务贸易。

（四）高铁与商丘的金融服务

金融业对人口与信息流动的速率高度敏感，而高铁能够加快资本与金融的集聚，因此高铁也与金融服务、城市创新之间有着潜在的关联与相互影响[②]。事实上，金融中心城市往往也是交通枢纽或者航运中心，例如新加坡就是因为由于物流枢纽而发展成为国际金融中心的。商丘也应借鉴这一历史经验，大力推进区域性金融中心建设，通过金融创新一方面补足城市建设中资本市场的短板，另一方面促使"枢纽经济"与"金融中心"相互反馈。

（1）"引金入商"。2021年商丘市政府工作报告中提出要"加大引金入商力度，推动广发银行商丘分行如期开业，光大银行商丘分行年底前落户"，同时要积极引进"天使、风投、股权投资基金，完善金融生态链"。而"金融生态链"具有"总部经济"的特征，对城市环境的要求很高，一般处在城市CBD或高端商务区。而据我们访谈得知，高铁是否开通往往成为金融机构高管是否进驻的关切内容[③]。

（2）资金融通。金融业处于现代服务业的先导地位，可以借鉴"长三角金融政策一体化"[④] 的先进经验，促进一体化金融合作、绿色金融发展以及推进金融信息共享，以"互联互通"促进"资金融通"。当然，商丘

---

① 高云虹，李帅娜等. 高铁建设与城市开放发展：来自进出口贸易的证据 ［J］. 河北经贸大学学报，2020（11）.

② 叶德珠，李鑫等. 金融溢出效应是否促进城市创新？——基于高铁开通的视角 ［J］. 投资研究，2020（8）.

③ 2021年7月课题组走访了郑州银行和开封市金融办，发现金融机构工作人员高铁乘坐频率非常高。

④ 2020年4月2日，长三角一体化示范区执委会会同央行上海总部等12个部门牵头起草的《关于在长三角生态绿色一体化发展示范区深化落实金融支持政策推进先行先试的若干举措》，又称"金融16条"。

与上海的金融生态有很大差距，但出于构建区域中心城市的目的，有必要立足商丘区位优势与枢纽优势，释放金融的引领功能。具体举措是以"交通一体化"促进豫鲁苏皖交接地区的金融政策协同，可以由商丘金融办牵头设置城际之间金融办的对接机制，跨区域推广"融资租赁""BOT"（建设—经营—移交）和PPP社会融资，以降低投融资门槛，以金融杠杆扩大"两业融合"的产业规模与市场容量。

（3）供应链金融。从长远看，高铁引导的"信息流"有助于促进"资金流"与供应链物流的调整，这也有助于龙头企业和大型企业利用"供应链金融"在产业链中重组要素，通过深化金融创新并在豫鲁苏皖交接地区推广和扩散。可以在商丘采取试点，利用工业大数据平台开展"商业保理"业务，利用应收账款在产业链中进行融资等。培育金融领域的各种新兴业态，发挥其对制造业的引领功能。

总之，商丘境内有商丘站、商丘东站、永城北站、民权北站四个高铁站，这与商丘区位优势和交通优势相互叠加，形成了其他同类城市难以企及的"高铁红利"。商丘应围绕区域中心城市的建设目标，充分释放这种红利效应，以生产性服务业和金融业作为引领，促进商丘由"商贸物流"向"生产物流"转型，推动商丘实体经济的高质量发展。

三、依托"高铁优势"促进城市发展

2021年8月25日，商丘市委常委扩大会议提出要"聚焦区域中心城市建设""做大做强枢纽经济""提升城市能级""增强城市辐射带动能力"。作为高铁枢纽，商丘的核心优势在于：一是商丘地处豫鲁苏皖交接区域，成为全国高铁网络的重要节点；二是商丘人口体量大、腹地辽阔，因而高铁经济具有"普惠性"；三是商丘城市基础设施尤其是交通枢纽建设不断加快，领先于周边城市。三种优势不断叠加，有利于"高铁—产业—城市"之间构建良性的反馈机制。

"高铁优势"还将促使商丘转变"城市竞争"的方式，从以短期的招商引资项目投资与基础设施建设为主的"硬实力"竞争，转向长期的营商环境、制度环境、人居环境、医疗和教育环境的"软实力"竞争。当前城市竞争中，高铁能够显著提升城市的"品牌""档次"与"声誉"，从而

成为城市软实力的重要"加分项"。

(一) 高铁与招商引资

对商丘而言,"交通条件""营商环境""区位优势"已经构成了"招商引资"对外宣传的"三要素"。尤其是高铁规划还体现了"国家意志"对地方和区域发展的最大支持,形成了商丘在招商引资中的"软实力"。

(1) 高铁共识。在豫鲁苏皖交接区域,"要想富,先修路"早已成为地方经济发展的共识;而高铁带来的"一小时经济圈"则是这一共识的升级版。这对商丘招商引资、引进人才、产业集聚都产生了显著影响。这种影响不仅通过"乘坐高铁"实现,更有可能是通过"高铁预期"来实现。

(2) 高铁赋能。2020年,商丘在"搭乘商合杭,对接长三角"和"千里长三角,高铁一线牵"为旗帜的招商引资活动中,"赴外招商57批次,洽谈项目74个,北汽福田新能源汽车、新吉奥智能房车、华能夏邑风电、爱德时代新能源等146个亿元以上项目落地商丘,中疆科技、恒大农业产业园、永城红星美凯龙等122个亿元以上项目签约"①。商丘市2020年实际利用省外资金292.5亿元,引进资金规模居河南省第四位,其中的"高铁赋能"起到了关键作用。

(3) 招商升级。2021年初,商丘市提出"充分利用商丘市区位、交通、人才等优势,针对长三角区域开展精准招商,积极招引龙头企业、产业链核心环节企业、有核心竞争力的企业,全力承接产业园区和产业链条整体转移"。2021年5月,河南省政府介绍商丘招商引资的经验是"紧盯三大重点模块"——城市建设、产城融合和高新技术,围绕区域中心城市建设全面发力,围绕产城融合建设目标精准发力,围绕战略新兴产业科学发力。

从中不难看出商丘招商引资工作重点的变化,从过去强调"产业落地"到"整体招商",向"城市建设、产城融合、高新技术"更高的标准过渡。而高铁建设是城市建设的有力抓手,"高铁招商"将有力促进商丘

---

① 商丘市全方位多举措推进招商引资工作侧记——搭乘商合杭,对接长三角[EB/OL].河南省政府网,https://www.henan.gov.cn/2020/07-16/1741046.html,2020-07-16.

的产城融合与产业升级。

（二）高铁与城市扩张

在中国城市化进程中，产业集聚区、技术开发区、商务 CBD、政府搬迁、高校搬迁都依次成为扩大城市规模的推手，而当下的新一波举措就是高铁建设。中小城市高铁站的客流量有限，路过旅客不会停留，因而高铁更多发挥的是通道效应，对城市经济发展带动不明显。[①]

从商丘城乡"一中心、两组团、五卫星、百镇区、网络化"的空间总体规划，高铁设站显然扩大了城市布局的空间范围；除此之外，高铁对于商丘辖区内的城市规划与交通规划也具有关键性引领作用。2021 年商丘市政府工作报告中明确提出要"加快高铁商务区建设"，为此，应充分释放"高铁经济"的集聚与扩散效应，避免跌入"通道经济"的陷阱。而高铁经济的集聚与扩散效应的关键因素又在于"人口集聚"与"人口流动"，这其中的城市规划与治理则起到了重要的作用。因此，高铁商务区包括商丘东站以及民权北站的"高铁新城"建设中一定要"以人为本"，顺应人口流向与人口分布的变化。

（1）"去房产化"。商丘东站 2018 年 9 月动工，2019 年 12 月开通运营。在商丘东站的"高铁新城"中，首先应避免单一"房产化"倾向。围绕"高铁新城"应该优先发展能够集聚人口的旅游和高等教育等产业。可借鉴的案例一是开封北站，附近建有一所万人规模的高等院校（商丘应用技术学院）；二是永城北站，依托高铁客流成功建设了芒砀山旅游景区。这两个案例的成功之处在于满足了高铁偏好的流动人口的特定需求，而非简单地进行同质化的商务与住宅房地产开发建设。

（2）互联互通。高铁新城的良好发展还取决于"新旧互动"，因此必须促进商丘高铁与城际交通、市内交通的互联互通。《国家综合立体交通网规划纲要中》也明确规定：一是要推动城市内外交通有效衔接。推动干线铁路、城际铁路、市域（郊）铁路融合建设；二是做好与城市轨道交通

---

① 肖金成. 高铁有利于大城市的发展，中小城市不应盲目投入［EB/OL］. 21 世纪经济报道，2015－11－23.

衔接协调，构建运营管理和服务"一张网"；三是加强铁路、公路客运枢纽及机场与城市公交网络系统有机整合，引导城市沿大容量公共交通廊道合理、有序发展。因此，在商丘东站高铁建设配套交通设施的布局与选址规划中，要统筹高铁与其他快速交通方式的相互衔接，加强商丘站与商丘东站的高铁联接，促使东西陇海铁路与南北京广铁路"最后20公里"的快捷换乘。

（3）高普相通。现在商丘站南北广场互不连通，甚至催生了由商丘南广场接驳抵达北广场乘坐高铁的"换乘生意"，这极大降低了高铁作为综合交通枢纽的便利性。举一反三，不仅应围绕商丘高铁站点建设高普转乘换乘便捷通道，而且要有意识地消除车站服务中"高铁待遇"与"普通待遇"的差别，以此填平南北广场之间的"鸿沟"，提升高普转乘效率。

总之，"高铁新城"已经成为城市规划与建设中的特殊类型。围绕"高铁新城"要集聚什么人口，发展哪些产业，配套什么服务，确实要审慎思考。高铁设站与高铁新城在相当大程度上决定一个城市的发展路径并形成路径依赖。因此，依据现状与初始禀赋，以"高铁、产业、人口、城市"四方互动形成良性反馈，同时也要促进"高铁新城"的治理优化与升级，加快"规划"与"治理"的相互适应、相互融合。

（三）高铁与区域协同

商丘作为豫鲁苏皖交接区域的中心城市，可以利用高铁枢纽的有利地位，通过人口流动强化现代服务业与产业的关联，促进省际区域经济的协同发展。

（1）产业集聚。商丘与周边的徐州、菏泽、亳州相比，产业规模与集中度并不突出，集聚效应还应持续释放。应"撤县设区"扩大城镇空间，引导商丘劳动力返乡创业就业与人口回流；应沿着"高铁轴线"建设多式联运的物流支点，优先支持柘城辣椒、人造金刚石，虞城钢卷尺，睢县鞋业、服装，民权制冷设备等经济规模大、产业基础好、县域实力强、人口流动快的县域产业集聚区加快发展。

（2）城际协同。商丘应围绕高铁建设与周边开封、徐州、菏泽、亳州等邻近城市加快地方配套项目的整体协调。针对高铁布局、人口流动、城市规模、环境承载容量之间数量关系进行测算，优化列车车次通达停靠的设计安排。可以按照 350 千米左右的"经济距离"停靠站点，在暑期提高针对豫鲁苏皖跨省大学生的高铁频次，等等。

（3）区域一体化。区域经济一体化发展的关键在于培育要素流通市场，创新要素配置机制。为此，商丘应利用枢纽地位与周边城市做好产业对接与跨省市场培育，例如与菏泽做好能源化工产业对接，与阜阳做好农业要素对接，与亳州做好中药材市场对接，等等；借鉴《长三角生态绿色一体化发展示范区总体方案》的思路，将中原城市群与黄河流域生态保护、淮河生态经济带发展规划、淮海经济区中心城市规划等区域经济发展政策相互对接，以此促进豫鲁苏皖交接区域的省际城市一体化发展。

当前，"产业竞争"已经过渡为"城市竞争"并且具有"抱团"升级为"城市群竞争"的趋势，"高铁抢站"和"人才大战"日益成为令人瞩目的社会焦点。商丘应加快跨省区域协同，对标"长三角"与"大湾区"的先进体制与机制，做好高铁建设、枢纽经济和区域市场的统筹规划与协同发展。

（四）高铁与未来发展

2021 年 8 月 25 日，商丘市提出要"在未来产业的谋篇布局上下更大功夫"。未来产业需要以未来城市为依托，对城市发展趋势做出更为前瞻性的预判。"高铁出行"是一种与时俱进的消费习性，不仅与收入相关也与年龄相关。"高铁消费"能够引领时尚并形成新消费习性和消费模式。因此，应前瞻性地面向新一代农民工和青年学生思考高铁与城市的关系。目前农民工流动还很少乘坐高铁，但是近年来，商丘农民工返乡创业的规模越来越大，这很可能是未来分享"高铁红利"的主体。

农民工进城和其他常住人口还没有完全融入城市，一些地方城镇建设规模扩张过快导致盲目"摊大饼"问题突出。为此，必须将高铁建设融入流动人口和社会结构的变化趋势之中。宁波市政府曾为农民工开设了"高铁专列"，这一做法值得思考和借鉴。当前的高铁乘坐率明显不高，运力过剩的问题日渐突出；但这也为农民工享受到"高铁红利"提供了可能性，高铁也可以像机票一样采取浮动打折的定价机制。商丘市高铁线路密集、农民工出行规模大，可以申请作为高铁车票浮动定价的试验点。

新出现的"网络经济"与"宅家经济"，促使人们对"经济成本""社会成本""时间成本""健康成本"进行重新思考与选择，潜移默化地改变人们的"出行方式"和"高铁偏好"。未来，商丘将会有越来越多的大学生、返乡农民工和创业者群体从事网络服务、数字服务、信息服务等为代表的"先进服务业"，通过"新产业、新业态、新模式"促进城镇就业，进而形成商丘经济的"新结构"与人口新分布。

因此，高铁有可能改变人们集中工作与集中生活的固有习性，进而改变人们集中大规模的出行方式。未来人们对高铁服务的社会需要将会更加多元化和分散化。商丘应该提前做好技术准备，探索将"高铁红利"转向"出行数据"的数据红利，为未来的"智慧出行"和"城市治理"提供高质量的技术服务。

第四节　商丘市芒砀山旅游景区

一、芒砀山旅游区简介

芒砀山旅游区是豫东地区的国家 5A 级旅游区，位于河南省旅游空间布局"一条轴线、四大板块"的最东端（王雪逸，2015）。芒砀山旅游区是以永城芒砀山为中心，以汉文化为主题，以文化旅游景区为载体的文化产业园区，是永城市重点发展的文化服务产业的龙头产业。园区文化旅游产业规划建设、管理经营的组织领导工作由永城市芒砀山景区管理委员会负责，园区内从事文化旅游产业的规模型公司 6 家，分别是永城市旅游发展集团有限公司、永城市地质公园管理有限公司、河南省汉城旅游开发有限公司、永城市汉泽源旅游开发有限公司、永城市保源旅游开发有限公司、永城市晟金旅游开发有限公司。其中，永城市旅游发展集团有限公司是国有独资企业，在芒砀山旅游区发展建设中承担主导作用。

芒砀山旅游区建设于 1997 年，2001 年 11 月被评为国家 3A 级旅游区，2006 年 9 月被评为国家 4A 级旅游景区，2017 年 2 月被评为国家 5A

级旅游景区。目前芒砀山旅游区对外开放的有 6 个景区，可概况为"四区三园"（王黎明，2012）。"四区"即汉梁王陵景区、夫子山景区、大汉雄风景区、僖山景区；"三园"即汉兴园、陈胜园、地质公园。近年来，芒砀山旅游区坚持创新驱动发展战略，以汉兴文化为核心，成功获批"国家级汉文化传承服务标准化试点区"，建成了我国中东部颇具影响力的 5A 级文化旅游景区；开展丰富多彩的汉文化活动，传承了中华民族优秀传统文化，取得了良好的经济效益和社会效益，拉动了当地的经济发展。

在对芒砀山旅游区的研究中，王晓艳（2012）指出，应该加大对芒砀山旅游区汉文化旅游资源的开发和芒砀山汉墓群的保护与利用，为永城市旅游业的发展注入新的活力。王雪逸、杨懿（2015）指出芒砀山旅游区存在营利模式单一，旅游消费内容缺乏，游客停留时间短，旅游消费额度低等方面的问题，并提出了解决对策。洪华（2018）在分析芒砀山旅游区服务质量存在问题的基础上，提出了服务质量的改进策略。王秋爽（2020）运用 SWOT 分析法探讨了芒砀山旅游区文化旅游发展的优势和劣势，并对芒砀山旅游区发展乡村旅游提出了对策建议。

二、芒砀山旅游区的发展概况

（一）芒砀山旅游区的发展历程

1. 资源突显，保护展示（1982～1996 年）

从 1982 年起，芒砀山开始陆续对文物进行发掘开发。1986 年，河南省公布芒山墓群柿园汉墓为河南省重点文物保护单位，1996 年 11 月 20 日，芒砀山汉梁王墓群被国务院公布为第四批全国重点文物保护单位。为满足公众要求，在以保护为主的前提下，由当时的芒砀山旅游区文化馆主持开始逐步向公众开放，这是芒砀山文化产业形成的起步阶段。

2. 主动开放，启动建设（1997～2003 年）

1997 年，永城市政府为保护文物古迹，下达了封山禁采的命令。通过反复调查和讨论，永城市作出开发芒砀山文化旅游区的战略部署。

1999 年起，永城市开始正式启动景区建设。为加强对芒砀山旅游景区建设的管理，永城市在 2000 年 4 月成立了永城市文物旅游局，景区转由文物旅游局景点管理办公室管理。2001 年 11 月 8 日，永城芒砀山文物旅游区被列入国家旅游局公布的首批 AAA 级旅游区（点）名单。

3. 规模开发，形成产业（2004~2009 年）

为了进一步推进芒砀山旅游区的发展，2004 年 7 月，永城市按照"政府主导、部门联动、市场运作、公司化运营"的工作思路，成立了芒砀山旅游开发有限公司，走景区企业化运营的模式。2005 年，芒砀山汉梁王陵景区、陈胜王陵景区、斩蛇园景区三大景点建设同步顺利实施，旅游开发走向正轨。2006 年 10 月 23 日，国家旅游局公布最新一批 4A 级景区名单，永城芒砀山文物旅游区榜上有名。2008 年 12 月被河南省文化厅授予文化产业示范基地。

4. 规范管理，创建特色（2000~2013 年）

（1）规划产业建设管理，提升服务水平。

从 2010 年起，产业园区正式提出实施标准化管理。通过标准化管理推进，完善了企业管理标准，规范了服务管理流程，加强了服务质量监控。2009 年获得商丘市首届市长质量奖，2013 年荣获河南省服务业标准化示范单位，2014 年获得河南省首批旅游标准化示范企业，2016 年荣获国家级汉文化传承服务业标准化示范单位。通过多年的标准化建设，园区管理得到规范，建设开发逐步科学化，服务水平大幅度提升。

（2）创建汉文化特色，推动芒砀山文化产业特色化建设。

芒砀山是汉武帝刘邦斩蛇兴汉之地，汉兴文化是芒砀山景区的文化底色和亮点。芒砀山景区将汉代非物质文明与汉代物质文化遗存相互呼应，必将改变景区博物馆式的参观游览，让景区经济发展兴旺起来（王双九，2018）。打造"汉礼仪体验景区"的品牌为景区打开发展思路和发展空间。景区重点在开发"穿汉服、习汉礼、赏汉舞、食汉宴"的汉代礼仪体验活动，先后在景区为游客组织了几百场开笔礼、成童礼、成人礼、汉式婚礼、敬老礼等礼仪活动，深受游客好评。景区还引入古法造纸、活字印刷等汉文化体验活动，让中华传统文化在这里大放异彩。

5. 优化环境，打造品牌（2014～2017 年）

为做强芒砀山品牌，芒砀山旅游区自 2014 年全面启动创建国家 5A 景区，景区管委会积极开展各项创建工作。按照国家 5A 级景区的验收标准，完成了各项创建任务，景区的旅游环境、服务设施和服务水平得到了极大提升。2017 年 2 月，芒砀山入选国家 5A 级旅游景区，这是芒砀山文化旅游产业发展的里程碑。

6. 5A 景区创建后文化旅游产业发展情况（2018 年至今）

5A 景区创建后，芒砀山旅游景区紧紧围绕市政府提出的"新 5A，新产品、新形象"的工作要求，持续提升 5A 级旅游景区环境与服务质量，有效实施旅游品牌宣传，在服务标准化、"厕所革命"、智慧旅游、景区服务等再次步入旅游行业的前列，受到了国家和省相关部门的表彰，引起了同行的关注。

（1）强化宣传营销，芒砀山品牌知名度持续提升。

5A 景区成功创建后，景区加大了宣传营销，举办了一系列营销宣传活动，对宣传芒砀山景区发挥了显著的效果。芒砀山景区还在省会郑州、江苏徐州、商丘建立芒砀山营销中心，深入开展落地宣传。在品牌宣传方面，芒砀山制定了聚焦央视、打造汉文化品牌的宣传理念，策划了"一个核心四季绽放"的宣传策略，围绕汉文化之"核"，策划了"年味芒砀山""花样芒砀山""清凉芒砀山""尚礼芒砀山"一系列汉文化主题活动，极大提升了芒砀山的品牌影响力。

（2）丰富汉文化产品，提升文化产业的品质。

近年来，芒砀山旅游区结合国家级汉文化传承服务标准化示范单位创建，开展了丰富多彩的汉文化体验活动，传承了优秀民族文化。规范了"中华九礼"等系列传统礼仪文化体验服务标准，为规范化弘扬民族文化，传承中华文明做了有益的尝试。重新编排了大型古装情景剧《高祖迎宾》；重新提升了汉傩舞表演内容与形式；引入古法造纸、活字印刷等汉文化体验活动。让中华传统文化在芒砀山旅游区大放异彩。

（3）加大供给侧调整，不断增加新的旅游产品。

首先，新产品对旅游区经营拉动显著。夫子山栖龙柚景区自 2017 年全面开工建设以来，完成了夫子山文化碑林区建设升级，建设了栖龙柚休闲景区、玻璃栈道、休闲小体验项目，深受游客喜爱，推动了旅游区人气的快速增长，提振了旅游区各企业的投资信心，僖山景区和地质公园景区也相继增加了一系列富有体验和娱乐功能的新产品。

其次，旅游基础设施日趋完善。创建 5A 景区后，芒砀山旅游区继续完善旅游服务基础设施，开展"厕所革命"，优化了标志标识、游客中心、休息设施等服务设施，增加景区绿化面积，有效实施了文物保护工程。

再次，"厕所革命"获得文化和旅游部表彰。芒砀山汉梁王陵内有中国最早的汉代水冲式坐便厕所，芒砀山开展"厕所革命"不仅是服务的需要，也是在传承汉文明。景区在实施"厕所革命"中提出了"设施人性化、服务标准化"的建设与管理理念。2017 年，芒砀山景区获得了国家厕所革命人文关怀奖。

最后，旅游区智慧化管理水平持续提升。芒砀山智慧旅游建设按照高起点、高标准的要求，已全面完成了"智慧服务""智慧营销"和"智慧管理"三大板块的主体工程，目前在国内同行业已属于领先水平，2018 年旅游区获得河南省 2 钻级智慧景区，2019 年旅游区升级为河南省 5 钻级智慧景区。

（4）组建永城市旅游发展集团，为文化产业发展提供组织与机制保障。

2018 年 8 月，按照永城市关于做大做强芒砀山旅游区的建设指导思路，永城市旅游发展集团有限公司正式成立。这为进一步整合芒砀山国有旅游资产，有效搭建芒砀山文化旅游产业的投融资平台，推进旅游招商工作，提供了有效的组织保障。

（5）完善了芒砀山旅游发展规划。

成功晋级 5A 景区后，为满足新的发展需求，芒砀山景区管委会对芒砀山旅游区建设进行了规划调整。芒砀山旅游区总体规划由同济大学城市规划院承担，对芒砀山旅游区、芒山特色小镇、永城高铁站等重新进行一体化总体规划，对汉梁王陵景区、夫子山休闲度假区、大汉雄风景区、僖山地质公园景区进行了重新编修工作。

三、芒砀山旅游区的发展现状

(一) 芒砀山旅游区的发展优势

1. 历史文化资源丰富

芒砀山拥有4 000多年历史，悠远的古文明给芒砀山留下沉重的历史足迹。孔夫子避雨崖、文庙、刘邦斩蛇碑、陈胜墓等名胜古迹星罗棋布，特别是西汉梁国王室墓群，气势恢宏，宛如地下宫殿，为国内乃至世界罕见。汉墓群中出土的金缕玉衣、青铜器、石刻壁画等文物，极具文物考古价值。芒砀山的历史文化资源数量丰富且影响深远，独特的"汉文化"对研究汉代的思想文化、陵寝制度、建筑艺术、石刻画像艺术、社会经济有着重要意义。芒砀山旅游区的历史文化资源分类如表6-8所示。

表6-8 芒砀山历史文化资源

类别	序号	名称	时期	文化文物资源等级
古遗址类	1	斩蛇碑	西汉	河南省重点文物保护单位
	2	芒砀山汉代礼制建筑基址	西汉	全国重点文物保护单位
	3	夫子崖	春秋	永城市重点文物保护单位
	4	文庙	宋	河南省重点文物保护单位
古陵墓类	5	陈胜墓	秦	河南省重点文物保护单位
	6	西汉梁国王陵墓群	西汉	全国重点文物保护单位
宗教文类	7	芒山寺	未知	河南省重点文物保护单位
民间故事	8	刘邦斩蛇传说	西汉	
	9	梁孝王刘武与王后的传说	西汉	
	10	孔夫子避雨晒书的故事	春秋	

2. 形成"汉文化"特色品牌

成功入选国家5A级景区推动了芒砀山旅游区的快速发展，塑造了芒砀山"汉文化"的品牌效应，取得了良好的社会经济效益。芒砀山旅游区特色"汉文化"包括"汉兴文化"与"汉墓文化"。"汉兴文化"以刘邦斩蛇起义的民间故事与"汉高祖斩蛇碑"为依托。芒砀山旅游区主管部门利用刘邦斩蛇起义的民间故事打造"汉兴文化",并将"汉高祖斩蛇碑"打造成芒砀山旅游区的经典景区——汉兴园。在汉兴园内,修建了两处近百米汉代风格的壁画游廊,每一幅壁画讲述着不同时期汉朝的兴衰发展,方便慕名而来的游客了解汉文化。"汉墓文化"是芒砀山旅游区汉文化中最突出的部分。芒砀山旅游区保安山西汉梁国陵墓数量众多,规模庞大,分布集中,在全国都是罕见的。芒砀山旅游区目前发现的汉墓中,最为著名的是梁孝王墓和李王后墓(莫志明,2019)。除此之外,僖山与保安山出土的两件金缕玉衣具有较高的考古价值,柿园汉墓发现的《四神云气图》彩色壁画早于敦煌630年,被誉为"敦煌前的敦煌"。

3. 游客数量与旅游收入稳定上升

表6-9和表6-10显示了2013~2020年芒砀山旅游区游客数量和旅游收入的数据。从表6-9中可以发现,芒砀山旅游区游客数量与旅游收入呈现出逐年增长的趋势,尤其是随着2017年芒砀山景区被评定为国家5A级景区之后,芒砀山旅游区的知名度进一步提升,游客数量与旅游收入明显增加。

表6-9　　　　　　2013~2020年芒砀山旅游区游客数量　　　　单位:万人次

项目	2013年	2014年	2015年	2016年	2017年	2018年	2019年	2020年
游客数量	92.42	110.33	119.75	135.61	161.79	193.86	189.12	164.16

资料来源:根据永城市文物旅游局统计数据整理得到。

表6-10　　　　　　2013~2020年芒砀山旅游区旅游收入　　　　单位:万元

项目	2013年	2014年	2015年	2016年	2017年	2018年	2019年	2020年
旅游收入	4980.45	6882.64	7539.75	8538.23	11068.83	12556.62	13718.37	15227.39

资料来源:根据永城市文物旅游局统计数据整理得到。

"十三五"期间,芒砀山旅游区共接待游客约693.23万人次,年平均增长率11.83%;旅游区直接收入约4.502亿元,年均增长17.25%,2019年与2016年人次同比增长39.46%,收入增长60.67%(莫志明,2019),

超出了"十三五"预期经济目标。芒砀山旅游区的发展正在逐步改善当地的经济与社会环境，成为永城市经济发展的重要推动力量。

4. 客源目标市场定位日益清晰

芒砀山旅游区的客源地省份和城市分布如图 6 - 8、图 6 - 9 所示。可以看出，在客源目标市场中，自驾游、亲子游、近郊游为主流。其中，河南游客占比 49.56%，安徽游客占比 17.01%，江苏、山东游客占比 13.7%，其余来自全国各地。

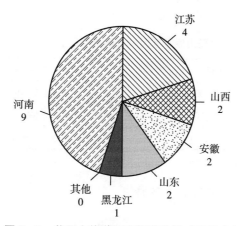

图 6 - 8　芒砀山旅游区客源地省份（2020 年）

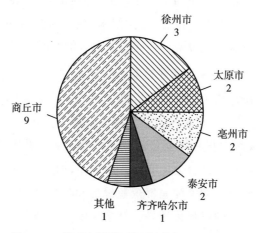

图 6 - 9　芒砀山旅游区客源地城市（2020 年）

根据永城市客源市场结构和旅游区客源分布特征，将芒砀山旅游区客源市场分为核心市场、重点市场和机会市场，如表6-11所示。据此，我们可以将淮海经济区、豫鲁苏皖四省交界区作为核心客源市场，所占比例为50%；将华北地区、华东地区、华中地区作为重点客源市场，所占比例为40%；将其他省市自治区作为机会客源市场，所占比例为10%。根据上述区域客源，可以得出芒砀山旅游区客源目标市场定位，其中，商丘市及周边客源为一级客源市场；以郑州、开封为中心的周边客源为二级客源市场；河南省内其他地区为机会客源市场。

表6-11　　　　　　芒砀山旅游区国内市场范围及省市分布

市场级别	范围（半径）（千米）	圈层内省市
核心客源市场	0~300	江苏、山东、河南、安徽
重点客源市场	300~500	北京、浙江、上海、河北、湖北、湖南、江西、山西
机会客源市场	大于500	西南、西北、东北、华南各省

（二）芒砀山旅游区的发展特点

1. 政府主导是芒砀山文旅产业发展的根本

芒砀山旅游区能在十多年的时间内，迅速成长为国家5A级旅游区，这与永城政策是分不开的。没有20世纪末政府高瞻远瞩的旅游发展战略，没有政府的服务基础建设投资，芒砀山旅游区的发展是不可想象的。

2. 标准化是芒砀山文旅产业提升的法宝

近年来，芒砀山旅游总公司主要做了两件事：一是标准化创建；二是5A景区创建。标准化项目实施以来，在景区管理委员会等的指导下，公司结合5A景区、文明景区、平安景区创建活动全力推进服务标准化试点项目的实施与深入推进。结合公司实际，组织不同形式、不同层级的标准专项活动近百次，建立、调整和完善企业标准600余个，开展专门性标准化运行自我评价4次，通过强化领导，健全组织，加强监督，使标准化试点活动得以务实推进，使汉文化传承服务标准化项目试点取得明显的阶段性成果。2015年底通过国家质监局国家级汉文化传承服务标准化示范单位验收。

在标准化运行的实践中，芒砀山旅游区积极开展标准化创新研究、标准化实践验证等工作，在我国首次推出了一系列传统礼仪文化体验服务标准。为规范化弘扬民族文化，传承中华文明作为了有益的尝试。同时在积极进行汉文化传承服务，为周边景区进行服务培训、为地方培训礼仪师、为地方活动提供标准化文化活动。

通过标准化创建，公司管理机构，管理制度得以完善，创新机制得以激活，提振了工作信心。标准化的实施既推进了环境升级，又使服务更加人性化，同时运行管理进一步科学化。芒砀山旅游区标准化创建成功的关键不是在形式上创建，而是真正地运用。

3. 5A景区创建是芒砀山旅游区晋级的关键

芒砀山旅游区实现跨越发展的关键环节就是5A景区创建活动。

（1）通过5A景区创建，旅游区服务基础设施获得了全面的完善。

一是环境质量得到提升。优化旅游交通环境，完善引导标识，提升景区间通行的便捷程度，景区及景区周边环境极大提升。

二是完善游览服务设施。旅游区建成了新的游客中心，完善更新了园区内的标识系统，增加了具有景区卫生设施、休息设施、景观节点。

三是智慧旅游建设达到国内领先水平。芒砀山智慧旅游建设按照高起点、高标准的要求，已全面完成了"智慧服务""智慧营销"和"智慧管理"三大板块的主体工程，目前在国内同行业已属于领先水平，2018年旅游区获得河南省2钻级智慧景区，2019年旅游区升级为河南省5钻级智慧景区。

（2）5A景区创建后旅游区的变化显著。

一是加速芒砀山品牌影响力的提升。芒砀山旅游区成功创建国家5A景区，使芒砀山成功进入我国旅游区的第一梯队序列，对于进一步塑造芒砀山旅游品牌形象，提升旅游知名度具有十分重要的意义，也为芒砀山带来了巨大的社会与经济效益。

二是可以提振永城市大力发展文化旅游产业的信心，促进永城市经济转型。芒砀山成功晋级，是永城市凝心聚力、合力创建的结果，创建成功告诉我们，只要我们去努力，永城的文化旅游产业就能做好做强。创建的成功，加速了永城市以"三大支点"为主题的文化旅游产业发展信心，有效地推进陈官庄烈士陵园、崇法寺、日月湖、造律台遗址等文化旅游产业的建设，为进一步形成永城市大文化产业格局奠定了基础。

三是助推了镇域经济蓬勃发展。创建工作启动以来，加之高铁高速的开通，一些投资大、品位高的项目不断聚集芒砀山，提升了芒砀山旅游区的影响力，2017 年 7 月芒山镇成功列入国家级特色小镇。

四是增强了外来投资者的信心。5A 景区成功创建提升了芒砀山旅游区的品牌影响力，也增强了外商投资的信心。自 2017 年以来，私营企业已成为芒砀山旅游区投资建设的主力军，已落地 4 亿元以上投资项目。

4. 注重细节，用心服务是芒砀山弥补不足的途径

芒砀山旅游区的制胜要素是软实力的提升，获得了四两拨千斤的显著效果。比如景区率先成立了融"旅游速裁法庭""旅游警察""工商分局""旅游市场监管"为一体，快速处理游客投诉与纠纷的"1+3"工作机制，最大程度地保障游客的权益。又比如，游客在购买门票的同时，都会得到一张质量监督服务卡，上面有监督投诉电话。这张监督卡就是一张放心卡，一张承诺卡。游客有任何困难，都能迅速得到解决。还比如，为哺乳期的母亲专门设置了一个哺乳休息的区域——"母爱十平方"。再比如，在"厕所革命"中，芒砀山旅游区配齐了第三卫生间和无障碍厕所设置，加强了人性化管理，获得了国家厕所革命人文关怀奖。志愿者服务站建设是芒砀山的又一亮点，吸引了大量旅游服务志愿者，充分运用社会资源为景区服务。

四、芒砀山旅游区的发展对策

（一）加强宣传力度，提升汉文化品牌知名度

芒砀山旅游区作为国家 5A 级景区，目前的主要任务是提升"汉文化"品牌的知名度，保证了品牌信誉与服务水平，通过线上线下等各种渠道宣传景区特色文化，实现"汉文化"品牌的广泛传播。

1. 讲好民间故事，宣扬特色文化

4 000 多年的历史给芒砀山旅游区留下了丰富的物质与非物质文化遗

产。芒砀山旅游区一直以来着重对物质文化遗产的保护与开发，但是景区建设却忽视了民间故事对当地汉文化品牌的宣传作用。很多丰富精彩的民间故事仅仅停留在纸本上，游客主要从历史资料、导游讲解或者本地村民口中得知。新时代文化旅游的开展不仅是旅游行业自身的发展，更是旅游与传统文化，旅游与生态和 IT 技术的整合，通过开发更具个性化的旅游产品和服务来满足旅游爱好者对精神文化产品的爱好和追求。因此，芒砀山旅游区应以讲好民间故事为营销突破口，充分利用 IT 技术，开发更多的具有芒砀特色的民间故事。芒砀山旅游区应通过民间故事将物质与非物质文化遗产串联起来，以现有的旅游景区为基础，深入挖掘民间故事，不断创新民间故事，讲好民间故事，让芒砀山旅游区"汉文化"品牌更加生动鲜活。为此，可以采取考虑以下措施：第一，芒砀山旅游区可以利用 IT 技术将民间故事制作成动漫动画或者影视短片，这样既可以保护芒砀山本地的民间传统文化，又可以增加民间故事的吸引力，引起旅游者的兴趣。第二，芒砀山旅游区可以创建民间故事虚拟体验中心。利用 VR 技术将民间故事开发成文化旅游产品，设计虚拟场景让游客身临其境地观看与体验当地民间文化，更加直观地感受文化的魅力。

2. 完善新媒体宣传渠道，构建新型乡村文化旅游

新媒体特指利用数字技术和网络技术，以互联网、无线通信网为渠道，利用计算机、手机和数字电视等网络终端，向用户提供信息和服务的传播形态。如今，新媒体已经深入融入乡村文化旅游之中。通过实地调查发现，芒砀山旅游区的宣传形式依然停留在报纸、电视等传统媒体上，微信、微博、短视频等新媒体营销方式还没有得到有效推广。因此，芒砀山旅游区开展乡村文化旅游必须坚持与时俱进，妥善利用新媒体传播渠道，开展"互联网＋乡村文化旅游"势在必行。

芒砀山旅游区最早开展的网络营销方式是芒砀山旅游区官方网站与微信公众号。官方网站与微信公众号为游客提供景区介绍、网上购票、路线规划等基础服务。微博与短视频平台的宣传效果有限，主要用于宣传芒砀山旅游区当地风情风貌，缺少具有吸引力的创新性文案。因此，芒砀山旅游区需要将宣传重心转移到新媒体渠道上，通过策划与品牌有关的优质、传播性强的内容和线上活动，向受众精准地推送信息，提高品牌知名度和

用户参与度。通过创造精美且富有新意的具有"汉兴文化"特色的短视频，利用短视频传播速度快、受众范围广的特点，快速吸引受众的注意力，让芒砀山旅游区的影响力在短时间内传播开来。

(二) 加强基础设施建设，提升公共服务水平

旅游业的发展离不开基础设施的建设，芒砀山旅游区所在地属于农村，基础设施建设不完善，经济发展滞后。芒砀山旅游区需要在基础设施改善方面下功夫，具体表现在以下几个方面。

1. 营造"汉文化"特色食宿环境，吸引游客前来长期游玩

饮食和住宿是旅游过程中必不可少的项目，食宿环境直接影响到游客的旅游满意度。通过对芒砀山旅游区的实地调研发现，芒砀山旅游区已经形成了"汉文化"的旅游特色，但食宿环境仍是其不足之处。随着 5A 级景区的成功创建，游客数量不断增加，芒砀山旅游区需要彻底改造景区内外的食宿环境，吸引更多的游客前来游玩。为此，要做好以下几方面的工作：第一，完善芒砀山旅游区餐饮住宿行业规范，提高景区内相关行业标准。景区管理部门要加强对景区餐饮业的监督和管理，对不符合行业标准的小餐馆与小旅馆进行彻底整改。第二，积极引入具有"汉文化"特色的饮食企业。芒砀山旅游区的特色饮食包括卤羊肉、地锅等，深受当地人的喜爱。应该大力支持高品质的特色饮食业进驻景区，使其成为宣传"汉文化"特色的重要渠道。第三，以"汉文化"特色打造景区特色食宿环境。景区内食宿行业的装修风格可以采用汉朝时期的建筑风格，服务人员统一穿汉服、行汉礼，使用国画陶瓷彩绘等汉文化元素用具，营造浓厚的"汉文化"氛围，推动芒砀山旅游区"汉文化"特色的形成。

2. 完善公共交通设施，解决游客出行问题

完善的公共交通网络代表着当地经济发展水平的提高，是旅游业发展的基础（王双九，2018）。通过实地调查方法，芒砀山旅游区的游客数量不多且主要分布在周边城市，以自驾游游客为主，对公共交通的需求量并不高。至于少量的非自驾游游客，可以选择乘坐私人经营的三轮车。但随着 2015 年永城市正式取缔电动三轮车，芒砀山旅游区的部分散客面临无车

可乘的境地，本地居民的出行也受到限制。因此，芒砀山旅游区需要采取以下措施完善景区内部的公共交通网络。第一，增加有助于居民日常出行的公交车，方便当地居民短距离的交通出行。第二，增加景点之间的游览公交专线，解决游客出行问题，为游客提供更贴心的旅游服务。完善的公共交通网络可以让居民在出行方面有更多的选择，让游客更愿意乘坐公共交通来此处游玩，解决游客出行问题。

3. 线上与线下相结合，为游客提供优质讲解服务

芒砀山旅游区每一处文化遗址都展示着丰富的汉兴文化、汉墓文化与汉梁文化，但在没有专业讲解服务的条件下，游客所了解的文化内涵非常有限。因此，为游客提供优质讲解服务是芒砀山旅游区急需解决的问题。芒砀山旅游区可以采取线上与线下相结合的方式构建完善的讲解服务体系。为此，可以采取以下措施：第一，增加租借式电子导游设备。电子导游设备轻巧方便，功能齐全，操作简单，具有多种语言系统，价格经济实惠可反复利用，更容易被游客接受。第二，在不同景点设置智能解说设备，游客到达景点后可以在附近的智能解说设备上自主选择解说服务。第三，利用微信平台和手机地图软件增加线上解说服务。微信平台与许多手机地图软件已经增设导游服务，芒砀山旅游区可以与相关的手机软件开发商进行合作，增加线上解说服务，如百度地图APP的智能导游服务。线上解说服务突破了传统旅游服务的诸多壁垒，让游客通过手机就可以在景区内获取优质的讲解内容，享受更好的文化服务。

（三）产业融合促进文化旅游业多元化发展

芒砀山旅游区提供了多样化的文化旅游服务，这在很大程度上满足了不同旅游爱好者的差异化需求。但在许多方面仍然存在问题，尤其是在互联网环境下，如何做到与时俱进，不断提升服务质量，增加创新理念，提供独具特色的旅游服务才能在乡村文化旅游的大潮流中持续发展。通过实地调研发现，芒砀山旅游区仍然存在旅游产品单一、消费者差异化需求无法得到满足等方面的问题。为此，芒砀山旅游区应开发多元化文化旅游产品，促进产业融合发展，具体体现在以下方面。

1. 旅游纪念品与农产品、手工艺品相结合

芒砀山旅游区拥有丰富的传统手工艺品与农产品。可以将手工艺品、农产品进行开发和包装，与旅游纪念品相结合，把芒砀山旅游区独特的地域文化融入进去，旅游纪念品与农产品手工艺品融合发展。第一，旅游纪念品与农产品相结合，例如辣椒类食品、砀山梨、黄桃、芒山杏等新鲜蔬果品，通过农产品销售为农民带来新的经济收入。第二，旅游纪念品与传统手工艺品相结合，例如利用当地丰富的石矿资源制成的石雕、石刻、石砚等石制品，具有鲜明的地方特色，更容易吸引游客的关注，同时也有利于非物质文化遗产的保护与宣传。

2. 开发汉文化特色文创产品

文创产品是将文化资源以创意的形式展现出来的产品，具有高附加值。芒砀山旅游区旅游纪念品的开发不应该只局限于艺术品、复制品等传统开发方式，应该运用芒砀山旅游区努力创建的"汉文化"特色，融入现代美学设计，打造更贴近日常生活的文创产品，如笔筒、手机壳、玩偶、冰箱贴、服饰等。这些文创产品更容易受到年轻旅游者的喜爱，能够带来更多的旅游收益。

3. 完善农业生态旅游，打造特色生态园

农业生态旅游可以发挥观光式农业和体验式农业的作用，将旅游业与农业结合起来，产生更多附加值。农业生态旅游的发展有利于进一步丰富芒砀山旅游区的乡村旅游资源。例如，溪谷生态园就是一个多位一体、功能完善的农业生态旅游项目。芒砀山旅游区进一步完善溪谷生态园的建设规划，在生态园中融入具有"汉文化"特色的石磨文化、面食文化、饮食文化等特色民俗文化，打造出迎合主流消费群体的旅游产品。

附　　录

附表 A1　　1978~2020 年中国货物进出口总额、世界贸易进出口总额数据

年份	中国货物进出口总额（百万美元）	世界贸易进口额（按产品组—年度）（百万美元）	世界贸易出口额（按产品组—年度）（百万美元）	世界贸易进出口总额（百万美元）	中国进出口总额占世界贸易总额的比例（%）
1978	20 640	1 358 430	1 306 910	2 665 340	0.77
1979	29 330	1 693 680	1 659 330	3 353 010	0.87
1980	38 140	2 077 186	2 036 136	4 113 322	0.93
1981	44 022	2 070 487	2 014 387	4 084 874	1.08
1982	41 606	1 943 873	1 885 811	3 829 684	1.09
1983	43 616	1 891 558	1 845 977	3 737 535	1.17
1984	53 549	2 015 655	1 955 714	3 971 369	1.35
1985	69 602	2 015 516	1 952 890	3 968 406	1.75
1986	73 846	2 207 607	2 138 506	4 346 113	1.70
1987	82 653	2 583 723	2 515 500	5 099 223	1.62
1988	102 784	2 965 273	2 868 916	5 834 189	1.76
1989	111 678	3 205 459	3 098 920	6 304 379	1.77
1990	115 436	3 599 975	3 489 739	7 089 714	1.63
1991	135 634	3 628 449	3 511 359	7 139 808	1.90
1992	165 525	3 900 517	3 779 172	7 679 689	2.16
1993	195 703	3 894 426	3 794 694	7 689 120	2.55
1994	236 621	4 428 573	4 328 264	8 756 837	2.70
1995	280 864	5 285 272	5 167 620	10 452 892	2.69

年份	中国货物进出口总额（百万美元）	世界贸易进口额（按产品组—年度）（百万美元）	世界贸易出口额（按产品组—年度）（百万美元）	世界贸易进出口总额（百万美元）	中国进出口总额占世界贸易总额的比例（%）
1996	289 881	5 547 270	5 406 052	10 953 322	2.65
1997	325 162	5 738 660	5 592 319	11 330 979	2.87
1998	323 949	5 682 580	5 503 135	11 185 715	2.90
1999	360 630	5 926 281	5 719 381	11 645 662	3.10
2000	474 297	6 647 491	6 454 020	13 101 511	3.62
2001	509 651	6 406 946	6 196 440	12 603 386	4.04
2002	620 766	6 656 539	6 500 713	13 157 252	4.72
2003	850 988	7 771 071	7 590 832	15 361 903	5.54
2004	1 154 554	9 473 361	9 222 553	18 695 914	6.18
2005	1 421 906	10 785 263	10 510 292	21 295 555	6.68
2006	1 760 438	12 368 788	12 131 449	24 500 237	7.19
2007	2 176 175	14 268 847	14 032 003	28 300 850	7.69
2008	2 563 255	16 496 984	16 170 529	32 667 513	7.85
2009	2 207 535	12 714 737	12 565 091	25 279 828	8.73
2010	2 974 001	15 438 092	15 303 993	30 742 085	9.67
2011	3 641 864	18 438 364	18 343 601	36 781 965	9.90
2012	3 867 119	18 657 296	18 514 486	37 171 782	10.40
2013	4 158 993	18 966 119	18 969 946	37 936 065	10.96
2014	4 301 527	19 060 809	19 011 072	38 071 881	11.30
2015	3 953 033	16 733 507	16 558 147	33 291 654	11.87
2016	3 685 557	16 211 194	16 045 249	32 256 443	11.43
2017	4 107 137.86	17 985 896	17 742 931	35 728 827	11.50
2018	4 622 444.13	19 836 342	19 550 439	39 386 781	11.74
2019	4 577 891	19 284 167	19 014 680	38 298 847	11.95
2020	4 646 257.39	17 812 107	17 582 919	35 395 026	13.13

资料来源：中国货物进出口总额源于《中国统计年鉴》（2021）；世界贸易进出口数据源于世界贸易组织统计数据（网址：https：//stats.wto.org/）。

附表 A2　全国保税物流中心（B 型）分布及名单（截至 2020 年 12 月 31 日）

序号	省别	项目名称
1	北京市	北京亦庄保税物流中心
2	天津市	天津经济技术开发区保税物流中心
3		蓟州保税物流中心
4	河北省	河北武安保税物流中心
5		唐山港京唐港区保税物流中心
6		辛集保税物流中心
7	山西省	山西方略保税物流中心
8		山西兰花保税物流中心
9		大同国际陆港保税物流中心
10	内蒙古自治区	巴彦淖尔市保税物流中心
11		包头市保税物流中心
12		七苏木保税物流中心
13		赤峰保税物流中心
14	辽宁省	营口港保税物流中心
15		盘锦港保税物流中心
16		铁岭保税物流中心
17		锦州港保税物流中心
18	吉林省	吉林市保税物流中心
19		延吉国际空港经济开发区保税物流中心
20	黑龙江省	黑河保税物流中心
21		牡丹江保税物流中心
22	上海市	上海西北物流园保税物流中心
23		虹桥商务区保税物流中心
24	江苏省	连云港保税物流中心
25		徐州保税物流中心
26		如皋港保税物流中心
27		大丰港保税物流中心
28		江苏海安保税物流中心
29		新沂保税物流中心
30		靖江保税物流中心
31		南京空港保税物流中心

续表

序号	省别	项目名称
32	浙江省	杭州保税物流中心
33		义乌保税物流中心
34		温州保税物流中心
35		湖州保税物流中心
36		湖州德清保税物流中心
37		宁波栎社保税物流中心
38		宁波镇海保税物流中心
39	安徽省	蚌埠（皖北）保税物流中心
40		安庆（皖西南）保税物流中心
41		合肥空港保税物流中心
42		安徽皖东南保税物流中心
43		铜陵（皖中南）保税物流中心
44	福建省	厦门火炬（翔安）保税物流中心
45		漳州台商投资区保税物流中心
46		泉州石湖港保税物流中心
47		翔福保税物流中心
48	江西省	龙南保税物流中心
49	山东省	青岛西海岸新区保税物流中心
50		烟台福山回里保税物流中心
51		菏泽内陆港保税物流中心
52		淄博保税物流中心
53		鲁中运达保税物流中心
54		青岛保税港区诸城功能区保税物流中心
55	河南省	河南德众保税物流中心
56		河南保税物流中心
57		河南商丘保税物流中心
58		河南民权保税物流中心
59		河南许昌保税物流中心

续表

序号	省别	项目名称
60	湖北省	黄石棋盘洲保税物流中心
61		宜昌三峡保税物流中心
62		襄阳保税物流中心
63		仙桃保税物流中心
64		荆门保税物流中心
65	湖南省	长沙金霞保税物流中心
66		株洲铜塘湾保税物流中心
67	广东省	佛山国通保税物流中心
68		东莞保税物流中心
69		东莞清溪保税物流中心
70		深圳机场保税物流中心
71		汕头保税物流中心
72		中山保税物流中心
73		湛江保税物流中心
74		江门大广海湾保税物流中心
75	广西壮族自治区	防城港保税物流中心
76		柳州保税物流中心
77	海南省	三亚市保税物流中心
78	重庆市	重庆铁路保税物流中心
79		重庆南彭公路保税物流中心
80		重庆果园保税物流中心
81	四川省	成都空港保税物流中心
82		泸州港保税物流中心
83		成都铁路保税物流中心
84		宜宾港保税物流中心
85		天府新区成都片区保税物流中心
86		南充保税物流中心

续表

序号	省别	项目名称
87	云南省	昆明高新保税物流中心
88		腾俊国际陆港保税物流中心
89	陕西省	陕西西咸保税物流中心
90	甘肃省	武威保税物流中心
91	青海省	青海曹家堡保税物流中心
92	宁夏回族自治区	石嘴山保税物流中心
93	新疆维吾尔自治区	奎屯保税物流中心
94		伊宁保税物流中心

资料来源：中国海关总署自贸区和特殊区域发展司. 全国保税物流中心（B型）分布及名单（截至2020年12月31日）[EB/OL]. （2021－01－04）[2022－5－12]. http：//zms. customs. gov. cn/zms/xzxkjg18/3497154/index. html.

附表 A3　　　2018 年保税物流中心进出口在全国总量的比重　　　单位：%

名称	进出口总额比重	出口比重	进口比重
东莞保税物流中心	28.29	26.78	28.92
深圳机场保税物流中心	13.38	16.55	12.06
河南保税物流中心	9.04	1.59	12.12
长沙金霞保税物流中心	5.50	16.54	0.94
天津经济技术开发区保税物流中心	5.12	0.04	7.21
重庆铁路保税物流中心	4.26	11.23	1.38
成都铁路保税物流中心（B型）	4.25	9.89	1.93
连云港保税物流中心	4.04	0.64	5.45
中山保税物流中心	3.78	3.27	3.99
北京亦庄保税物流中心	2.98	0.14	4.15
成都空港保税物流中心	2.75	4.14	2.18
宁波栎社保税物流中心	1.75	0.36	2.33
上海西北物流园区保税物流中心	1.74	0.60	2.21
陕西西咸保税物流中心	1.63	0.25	2.19

续表

名称	进出口总额比重	出口比重	进口比重
厦门火炬（翔安）保税物流中心	1.61	0.24	2.18
泸州港保税物流中心（B 型）	1.50	1.14	1.65
义乌保税物流中心	1.31	0.09	1.81
江阴保税物流中心	1.03	1.50	0.84
东莞清溪保税物流中心（B 型）	1.03	1.74	0.74
大丰港保税物流中心（B 型）	0.69	0	0.98
日照保税物流中心	0.64	0.71	0.61
杭州保税物流中心	0.61	0.16	0.79
湛江保税物流中心（B 型）	0.46	0.54	0.43
佛山国通保税物流中心（B 型）	0.42	0.32	0.47
青海曹家堡保税物流中心（B 型）	0.40	—	0.57
河南商丘保税物流中心（B 型）	0.39	0.41	0.39
宜宾港保税物流中心（B 型）	0.34	0.23	0.39
温州保税物流中心（B 型）	0.24	0	0.34
宜昌三峡保税物流中心（B 型）	0.15	0.01	0.20
重庆南彭公路保税物流中心	0.15	0.33	0.07
青岛保税物流中心	0.10	0.11	0.10
奎屯保税物流中心	0.09	—	0.12
诸城保税物流中心	0.08	0.03	0.10
盘锦港保税物流中心（B 型）	0.07	0.22	0.01
淄博保税物流中心	0.03	0.01	0.05
营口港保税物流中心	0.03	0.08	0.01
山西兰花保税物流中心	0.02	—	0.03
如皋港保税物流中心（B 型）	0.02	0.03	0.01
河北武安保税物流中心	0.02	0	0.02
蚌埠（皖北）保税物流中心	0.02	—	0.02
襄阳保税物流中心（B 型）	0.01	0.03	0
株洲铜塘湾保税物流中心（B 型）	0.01	0.02	—

续表

名称	进出口总额比重	出口比重	进口比重
河南德众保税物流中心	0.00	—	0.00
山西方略保税物流中心	0.00	—	0.00
吉林市保税物流中心（B型）	0.00	0.01	0.00
赤峰保税物流中心	0.00	0.01	0.00
鲁中运达保税物流中心	0.00	—	0.00
徐州保税物流中心（B型）	0.00	—	0.00
武威保税物流中心	0.00	—	0.00
黄石棋盘洲保税物流中心	0.00	—	0.00
铁岭保税物流中心（B型）	0.00	0.00	—
宁波镇海保税物流中心（B型）	—	—	—
安庆（皖西南）保税物流中心（B型）	—	—	—
南昌保税物流中心	—	—	—
昆明高新保税物流中心（B型）	—	—	—

注：数据中的"–"代表数据缺失。

资料来源：2018 年 12 月特定地区进出口总值表（人民币）［EB/OL］.（2019 – 01 – 23）.［2022 – 10 – 13］. 中华人民共和国海关总署，http://www.customs.gov.cn/customs/302249/zfxxgk/2799825/302274/302277/302276/2278823/index.html.

附表 A4　　　　　2019 年保税物流中心进出口在全国总量的比重　　　单位：%

名称	进出口总额比重	出口比重	进口比重
东莞保税物流中心	26.80	30.06	24.73
天津经济技术开发区保税物流中心	10.38	0.20	16.83
长沙金霞保税物流中心	8.26	19.97	0.84
成都铁路保税物流中心（B型）	7.79	14.34	3.64
东莞清溪保税物流中心（B型）	5.64	5.36	5.82
河南保税物流中心	4.46	4.03	4.74
深圳机场保税物流中心	3.99	4.20	3.85
义乌保税物流中心	3.53	2.65	4.09

续表

名称	进出口总额比重	出口比重	进口比重
连云港保税物流中心	3.16	0.31	4.97
中山保税物流中心	2.84	1.64	3.60
重庆铁路保税物流中心	2.73	5.47	0.99
上海西北物流园区保税物流中心	2.25	0.64	3.27
泸州港保税物流中心（B 型）	1.52	0.64	2.08
陕西西咸保税物流中心	1.44	0.40	2.10
成都空港保税物流中心	1.39	1.12	1.56
厦门火炬（翔安）保税物流中心	1.15	0.24	1.73
北京亦庄保税物流中心	1.05	0.05	1.68
日照保税物流中心	1.05	—	1.71
大丰港保税物流中心（B 型）	0.93	0.01	1.51
宁波栎社保税物流中心	0.87	0.23	1.28
株洲铜塘湾保税物流中心（B 型）	0.73	1.89	0.00
河南商丘保税物流中心（B 型）	0.73	0.61	0.81
宜宾港保税物流中心（B 型）	0.66	0.45	0.80
如皋港保税物流中心（B 型）	0.65	0.81	0.55
江阴保税物流中心	0.62	0.48	0.71
江苏海安保税物流中心（B 型）	0.56	0.08	0.87
重庆南彭公路保税物流中心	0.55	0.96	0.29
盘锦港保税物流中心（B 型）	0.54	1.14	0.15
湛江保税物流中心（B 型）	0.48	0.51	0.46
宜昌三峡保税物流中心（B 型）	0.45	0.54	0.40
营口港保税物流中心	0.44	0.18	0.61
合肥空港保税物流中心（B 型）	0.43	0.01	0.70
青海曹家堡保税物流中心（B 型）	0.38	—	0.62
佛山国通保税物流中心（B 型）	0.29	0.15	0.38
汕头保税物流中心（B 型）	0.21	0.05	0.31
温州保税物流中心（B 型）	0.16	0	0.27

续表

名称	进出口总额比重	出口比重	进口比重
杭州保税物流中心	0.15	0.15	0.16
青岛保税物流中心	0.15	—	0.25
淄博保税物流中心	0.09	0.02	0.14
安庆（皖西南）保税物流中心（B型）	0.09	—	0.15
唐山港京唐港区保税物流中心（B型）	0.07	0.11	0.05
山西兰花保税物流中心	0.06	0	0.10
襄阳保税物流中心（B型）	0.05	0.13	0.01
腾俊国际陆港保税物流中心（B型）	0.04	0.10	0.00
河南德众保税物流中心	0.03	—	0.05
石嘴山保税物流中心（B型）	0.03	0.00	0.05
吉林市保税物流中心（B型）	0.02	0.02	0.01
武威保税物流中心	0.01	—	0.02
诸城保税物流中心	0.01	0.00	0.01
龙南保税物流中心（B型）	0.01	—	0.01
蚌埠（皖北）保税物流中心	0.01	—	0.01
铁岭保税物流中心（B型）	0.01	0.01	0.01
奎屯保税物流中心	0.01	—	0.01
安徽皖东南保税物流中心（B型）	0.01	0.02	—
徐州保税物流中心（B型）	0.01	0.01	0.00
赤峰保税物流中心	0.00	0.00	0.00
河北武安保税物流中心	0.00	—	0.00
黄石棋盘洲保税物流中心	0.00	0.00	0.00
山西方略保税物流中心	—	—	—
宁波镇海保税物流中心（B型）	—	—	—
南昌保税物流中心	—	—	—
鲁中运达保税物流中心	—	—	—
昆明高新保税物流中心（B型）	—	—	—

注：数据中的"-"代表数据缺失。

资料来源：2019年12月特定地区进出口总值表（人民币）[EB/OL]. (2020 - 01 - 23) [2022 - 10 - 13]. 中华人民共和国海关总署，http://www.customs.gov.cn/customs/302249/zfxxgk/2799825/302274/302277/302276/2851316/index.html.

附表 A5　　　　**2020 年保税物流中心进出口在全国总量的比重**　　　单位：%

名称	进出口总额比重	出口比重	进口比重
天津经济技术开发区保税物流中心（B型）	13.60	0.29	25.51
成都铁路保税物流中心（B型）	13.14	23.73	3.65
河南保税物流中心（B型）	9.66	18.70	1.57
长沙金霞保税物流中心（B型）	8.60	16.19	1.80
东莞保税物流中心（B型）	8.30	5.61	10.71
东莞清溪保税物流中心（B型）	7.66	5.81	9.31
深圳机场保税物流中心（B型）	5.06	5.83	4.37
义乌保税物流中心（B型）	4.84	4.46	5.18
辛集保税物流中心（B型）	2.73	4.43	1.21
泸州港保税物流中心（B型）	2.15	0.90	3.26
重庆铁路保税物流中心（B型）	1.81	1.43	2.14
宜宾港保税物流中心（B型）	1.79	1.63	1.93
中山保税物流中心（B型）	1.76	1.21	2.26
陕西西咸保税物流中心（B型）	1.53	0.71	2.27
上海西北物流园区保税物流中心（B型）	1.46	0.29	2.52
北京亦庄保税物流中心（B型）	1.36	0.06	2.53
连云港保税物流中心（B型）	1.15	0.29	1.92
成都空港保税物流中心（B型）	1.14	0.06	2.11
重庆南彭公路保税物流中心（B型）	1.05	1.55	0.59
厦门火炬（翔安）保税物流中心（B型）	0.82	0.14	1.44
青岛西海岸新区保税物流中心（B型）	0.80	0.06	1.46
江苏海安保税物流中心（B型）	0.70	0.09	1.25
漳州台商投资区保税物流中心（B型）	0.68	1.45	—
河南商丘保税物流中心（B型）	0.63	0.90	0.39
宁波栎社保税物流中心（B型）	0.60	0.09	1.06
营口港保税物流中心（B型）	0.60	0.00	1.14
重庆果园保税物流中心（B型）	0.52	0.00	0.99

续表

名称	进出口总额比重	出口比重	进口比重
温州保税物流中心（B型）	0.46	0.06	0.81
襄阳保税物流中心（B型）	0.39	0.50	0.29
合肥空港保税物流中心（B型）	0.33	0.14	0.49
宜昌三峡保税物流中心（B型）	0.33	0.41	0.26
湛江保税物流中心（B型）	0.33	0.24	0.41
江苏新沂保税物流中心（B型）	0.33	0.17	0.46
淄博保税物流中心（B型）	0.29	0.00	0.54
徐州保税物流中心（B型）	0.27	0.14	0.37
上海虹桥商务区保税物流中心（B型）	0.26	0.07	0.43
佛山国通保税物流中心（B型）	0.25	0.10	0.38
河南德众保税物流中心（B型）	0.21	0.44	0.01
盘锦港保税物流中心（B型）	0.19	0.02	0.33
大丰港保税物流中心（B型）	0.17	0.00	0.31
黄石棋盘洲保税物流中心（B型）	0.16	0.20	0.13
株洲铜塘湾保税物流中心（B型）	0.15	0.30	0.02
杭州保税物流中心（B型）	0.15	0.22	0.09
防城港保税物流中心（B型）	0.15	0.05	0.23
七苏木保税物流中心（B型）	0.13	0.00	0.24
翔福保税物流中心（B型）	0.12	0.13	0.11
腾俊国际陆港保税物流中心（B型）	0.12	0.13	0.10
山西兰花保税物流中心（B型）	0.11	—	0.22
安徽皖东南保税物流中心（B型）	0.11	0.22	0.01
天府新区成都片区保税物流中心（B型）	0.11	0.09	0.13
如皋港保税物流中心（B型）	0.11	0.13	0.09
湖州保税物流中心（B型）	0.10	0.01	0.18
安庆（皖西南）保税物流中心（B型）	0.10	0.06	0.13
汕头保税物流中心（B型）	0.09	0.03	0.14
仙桃保税物流中心（B型）	0.07	0.00	0.13

名称	进出口总额比重	出口比重	进口比重
荆门保税物流中心（B 型）	0.06	0.08	0.04
龙南保税物流中心（B 型）	0.04	0.00	0.08
吉林市保税物流中心（B 型）	0.03	0.06	—
青海曹家堡保税物流中心（B 型）	0.03	—	0.05
奎屯保税物流中心（B 型）	0.03	0.00	0.05
蚌埠（皖北）保税物流中心（B 型）	0.02	—	0.05
唐山港京唐港区保税物流中心（B 型）	0.02	0.03	0.02
铁岭保税物流中心（B 型）	0.01	—	0.02
宁波镇海保税物流中心（B 型）	0.01	—	0.02
天津蓟州保税物流中心（B 型）	0.01	0.02	0.00
河北武安保税物流中心（B 型）	0.01	0.00	0.01
青岛保税港区诸城功能区保税物流中心	0.01	0.00	0.01
包头保税物流中心（B 型）	0.01	0.01	
牡丹江保税物流中心（B 型）	0.01	0.00	0.01
赤峰保税物流中心（B 型）	0.00	—	0.01
烟台福山回里保税物流中心（B 型）	0.00	0.01	0.00
武威保税物流中心（B 型）	0.00	0.00	0.00
山西方略保税物流中心（B 型）	0.00	0.00	—
黑河保税物流中心（B 型）	0.00	0.00	—
巴彦淖尔市保税物流中心（B 型）	—	—	—
南昌保税物流中心（B 型）	—	—	—
鲁中运达保税物流中心（B 型）	—	—	—
昆明高新保税物流中心（B 型）	—	—	—
石嘴山保税物流中心（B 型）	—	—	—

注：数据中的"－"代表数据缺失。

资料来源：2020 年 12 月特定地区进出口总值表（人民币）［EB/OL］. (2021 - 01 - 18)［2022 - 10 - 13］. 中华人民共和国海关总署，http：//www. customs. gov. cn/customs/302249/zfxxgk/2799825/302274/302277/302276/3516014/index. html.

附表 A6　　　　　**2021 年保税物流中心进出口量在全国总量的比重**　　　　单位：%

名称	进出口总额比	出口比重	进口比重
天津经济技术开发区保税物流中心	12.38	1.28	19.13
深圳机场保税物流中心	8.66	11.28	7.07
东莞清溪保税物流中心	4.94	4.02	5.50
厦门火炬（翔安）保税物流中心	4.53	3.28	5.29
北京亦庄保税物流中心	3.31	0.05	5.29
义乌保税物流中心	5.28	5.32	5.25
防城港保税物流中心	2.62	0.24	4.07
重庆铁路保税物流中心	3.43	3.68	3.27
江苏新沂保税物流中心	4.00	5.42	3.14
温州保税物流中心	2.01	0.17	3.13
蚌埠（皖北）保税物流中心	1.83	0.18	2.83
上海西北物流园区保税物流中心	1.87	0.71	2.58
青岛西海岸新区保税物流中心	1.76	0.68	2.42
成都空港保税物流中心	1.46	0.01	2.35
连云港保税物流中心	1.72	0.95	2.18
中山保税物流中心	2.09	2.11	2.08
南京空港保税物流中心	1.80	1.50	1.98
山西兰花保税物流中心	2.02	2.42	1.77
江苏海安保税物流中心	1.07	0.04	1.70
重庆果园保税物流中心	0.81	0	1.31
宁波栎社保税物流中心	0.81	0.40	1.06
成都铁路保税物流中心	3.73	8.16	1.04
河南商丘保税物流中心	3.22	6.91	0.98
牡丹江保税物流中心	0.54	0	0.87
上海虹桥商务区保税物流中心	0.55	0.08	0.84
合肥空港保税物流中心	0.65	0.39	0.80
重庆南彭公路保税物流中心	3.07	6.82	0.79
襄阳保税物流中心	0.83	1.02	0.72
长沙金霞保税物流中心	0.80	0.93	0.72
宜昌三峡保税物流中心	0.82	1.00	0.71

续表

名称	进出口总额比	出口比重	进口比重
宜宾港保税物流中心	0.65	0.55	0.70
淄博保税物流中心	0.79	1.01	0.66
营口港保税物流中心	2.70	6.07	0.65
泸州港保税物流中心	0.41	0.04	0.63
如皋港保税物流中心	0.72	1.00	0.54
仙桃保税物流中心	0.33	0	0.53
铜陵（皖中南）保税物流中心	0.69	0.99	0.51
辛集保税物流中心	1.20	2.39	0.47
佛山国通保税物流中心	0.65	1.00	0.44
湛江保税物流中心	0.48	0.58	0.42
徐州保税物流中心	0.55	0.78	0.41
荆门保税物流中心	0.65	1.05	0.40
漳州台商投资区保税物流中心	0.86	1.83	0.27
天府新区成都片区保税物流中心	0.17	0	0.27
陕西西咸保税物流中心	0.34	0.46	0.27
翔福保税物流中心	0.23	0.20	0.25
菏泽内陆港保税物流中心	0.18	0.07	0.25
龙南保税物流中心	0.17	0.12	0.20
大丰港保税物流中心	0.14	0.05	0.20
盘锦港保税物流中心	0.10	0	0.15
青海曹家堡保税物流中心	0.09	0	0.14
江门大广海湾保税物流中心	0.12	0.09	0.14
七苏木保税物流中心	0.08	0	0.13
安庆（皖西南）保税物流中心	0.07	0	0.11
青岛保税港区诸城功能区保税物流中心	0.07	0.01	0.10
黄石棋盘洲保税物流中心	0.34	0.81	0.05
湖州保税物流中心	0.13	0.27	0.04
鲁中运达保税物流中心	0.15	0.35	0.03

续表

名称	进出口总额比	出口比重	进口比重
铁岭保税物流中心	0.15	0.35	0.03
唐山港京唐港区保税物流中心	2.91	7.67	0.02
赤峰保税物流中心	0.01	0	0.02
安徽皖东南保税物流中心	0.21	0.53	0.02
奎屯保税物流中心	0.05	0.11	0.02
杭州保税物流中心	0.04	0.09	0.02
汕头保税物流中心	0.01	0	0.01
河南德众保税物流中心	0.01	0	0.01
石嘴山保税物流中心	0	0	0.01
巴彦淖尔市保税物流中心	0	0	0
腾俊国际陆港保税物流中心	0.02	0.04	0
延吉国际空港经济开发区保税物流中心	0.01	0.02	0
天津蓟州保税物流中心	0	0	0
昆明高新保税物流中心（B型）	0	0	0
包头保税物流中心	0.41	1.08	0
柳州保税物流中心	0.28	0.75	0
南充保税物流中心	0.11	0.29	0
武威保税物流中心	0.09	0.24	0
吉林市保税物流中心	0.02	0.07	0
山西方略保税物流中心	0	0.01	0
河北武安保税物流中心	0	0	0
黑河保税物流中心	0	0	0
宁波镇海保税物流中心	0	0	0
烟台福山回里保税物流中心	0	0	0
河南民权保税物流中心	0	0	0
株洲铜塘湾保税物流中心	0	0	0

注：这里是 1～6 月数据。

资料来源：2021 年 6 月特定地区进出口总值表（人民币）［EB/OL］.（2021 - 07 - 18）［2022 - 10 - 13］.中华人民共和国海关总署，http://www.customs.gov.cn/customs/302249/zfxxgk/2799825/302274/302277/302276/3769715/index.html.

参 考 文 献

［1］付先召．隋、唐通济渠宋州段流经考辨［J］．中国农史，2012（1）．

［2］宫银峰．关于我国枢纽经济发展的多维思考［J］．中州学刊，2020（5）．

［3］郭俊然．汉代商丘的历史地位探析［J］．荆楚学刊，2016（8）．

［4］郭少丹．清末陇海铁路研究（1899～1911）［D］．杭州：苏州大学，2015．

［5］郭文佳．试论商丘在宋代的历史地位［J］．商丘师范学院学报，2010（10）．

［6］海峰，靳小平，贾兴洪．物流集群的内涵与特征辨析［J］．中国软科学，2016（8）：137－148．

［7］洪华．芒砀山旅游开发有限公司服务标准化管理实施研究［D］．开封：河南大学，2018．

［8］黄晓光，陈家应．医药产业集群发展态势与策略［J］．战略研究，2018（14）：30－32．

［9］雷震．河南民营医药企业成长模式和环境分析［J］．企业经济，2011（3）：134－136．

［10］李国政．枢纽经济：内涵特征、运行机制及推进路径［J］．西南金融，2021（6）：26－35．

［11］李洁．江苏泰州医药产业集群发展障碍与升级策略分析［J］．经济研究导刊，2014（30）：39－41．

［12］李可亭．商丘通史（上编）［M］．开封：河南大学出版社，2000．

[13] 李晓民. 威海市医药产业集群发展形势分析及对策研究 [J]. 中国经贸导刊, 2015 (5): 44-45.

[14] 刘昭允, 陈登华编著. 大运河与商丘 [M]. 郑州: 大象出版社, 2018.

[15] 玛丽亚, 樊鸿伟. 上海张江高科技园区生物医药产业集群研究 [J]. 开发研究, 2008, (3): 99-102.

[16] 宓汝成. 中华民国铁路史资料 [M]. 北京: 社会科学文献出版社, 2002.

[17] 莫志明. 旅游引导的乡村新型城镇化模式及其效应研究 [J]. 农业经济, 2019 (5): 43-45.

[18] 申菲菲, 申俊龙. 生物医药产业集群的内涵、特征与提升路径研究 [J]. 中国医药导报, 2013 (3): 160-162.

[19] 宋镇豪. 夏商社会生活史 [M]. 北京: 中国社会科学出版社, 1994.

[20] 汪鸣. 枢纽经济发展探讨 [C]. 中国物流学会年会, 2017.

[21] 王保存, 王彦武, 张琼编. 中国商人商业探源 (论文集).

[22] 王昆欣, 张苗萤. 乡村旅游新业态研究 [M]. 杭州: 浙江大学出版社, 2019.

[23] 王黎明. 基于 SWOT 分析的永城芒砀山旅游区发展战略研究 [J]. 华北水利水电学院学报, 2012 (6): 82-85.

[24] 王丽君. 价值链视角下的泰州生物医药产业集群升级研究 [J]. 科技视界, 2018 (34): 128-130.

[25] 王秋爽. 河南省永城市芒山镇文化旅游发展研究 [D]. 武汉: 华中师范大学, 2020.

[26] 王瑞平. 明清时期商丘的集市贸易 [J]. 商丘师范学院学报, 2010 (10).

[27] 王双九. 芒山镇旅游市场开发研究 [D]. 蚌埠: 安徽财经大学, 2018.

[28] 王晓艳. 如何推动县域经济中旅游业的发展——以河南省永城市为例 [J]. 中国集体经济, 2010 (4): 56.

［29］王雪逸. 河南芒砀山旅游区旅游市场趋势分析及预测［J］. 企业导报，2015（24）：104.

［30］魏利斌. 太仓市生物医药产业集群发展的探索［J］. 江苏科技信息，2019（5）：24 - 28.

［31］吴卫艳. 奋进在改革的春风里——上海现代哈森（商丘）药业有限公司改革发展纪实［N］. 商丘日报，2019 - 1 - 16.

［32］吴文华，张琰飞. 企业集群的演进——从地理集群到虚拟集群［J］. 科技管理研究，2006，（5）：47 - 51.

［33］谢承宏. 品牌集群溢出效应的机制与路径——上海张江生物医药产业集群案例分析［J］. 社会科学，2015（12）：50 - 54.

［34］张睿. 苏州医药产业集群创新发展路径研究［J］. 现代管理科学，2021（2）：51 - 57.

［35］张思文. 辽宁省生物医药产业集群 SWOT 分析及对策研究［J］. 时代经贸，2019（32）：58 - 59.

［36］张卫星、余方镇. 商丘旅游业定位及发展研究［J］. 地域研究与开发，2003（2）：93 - 96.

［37］张文正. 基于增长极理论的河南省旅游产业集聚区建设研究——以永城芒砀山汉文化旅游产业集聚区建设为例［J］. 旅游纵览，2014（4）：159 - 160.

［38］赵伟. 枢纽经济及其发展机制——以中国交通枢纽经济为例［J］. 人文地理，2020，35（3）：115 - 122.

［39］赵晓华. 商丘历代行政区划沿革研究［D］. 郑州：郑州大学，2009.

［40］邹樵，吴丁佳宝，姜杰. 共性技术扩散的网络与外溢效应［J］. 管理世界，2011（1）：182 - 183.

［41］Alonso W. 1964. *Location and Land Use*, Cambridge, Harvard University Press.

［42］Athey G. , Nathan M. , Webber C. and Mahroum S. Innovation and the city［J］. *Innovation*，2008，10（2 - 3），156 - 169.

［43］Boyd Cohen，Esteve Almirall and Henry Chesbrough. The City as a

Lab: Open Innovation Meets the Collaborative Economy [J]. *California Management Review*, 2016, 59 (1), pp. 5 – 13

[44] Byrne, J. , Brandt, R. , Port, O. The virtual corporation [J]. *Business Week*, February 8, 1993: 98 – 102.

[45] Crevoisier, O. Industrie et Regions: Les Milieux Innovateurs de l'Arc Jurassien [Z]. EDES, Neuchatel, 1993.

[46] Feldman, M. P. , Kogler, D. F. Stylized facts in the geography of innovation [J]. *Handbook of the Economics of Innovation*, 2010 (1): 381 – 410.

[47] Florida, R. , Adler, P. and Mellander, C. The city as innovation machine [J]. *Regional Studies*, 2017, 51 (1), pp. 86 – 96.

[48] Fuehrer, E. C. , Ashkanasy, N. M. The Virtual organization: Defining a Weberian ideal type from the inter-organizational perspective [C]. The Annual Meeting of the Academy of Management, San Diego, CA.

[49] Helsley R. and Sullivan A. Urban Subcenter Formation [J]. *Regional Science and Urban Economics*, 1991, 21 (2): 255 – 275.

[50] Jacobs, J. *The Economy of Cities* [M]. New York: Vintage, 1969.

[51] Katz M. L. and Shapiro, C. Systems competition and network effects [J]. *Journal of economic perspectives*, 1994, 8 (2): 93 – 115.

[52] Lucas R. E. On the mechanics of economic development [J]. *Journal of Monetary Economics*, 1998: 38 – 39.

[53] Maillat D. , Crevoisier, O. and Lecoq, B. Reseau d' innovation et dynamique territorial. Un essai de typologie [J]. *Revue d' Economie Regionale et Urbaine*, 1991 (3 – 4): 407 – 432.

[54] Marshall A. *Principles of economics* (8th Ed.) [M]. London: Macmillan, 1890.

[55] Mills E. S. *Studies in the Structure of the Urban Economy* [M]. Johns Hopkins Press, 1972.

[56] Muth R. F. *Cities and Housing* [M]. The University of Chicago Press, 1969.

[57] Olivier Crevoisier. 1999. Innovation and the City. E. J. Malecki and P. Oinas (Eds.). *Making Connections: Technological Learning and Regional Economic Change* [M]. Ashgate Publishing Company: 61 –77.

[58] Potter M. E. Clusters and new economics of competition [J]. *Harvard Business Review*, Nov/Dec, 1998: 26 –28.

[59] Rivera L., Sheffi, Y., Welsch, R. Logistics agglomeration in the US [J]. *Transportation Research Part* A, 2014 (59): 222 –238.

[60] Schumpeter J. A. *Capitalism, Socialism, and Democracy.* London: Allen & Unwin, 1934.

[61] Schumpeter J. A. *The Theory of Economic Development: An Inquiry into profits, capital, credit, interest, and the business cycle* [M]. Cambridge, MA: Harvard University Press.

[62] Schumpeter J. A. *Business Cycles: A Theoretical, Historical* [M]. *and Statistical Analysis of the Capitalist Process.* New York: McGraw – Hill, 1939.

[63] Schumpeter J. A. *History of Economic Analysis.* London: Allen & Urwin, 1954.

[64] Sheffi Y. Chapter 19: Logistic intensive Clusters: Global Competitiveness and Regional Growth [C]. En Y. Sheffi. *Handbook of Global Logsitics* [A]. New York: Springer, 2013: 463 –500.

[65] Sheffi Y. *Logistics Clusters Delivering Value and Driving Growth* [M]. *Massachusetts*, USA: The MIT Press.

[66] Verduzco – Garza T., Gonzalez, A. F. October. Increasing competitiveness through a logistics and transportation cluster: A Literature Review. *Proceedings of the International Conference on Industrial Engineering and Operations Management*, 2017 (10): 384 –395, IEOM Society.

[67] Waldheim C. Berger A. logistics landscape [J]. *Landscape Journal*, 2008, 27 (2): 219 –246.